AF405562

DERECHO ADMINISTRATIVO.

Estudios

Cuadernos publicados

1. Allan R. Brewer-Carías, *Reflexiones sobre la Revolución Americana (1776) y la Revolución Francesa (1789) y sus aportes al constitucionalismo moderno*, Caracas 1992, 208 pp.

2. Carlos M. Ayala Corao, *El régimen presidencial en América Latina y los planteamientos para su reforma (Evaluación crítica de la propuesta de un Primer Ministro para Venezuela)*, Caracas 1992, 122 pp.

3. Gerardo Fernández V., *Los Decretos-Leyes (la facultad extraordinaria del Artículo 190, ordinal 8º de la Constitución)*, Caracas 1992, 109 pp.

4. Allan R. Brewer-Carías, *Nuevas tendencias del Contencioso-Administrativo en Venezuela*, Caracas 1993, 237 pp.

5. Jesús María Casal H., *Dictadura Constitucional y Libertades Públicas*, Caracas 1993, 187 pp.

6. Ezequiel Monsalve Casado, *Enjuiciamiento del Presidente de la República y de los Altos Funcionarios*, Caracas 1993, 127 pp.

7. Gustavo J. Linares Benzo, *Leyes Nacionales y Leyes Estadales en la Federación Venezolana (La repartición del Poder Legislativo en la Constitución de la República)*, Caracas 1995, 143 pp.

8. Rafael J. Chavero Gazdik, *Los Actos de Autoridad*, Caracas 1996, 143 pp.

9. Rafael J. Chavero Gazdik, *La Acción de Amparo contra decisiones judiciales*, Caracas 1997, 226 pp.

10. Orlando Cárdenas Perdomo, *Medidas Cautelares Administrativas (Análisis de la Ley Orgánica de Procedimientos Administrativos, la Ley sobre Prácticas Desleales del Comercio Internacional y la Ley para Promover y Proteger la Libre Competencia)*, Caracas 1998, 120 pp.

11. Roxana D. Orihuela Gonzatti, *El avocamiento de la Corte Suprema de Justicia*, Caracas 1998, 158 pp.

12. Antonio Silva Aranguren, *Los actos administrativos complejos*, Caracas 1999, 137 pp.

13. Allan R. Brewer-Carías, *El sistema de justicia constitucional en la Constitución de 1999, (Comentarios sobre su desarrollo jurisprudencial y su explicación, a veces errada, en la Exposición de Motivos)*, Caracas 2000, 130 pp.

14 Ricardo Colmenares Olivar, *Los derechos de los pueblos indígenas*, Caracas 2001, 264 pp.

15. María Eugenia Soto Hernández, *El proceso contencioso administrativo de la responsabilidad extracontractual de la Administración Pública venezolana*, Caracas 2003, 139 pp.

16. Fabiola del Valle Tavares Duarte, *Actos Administrativos de la Administración Pública: Teoría general de la Conexión*, Caracas 2003, 113 pp.

17. Allan R. Brewer-Carías, *Principios Fundamentales del Derecho Público*, Caracas 2005, 169 pp.

18. Augusto Pérez Gómez, *Actos de Origen Privado*, Caracas 2006, 266 pp.

19. Jaime Rodríguez Arana, *El Marco Constitucional de los entes Territoriales en España*, Caracas 2006, 185 pp.

20. Henry Jiménez, *Régimen Legal de Hidrocarburos y Electricidad*, Caracas 2006, 279 pp.

21. M. Gabriela Crespo Irigoyen, *La potestad Sancionadora de la Administración Tributaria, Especial referencia al ámbito local en España y Venezuela*, Caracas 2006, 320 pp.

22. Jaime Rodríguez-Arana, *Aproximación al Derecho Administrativo Constitucional*, Caracas 2007, 307 pp.

23. Jesús Antonio García R., *Glosario sobre regulación de servicios públicos y materias conexas*, Caracas 2008, 190 pp.

24. Ricardo Antela, *La Revocatoria del Mandato (Régimen jurídico del Referéndum Revocatorio en Venezuela)*, Caracas 2010, 167 pp.

25. Gonzalo Rodríguez Carpio, *El alcance de aplicación territorial del impuesto sobre sucesiones*, Caracas 2011, 106 pp.

26. Juan Domingo Alfonzo Paradisi, *El Régimen de los Estados vs. la Centralización de competencias y de Recursos Financieros*, Caracas 2011, 120 pp.

27. José Ignacio Hernández, *Introducción al concepto constitucional de Administración Pública en Venezuela*, Caracas 2011, 249 pp.

29. Gonzalo Rodríguez Carpio, *La denuncia del convenio CIADI efectos y soluciones jurídicas*, Caracas 2014, 89 pp.

30. Jaime Vidal Perdomo, Eduardo Ortíz Ortíz, Agustín Gordillo y Allan R. Brewer-Carías, *La función administrativa y las funciones del Estado. Cuatro amigos, cuatro visiones sobre el derecho administrativo en América Latina*, Caracas, 2014, 248 pp.

31. Tomas A. Arias Castillo, *La reviviscencia de las Leyes*, Caracas 2015, 139 pp.

32. Luis Alberto Petit Guerra, *El Estado Social*, Caracas 2015, 293 pp.

33. Carlos Reverón Boulton, *El Sistema de Responsabilidad Patrimonial de la Administracion Publica en Venezuela*, Caracas 2015, 139 pp.

34. Alejandro Gallotti, *El Poder de sustitución del Juez en la función administrativa*, Caracas 2015, 194 pp.

35. Jaime Orlando Santofimio-Gamboa, *Responsabilidad del Estado por la actividad judicial*, Caracas 2016, 168 pp.

36. Joaquín Eduardo Dongoroz Porras, *El Concepto de actividad lucrativa en el impuesto sobre actividades económicas de industria, comercio, servicios o de índole similar (Aproximación a la noción de rentas pasivas)*, Caracas 2016, 157 pp.

37. Gladys Stella Rodríguez, *Gobierno electrónico en Venezuela. Una mirada desde los objetivos del desarrollo del milenio*, Caracas 2018, 110 pp.

38. Luis A. Viloria Chirinos, *Aproximación de los mecanismos de control político y su incidencia en el sistema constitucional*, Caracas 2018, 176 pp.

39. Allan R. Brewer-Carías, *Sobre las nociones de contratos administrativos, contratos de interés público, servicio público, interés público y orden público, y su manipulación legislativa y jurisprudencial*, Caracas 2019, 260 pp.

40. Emilio Urbina *El derecho urbanístico en Venezuela (1946-2019). Entre la tentación centralizadora y la atomización normativa de la ciudad venezolana sofocada*, 1ra Edición, Caracas 2019, 130 pp.

41. Alberto Blanco Uribe, *El Derecho Humano a la participación ciudadana acerca de la promoción de ese derecho en el estado venezolano*, Caracas, 2020, 202 pp.

42. Allan R. Brewer-Carías, *Derecho Administrativo. Estudios*, Caracas, 2020, 230 páginas.

43. Khairy Josvett Peralta Fung, *Contratación pública y compromisos de responsabilidad social. una nueva forma de tributación*, Caracas 2020, 192 páginas.

Allan R. Brewer-Carías

Profesor emérito, Universidad Central de Venezuela

DERECHO ADMINISTRATIVO
Estudios

CUADERNOS DE LA CÁTEDRA

ALLAN R. BREWER-CARIAS DE
DERECHO ADMINISTRATIVO

UNIVERSIDAD CATÓLICA ANDRÉS BELLO

Nº 42

Editorial Jurídica Venezolana

Caracas/2020

Editorial Jurídica Venezolana
Avda. Francisco Solano López, Torre Oasis, P.B., Local 4, Sabana Grande,
Apartado 17.598 – Caracas, 1015, Venezuela
Teléfono 762.25.53, 762.38.42. Fax. 763.5239
Email fejv@cantv.net
http://www.editorialjuridicavenezolana.com.ve

Impreso por: Lightning Source, an INGRAM Content company
para Editorial Jurídica Venezolana International Inc.
Panamá, República de Panamá.
Email: ejvinternational@gmail.com

Diagramación, composición y montaje
por: Francis Gil, en letra
Times New Roman 11, Interlineado 12, Mancha 18 x 12
Primera Edición 2020

La publicación de este Cuaderno está dedicada:

a ***León Henrique Cottin***, mi antiguo alumno y amigo,
y ahora colega en la *Academia de Ciencias Políticas y Sociales*,
con motivo de los treinta años que han pasado desde cuando, por su generosa iniciativa, fundó la *Cátedra Fundacional Allan R. Brewer-Carías de Derecho Administrativo* de la Universidad Católica Andrés Bello;

a ***Eric Brewer Leal***, mi hijo menor,
por haberme ayudado a materializar y a ejecutar la idea de donar a la *Biblioteca del Instituto de Investigaciones Jurídicas de la Facultad de Derecho de la Universidad Católica Andrés Bello,*
toda la *Colección de los más de 1500 volúmene*s que
conforman los libros de mi autoría y las Obras colectivas y Revistas donde han aparecido publicados trabajos míos;

y a la ***Universidad Católica Andrés Bello***,
a la cual he estado vinculado desde cuando cursé
el *Pre-Universitario de Filosofía y Letras* en 1956-1957,
y en cuya Facultad de Derecho, durante varios años hace, hace ya varias décadas, tuve a mi cargo el *Seminario de Derecho Público*.

ÍNDICE

SECCIÓN PRIMERA

DERECHO ADMINISTRATIVO COMPARADO

SECCIÓN SEGUNDA

SOBRE EL CONCEPTO DEL DERECHO ADMINISTRATIVO

SECCIÓN TERCERA

SOBRE LOS ORÍGENES DEL DERECHO ADMINISTRATIVO EN VENEZUELA

SECCIÓN CUARTA

PANORAMA GENERAL AL DERECHO ADMINISTRATIVO VENEZOLANO

SECCIÓN QUINTA

EL "REDESCUBRIMIENTO" DEL DERECHO ADMINISTRATIVO LUEGO DE LA PANDEMIA DEL COVID-19

NOTA DEL AUTOR

El derecho administrativo es, ciertamente, un derecho del Estado, es decir, un ordenamiento jurídico que además de emanar de éste, está destinado a regular la organización, funcionamiento y actividad de la Administración Pública como complejo orgánico, y en general el ejercicio de la función administrativa dentro de las funciones del Estado, particularmente en cuanto se refiere a las relaciones jurídicas que con ocasión de ello se establecen entre el Estado y los ciudadanos o administrados, y por supuesto, entre asuntos de responden a la gestión de fines públicos y colectivos, por una parte, situados por encima de los intereses particulares; y por la otra, los derechos e intereses de las personas y sus garantías frente al poder del Estado.

Siendo por tanto un derecho que regula al Estado en sus relaciones con los ciudadanos, el derecho administrativo es un derecho que no cesa de ser dinámico, en el sentido de estar constante evolución, como consecuencia directa de los cambios que se operan en el ámbito social y político de cada sociedad, siempre en ese balance o equilibrio que tiene que establecerse entre los poderes y prerrogativas que la Administración Pública tiene para poder hacer prevalecer los intereses generales y colectivos frente a los intereses individuales, y los derechos y garantías que tienen los administrados establecidos en la Constitución. Ese equilibrio, por supuesto, solo se puede lograr cabalmente en el marco de un Estado concebido como Estado de derecho, funcionando en un régimen democrático que es en el cual la supremacía constitucional puede estar asegurada, la separación y distribución del Poder sea el principio medular de la organización del Estrado, donde el ejercicio del Poder Público pueda ser efectivamente controlado, y donde los derechos de los ciudadanos puedan ser garantizados por un Poder Judicial independiente y autónomo.

Sin democracia y sin dicho control, el derecho administrativo no pasaría de ser un derecho del Poder Ejecutivo o de la Administración Pública, es decir, un derecho regulador de los poderes y prerrogativas del Estado, como puede ser el derecho administrativo en los Estados autoritarios o totalitarios, montados más bien sobre un desequilibrio o desbalance donde lo que predominan son dichos poderes o prerrogativas, quedando los derechos individuales minimizados y sin garantías efectivas.

Sobre el tema del derecho administrativo en general, por supuesto me he ocupado desde hace décadas en libros y tratados y, además, específicamente en diversos trabajos escritos con motivo de la participación que he tenido en Congresos o eventos académicos y en Obras Colectivas, que fueron publicados en forma dispersa en Revistas y otras obras, tanto en Europa como en América Latina, a través de los años. De esos trabajos se recogen aquí, cinco estudios de orden general, en los cuales he analizado el derecho administrativo bajo una aproximación de derecho comparado; el concepto mismo del derecho administrativo; sus orígenes en la evolución del Estado, particularmente a partir de comienzos del siglo XX, trayendo a colación en caso de Venezuela; siguiendo con la explicación del contenido, panorama o ámbito general de regulación del derecho administrativo en los Estados contemporáneos; y concluyendo con una reflexión sobre el "redescubrimiento" del derecho administrativo a raíz de la acción del Estado para atender los efectos de la pandemia del Covid-19.

Casi todos estos trabajos fueron publicados fuera de Venezuela, en Revistas y Obras colectivas, conforme los fui elaborando, por lo que han sido de difícil acceso en su conjunto, lo que me motivó a su publicación en este volumen, apareciendo ahora por primera vez juntos, y así ponerlos a disposición de los estudiosos del derecho administrativo, en este *Cuaderno de la Cátedra Fundacional de Derecho Administrativo de la Universidad Católica Andrés Bello*, fundada hace ya tres décadas por la generosa iniciativa del profesor León Henrique Cottin.

New York, octubre de 2020

SECCIÓN PRIMERA

DERECHO ADMINISTRATIVO COMPARADO [*]

El derecho administrativo es ante todo un derecho estatal, es decir, un derecho del Estado en el sentido de que además de emanar de éste, está destinado a regular una parte esencial de su organización y actividad; particularmente la Administración Pública como complejo orgánico, su organización y funcionamiento; el ejercicio de la función administrativa, y las relaciones jurídicas entre las personas jurídicas estatales y los administrados; siendo su objeto, por tanto, normar instituciones de carácter público que persiguen fines públicos y colectivos, situados por encima de los intereses particulares. En relación con todos esos aspectos que configuran su objeto se puede realizar una aproximación comparativa.

Siendo un derecho que regula al Estado, el derecho administrativo se presenta siempre, por supuesto, como un derecho dinámico, en constante evolución, como consecuencia directa de los cambios que se operan en el ámbito social y político de cada sociedad, por lo que además de ser un derecho del Estado, regulador tanto de sus fines y cometidos, como de los poderes y prerrogativas que tiene que tener para poder hacer prevalecer los intereses generales y colectivos frente a los intereses individuales, es también un derecho regulador del ejercicio de los derechos y garantías de los administrados. Por ello, también, es un derecho regulador del necesario equilibrio que debe existir entre los intereses públicos, colectivos o generales que debe proteger y garantizar, y los intereses individuales y privados que también

---

[*] Texto publicado en el libro de Lucio Pegoraro (Coordinador General), *Glosario de Derecho Público Comparado*, Biblioteca Porrúa de Derecho procesal Constitucional, Universidad Nacional Autónoma de México, Editorial Porrúa, México 2012, pp. 84-90; y en *Revista Electrónica de Derecho Administrativo Venezolano,"* Centro de Estudios de Derecho Público, Universidad Monteávila, N° 4, Caracas septiembre-diciembre 2014. pp. 13-22

debe garantizar, lo que cabalmente sólo se puede lograr en un Estado de derecho funcionando en un régimen democrático que es en el cual la supremacía constitucional puede estar asegurada, la separación y distribución del Poder sea el principio medular de la organización del Estrado, donde el ejercicio del Poder Público pueda ser efectivamente controlado, y donde los derechos de los ciudadanos puedan ser garantizados por un Poder Judicial independiente y autónomo. Sin democracia y sin dicho control, el derecho administrativo no pasaría de ser un derecho del Poder Ejecutivo o de la Administración Pública, el cual incluso podría estar montado sobre un desequilibrio o desbalance, donde las prerrogativas y poderes de la Administración pudieran predominar en el contenido de su regulación.

Siendo un derecho del Estado, el objeto fundamental del derecho administrativo es la Administración Pública, tanto en cuanto a su funcionamiento como a su actuación. Para ello, siendo la Administración Pública parte esencial de la organización del Poder Ejecutivo, el derecho administrativo contemporáneo encuentra sus bases no sólo en las leyes concernientes a su objeto, sino en las Constituciones políticas, en las cuales, cada vez con más frecuencia, se han incorporado previsiones de esta disciplina. Por ello, en el derecho público contemporáneo se puede hablar del proceso de constitucionalización del derecho administrativo, mediante el cual se han incorporado en los textos constitucionales, por ejemplo, previsiones relativas a la actuación del Poder Ejecutivo, y en especial a la Administración Pública al servicio del ciudadano, incluyendo previsiones sobre su conformación territorial conforme al principio federal, regional y en todo caso descentralizador y municipal. Entre esas previsiones están también lar relativas a la creación de entidades descentralizadas; a la transparencia gubernamental; al acceso a la información administrativa; al principio de legalidad y su control; y, en fin, a la actividad administrativa.

Por tanto, vinculado a la descripción de su objeto, bien podría también señalarse que el derecho administrativo es aquella rama del derecho público que regula los sujetos de derecho o personas jurídicas que conforman al Estado; la Administración Pública como complejo orgánico de esas personas jurídicas estatales, y su organización y funcionamiento; el ejercicio de la función administrativa dentro de las funciones del Estado; la actividad administrativa, la cual siempre tiene un carácter sublegal, realizada por los órganos de las personas jurídicas estatales; y las relaciones jurídicas que se establecen entre las personas jurídicas estatales o las que desarrollan la actividad administrativas, y los administrados.

En particular, en cuanto a la actividad administrativa, conforme al principio de legalidad, el régimen de derecho administrativo impone que solo debe ejercerse por los órganos competentes ciñéndose a lo establecido en la

Constitución y en las leyes y, en particular, conforme al procedimiento legalmente establecido. Por ello, las actuaciones realizadas por órganos incompetentes, sin observancia del procedimiento legalmente prescrito o que usurpen la reserva legal, constituyen vías de hecho y vician los actos administrativos dictados de nulidad. En particular, respecto de los reglamentos, los mismos no pueden regular materias reservadas a la ley, como es el caso de la tipificación de delitos, faltas o infracciones administrativas, el establecimiento de penas o sanciones, así como tributos y contribuciones.

En esta forma, uno de los principales signos formales del afianzamiento del principio de la legalidad en el derecho administrativo contemporáneo, ha sido el sometimiento de la actuación de la Administración Pública a normas procedimentales que aseguren a los administrados un trato justo, basado en la buena fe y en la confianza legítima, mediante la previsión de un procedimiento formalmente regulado, en el cual se garantice el derecho a la defensa y, en general, el debido procedimiento administrativo. La consecuencia de ello es que una de las características del derecho administrativo contemporáneo sea la conocida tendencia a codificar el procedimiento administrativo mediante la sanción de leyes especificas que los regulen, incluyendo la simplificación de trámites administrativos, para racionalizar las tramitaciones que realizan los particulares ante la Administración Pública y a garantizar la participación ciudadana en la formación de los actos administrativos.

Estas leyes de procedimientos administrativos han consolidado la formalización o juridificación del derecho administrativo, al positivizarse lo que al comienzo eran solo principios generales de la disciplina, estableciéndose en las leyes detalladas previsiones sobre los actos administrativos, su formación, efectos, ejecución, revisión y control; el principio de su irrevocabilidad cuando creen o declaren derechos a favor de particulares; los vicios de nulidad que pueden afectarlos, y los principios para su revisión mediante recursos. La consecuencia es que a partir de la entrada en vigencia de estas leyes, comenzó a ser más segura la posibilidad de ejercer el control judicial efectivo sobre la actividad de la Administración Pública, siendo dichas leyes la fuente del derecho administrativo formal más importante, con base en la cual la jurisprudencia ha enriquecido la disciplina.

Por otra parte, el procedimiento administrativo en el mundo contemporáneo se ha enriquecido con los principios del debido proceso cuya garantía también está obligada la Administración Pública a respetar, particularmente en los procedimientos sancionatorios, regulándose en las leyes administrativas no sólo la garantía de que la decisión administrativa se adopte por el órgano competente; sino respecto de los administrados, el derecho a la presunción de inocencia; el derecho a la defensa y a ser informado de los cargos formulados; el derecho a ser oído; el derecho a utilizar los medios de prueba pertinentes para su defensa; el derecho a no confesarse culpable y no declarar contra sí misma; el derecho a la tutela efectiva de los derechos e intereses del sancionado; y el derecho a la doble instancia. Todos estos principios fueron los que llevaron a superar, por ejemplo, instituciones que décadas atrás habían sido aceptadas, como la aplicación del principio *solve et repete* como condición para acceder a la justicia contencioso-administrativa, el cual en muchos países se ha considerado inconstitucional.

Como se ha dicho, en la actuación administrativa, la competencia de las autoridades administrativas siempre tiene que estar prevista en texto legal expreso, en el cual se autorice la actuación del funcionario. Esta previsión legal de la competencia, sin embargo, si bien en muchos casos está prevista con precisos límites en la ley, en muchos otros casos, es la ley la que le otorga al funcionario cierta libertad para elegir entre uno y otro curso de acción, apreciando la oportunidad o conveniencia de la medida a tomarse. En este último caso, se está en presencia del ejercicio de poderes discrecionales, que existen, precisamente cuando la ley permite a la Administración apreciar la oportunidad o conveniencia para la emisión del acto administrativo de acuerdo a los intereses públicos envueltos, teniendo el poder de elegir entre diversas alternativas igualmente justas. El tema central en materia de discrecionalidad, sin embargo, ha sido el de su limitación para evitar la arbitrariedad administrativa, y someter a control judicial la totalidad de las actividades administrativas, precisando las áreas de actuación que no constituyen discrecionalidad como el caso de la aplicación de conceptos jurídicos indeterminados. En consecuencia, mientras las competencias discrecionales dejan al funcionario la posibilidad de escoger según su criterio una entre varias soluciones justas, en materia de la aplicación de un concepto jurídico indeterminado no sucede lo mismo, pues en su aplicación sólo se admite una sola solución justa y correcta, que no es otra que aquélla que se conforme con el espíritu, propósito y razón de la norma que autoriza la actuación.

Pero incluso depurada en esta forma la actividad discrecional, la libertad dada al funcionario para desarrollarla también está sometida a límites y controles en aplicación de principios generales del derecho como los de razonabilidad y racionalidad; de lógica, la justicia y la equidad; y de proporcionalidad, los cuales progresivamente se han venido incorporando como texto expreso en leyes de procedimiento administrativo.

Otra forma de ejercicio de la actividad administrativa, además de la acción unilateral, manifestada a través de los actos administrativos, es la que se realiza a través de contratos que la Administración Pública celebra con los administrados, que en esa forma asumen el rol de colaboradores de la Administración. En esta forma, los contratos del Estado o contratos administrativos se configuran otro de los contenidos esenciales de la disciplina, los cuales después de su larga creación jurisprudencial, también han sido objeto de legislaciones especiales sobre Contratos del Estado, particularmente destinadas a establecer los principios para la selección de contratistas, a los efectos de asegurar la transparencia de las actividades administrativas.

Otro de los principios fundamentales del derecho administrativo propio del Estado de derecho, ha sido la consolidación de la responsabilidad administrativa, tanto de los funcionarios como de la Administración Pública, es decir, de las personas jurídicas estatales de cuyos órganos administrativos aquéllos son titulares; y no sólo contractual sino extracontractual. Aún cuando como en casi todas las regulaciones del derecho administrativo, el régimen de derecho privado también está a la base del desarrollo de los principios de la responsabilidad administrativa, en ésta, sin embargo, se han configurado principios propios relativos a garantizar la responsabilidad objetiva de la Administración, causada por incluso por su funcionamiento normal, cuando se causa un daño individualizable incluso en ejercicio legítimo de potestades públicas, descartándose así la culpa del funcionario como fundamento único medio para justificar el derecho de indemnización.

Como se ha dicho, conforme a los postulados del Estado de Derecho y con base en el principio de la legalidad, todos los actos estatales están sometidos al derecho y todos son controlables judicialmente por razones de constitucionalidad o de legalidad. En consecuencia, ningún acto estatal debería escapar al control del Poder Judicial, y en particular, de los órganos de la Jurisdicción Contencioso Administrativa cuya creación en el mundo contemporáneo es otra de las tendencias del derecho administrativo.

Como se ha dicho, en particular, siendo los actos administrativos siempre de carácter sublegal, los mismos están sometidos al control judicial por parte de los tribunales con competencia contencioso administrativa, que en la mayoría de los países del mundo contemporáneo se conforma por tribunales especializados, aún cuando no necesariamente separados del Poder Judicial como sucede con el originario modelo francés. A los mismos, por otra parte, no sólo tienen acceso los administrados cuyos intereses personales, directos y legítimos hayan sido lesionados por la actividad administrativa, como es la situación general de la legitimación en estos procesos, sino que también progresivamente la legitimación se ha extendido a la protección de intereses difusos, es decir, los concernientes a la calidad de vida de la población como los daños al ambiente o a los consumidores; y de los intereses colectivos, referidos estos últimos, por ejemplo, a un sector poblacional determinado e identificable.

Estos tribunales contencioso administrativos, por otra parte, en el mundo contemporáneo, no sólo ejercen una competencia de control objetivo de la actuación de la Administración tendiente a la anulación de los actos administrativos ilegales, sino una competencia de orden subjetiva, para también poder condenar a la Administración al pago de sumas de dinero, y a la reparación de daños y perjuicios originados en responsabilidad administrativa, y para disponer lo necesario para restablecer las situaciones jurídicas subjetivas que pudiesen haber sido lesionadas por la actividad administrativa. Ello implica que los jueces contencioso administrativos son los llamados no sólo para anular actos administrativos, sino para conocer y decidir con plenitud y dentro de los límites de su competencia, todas las demandas que se puedan intentar contra los entes públicos basadas en pretensiones subjetivas. Además, el ámbito del control que ejercen los jueces contencioso administrativo se ha extendido también a las abstenciones o negativas de los funcionarios administrativos a dictar específicos y concretos actos administrativos a que estén obligados por las leyes. Se trata de lo que en muchos países se conoce como el control contencioso administrativo contra la carencia u las omisiones administrativas.

Nueva York, 2012

SECCIÓN SEGUNDA

SOBRE EL CONCEPTO DEL DERECHO ADMINISTRATIVO [*]

Si hay un tema que ha sido central al inicio de todos los manuales, cursos y tratados de derecho administrativo, ha sido el del concepto de nuestra disciplina, lo que usualmente ha conducido al intento de definición de la mima en torno a su objeto, que es la Administración Pública. Por ello, la aproximación inicial a un intento de definición de nuestra disciplina, conduce a considerarla, simplemente, como el derecho de la Administración Pública, de su organización, su funcionamiento y su actividad, lo que de entrada impide definirla conforme a un único criterio. La Administración Pública, en efecto, se puede definir, en *primer lugar*, desde el punto de vista orgánico, apuntando al conjunto de sujetos de derecho que personifican al Estado, su organización y los medios para su funcionamiento; en *segundo lugar,* desde el punto de vista material, en relación con el ejercicio de la función administrativa como una de las funciones del Estado y la realización de la actividad administrativa del Estado; y en *tercer lugar*, desde el punto de vista formal, apuntando a los procedimientos y formas utilizadas para la expresión de la voluntad administrativa del Estado frente a los administrados, que siempre es de carácter sub legal.

(*) *V*. Allan R. Brewer-Carías, "El concepto del Derecho Administrativo en Venezuela," en *Revista de Administración Pública*, N° 100–102, Vol. I, Madrid, enero–diciembre 1983, pp. 685–704; "El concepto del derecho administrativo en Venezuela," en *Estudios de derecho administrativo*, Ediciones Rosaristas, Colegio Nuestra Señora del Rosario, Bogotá 1986, pp. 7–.24. El tema lo trabajé, igualmente para la preparación del Prólogo al libro de Luciano Parejo Alfonso, *El concepto del derecho administrativo*, Colección Estudios Jurídicos, N° 23, Editorial Jurídica Venezolana, Caracas 1984, pp. 5-24; Segunda edición: Universidad Externado de Colombia, Editorial Jurídica Venezolana, Bogotá 2008, pp. 23-85; Tercera edición, Editorial Olejnik, Buenos Aires, Santiago 2020

Esta necesaria mezcla de criterios para lograr la definición del objeto fundamental del derecho administrativo, es decir, de la Administración Pública, es lo que más ha contribuido a la falta de éxito de una definición universal de nuestra disciplina, cuando se ha basado en un solo criterio, sea orgánico, material o formal. Por ello, la solución que en una u otra forma se ha ido delineando para elaborar el concepto del derecho administrativo ha sido la utilización de todos los criterios identificando el objeto fundamental de la disciplina, precisando el contenido del derecho que es común y normal a la Administración Pública y que se puede moldear en torno a los siguientes bloques de regulación:

En *primer lugar,* el régimen de la Administración Pública como complejo orgánico del Estado al cual está atribuido, en general, el ejercicio del poder ejecutivo como rama del poder público. En un Estado Unitario la Administración Pública se identifica con la Administración del Estado; y en los Estados federales o descentralizados, la misma tiene necesariamente que identificarse en plural, como las Administraciones Públicas de las diversas entidades territoriales descentralizadas políticamente, nacional, regional o provincial, y municipal, de acuerdo al principio de distribución vertical del poder público que constitucionalmente se haya adoptado.

El derecho administrativo regula, por tanto, la organización de esas Administraciones Públicas y, en particular, la personificación jurídica de los diversos sujetos de derecho que se configuran tanto de dicha distribución territorial del poder, como de la descentralización funcional de la Administración sea con formas de derecho público o de derecho privado.

En *segundo lugar,* el derecho administrativo regula el funcionamiento de las referidas Administraciones Públicas de los diversos entes del Estado, particularmente en lo que concierne a los recursos necesarios para hacerlas actuar. Así, es campo normal del derecho administrativo, el régimen del personal al servicio de las administraciones públicas, en especial, el régimen de los funcionarios o empleados públicos; el régimen de los bienes de los sujetos de derecho que personifican las Administraciones Públicas, sean del dominio público o del dominio privado de las mismas; y el régimen de los recursos financieros necesarios para su funcionamiento, el cual se ha ido imbricando paulatinamente con el derecho financiero y tributario.

En *tercer lugar,* también es campo propio del derecho administrativo, el régimen del ejercicio de las funciones del Estado por parte de las Administraciones Públicas, es decir, de las funciones normativa, política, jurisdiccional, de control y administrativa; así como el ejercicio de la función administrativa y de la función normativa de rango sub-legal, por otros órganos del

Estado distintos de las Administraciones Públicas, y por los particulares y sus organizaciones, a los cuales la ley se las haya atribuido.

En *cuarto lugar,* es también objeto propio y normal del derecho administrativo el régimen de la actividad administrativa en cuanto a su materialización en hechos y actos jurídicos, particularmente los actos administrativos y los contratos administrativos, y en particular, el régimen de los procedimientos administrativos para su formación y ejecución, y que regulan en particular las relaciones que se establecen entre la Administración Pública y los administrados, con la debida garantía a sus derechos e intereses.

En *quinto lugar,* también es campo propio y normal del derecho administrativo, el régimen de las diversas formas como se materializa la actividad administrativa en relación con los administrados, que resulta del ejercicio de las funciones estatales, en particular, el régimen de las regulaciones que inciden en la actividad de los administrados, es decir, tanto de la ordenación de las actividades particulares consideradas como de interés o utilidad general, como de la policía administrativa; de las regulaciones que inciden en las prestaciones debidas por las Administraciones Públicas a los administrados, es decir, de los servicios públicos; de las regulaciones relativas a las acciones de promoción y protección por parte de la Administración respecto de las actividades de los administrados, es decir, de la actividad de fomento; de las regulaciones relativas a las acciones de la Administración en el campo económico, es decir, de las actividades empresariales del Estado; y como resultado de ello, las regulaciones relativas a las relaciones jurídicas que se establecen entre la Administración Pública y los administrados, y de las garantía y derechos de éstos en relación con la Administración Pública.

En *sexto lugar,* el derecho administrativo también regula la responsabilidad del Estado, o más precisamente, de las personas jurídicas estatales originada por la actuación de sus órganos, así como la responsabilidad de los funcionarios o empleados públicos en el ejercicio de sus funciones.

Por último, en *séptimo lugar,* es también campo propio y normal del derecho administrativo el régimen del control de las actividades de la Administración Públicas, de sus funcionarios y de sus actividades, tanto de carácter administrativo como fiscal y, en particular, el régimen del control contencioso administrativo para garantizar la tutela judicial efectiva de los administrados y de las propias personas estatales.

Vinculado entonces a la anterior descripción de su objeto, bien podría señalarse que el derecho administrativo es aquella rama del derecho público que regula los sujetos de derecho o personas jurídicas que conforman al Estado; la Administración Pública como complejo orgánico de esas personas jurídicas estatales, y su organización y funcionamiento; el ejercicio de la función administrativa dentro de las funciones del Estado; la actividad administrativa, la cual siempre tiene un carácter sublegal, realizada por los órganos de las personas jurídicas estatales; y las relaciones jurídicas que se establecen entre las personas jurídicas estatales o las que desarrollan la actividad administrativas, y los administrados.

Ello comprende, en consecuencia, tanto la Administración Pública entendida como complejo orgánico de las personas jurídicas estatales, su organización y funcionamiento; y la competencia de sus órganos; como la Administración entendida como actividad administrativa que desarrollan los órganos competentes de aquellas o con autorización de las mismas, de carácter sub-legal, en ejecución de las funciones del Estado para el cumplimiento de sus cometidos, y de cuyas consecuencias o efectos responden tanto los funcionarios como las personas jurídicas estatales a las cuales representan, precisamente, constituyen el objeto fundamental del derecho administrativo. Bajo este último ángulo material, como actividad administrativa, en consecuencia, el derecho administrativo tiene por objeto regular además, los aspectos formales de la misma, en lo que se refiere, por ejemplo, a los procedimientos administrativos para la formación de la voluntad de los órganos de las personas estatales.

En razón de éste, su objeto, estrechamente vinculado al Estado y al ejercicio del Poder Público fundamentalmente en relación con los administrados, es que al derecho administrativo se lo ubica dentro de las ramas del derecho público, siendo, por tanto, por sobre todo, un derecho del Estado.

I. EL DERECHO ADMINISTRATIVO COMO DERECHO ESTATAL

1. *El derecho administrativo y el Estado de derecho*

En efecto, ante todo, el derecho administrativo es un derecho estatal[1] o un derecho del Estado, con todas sus implicaciones, y entre ellas, su vinculación con el modelo político en el cual opera el propio Estado conforme a la práctica política de su gobierno, siendo ello, históricamente, uno de los más importantes elementos condicionantes de nuestra disciplina.[2]

---

1   *V*. André Demichel, *Le droit administratif. Essai de réflexion théorique*, París, 1978, p. 14.

2   Sobre el tema, bajo el ángulo de la Administración, nos ocupamos hace años en Allan R. Brewer-Carías, "Les conditionnements politiques de l'administration publique dans les pays d'Amérique Latine," en *Revue Internationale des Sciences Administratives*, Vol. XLV, N° 3, Institut International des Sciences Administratives, Bruselas 1979, pp. 213-233; y "Los condicionamientos políticos de la Administración Pública en los países latinoamericanos" en *Revista de la Escuela Empresarial Andina*, Convenio Andrés Bello, N° 8, Año 5, Lima 1980, pp. 239-258

Por tanto, el derecho administrativo que en el mundo iberoamericano hemos conocido, estudiado y enseñado en las últimas décadas en medio de la relativa estabilidad democrática que han gozado nuestros países, puede decirse que en general ha sido el derecho administrativo del Estado de derecho, que como modelo político tuvo su origen a comienzos del siglo XIX como consecuencia de los aportes de la Revolución Norteamericana (1776) y de la Revolución francesa (1789) al constitucionalismo moderno;[3] con el efecto fundamental de haber contribuido a que la titularidad de la soberanía pasase de un Monarca al pueblo. Ello dio origen al desarrollo del principio de la representatividad democrática que marcó el inicio del constitucionalismo en nuestros países iberoamericanos desde comienzos del siglo XIX, organizándose nuestros Estados conforme al principio de la separación de poderes, permitiendo el control recíproco entre sus diversos órganos, y en particular por parte el poder judicial, y estableciendo la garantía de los derechos ciudadanos frente al propio Estado, los que comenzaron a ser declarados constitucionalmente.

Fue en ese marco político cuando el derecho administrativo comenzó a ser un orden jurídico que además de regular a los órganos del Estado y su actividad, también comenzó a regular las relaciones jurídicas que en cierto plano igualitario se comenzaron a establecer entre el Estado y los ciudadanos, y que ya no sólo estaban basadas en la antigua ecuación entre prerrogativa del Estado y la sujeción de las personas a la autoridad, sino entre poder del Estado y los derechos ciudadanos.

Ese cambio, incluso, se reflejó en el propio contenido de las Constituciones que particularmente en Hispanoamérica desde el inicio, comenzaron a ser cuerpos normativos no solo destinados a regular la organización del Estado, sin con aplicación directa a los ciudadanos como sus destinatarios. El derecho administrativo, por tanto, si bien comenzó a desarrollarse como derecho que regulaba solo a la Administración Pública, con sus poderes y prerrogativas, progresivamente, a medida que se fue imponiendo el modelo político del Estado de derecho, la misma comenzó a encontrar límites formales, que también comenzaron a ser recogidas en normas constitucionales. Ello implicó la incorporación en los propios textos constitucionales de normas de derecho administrativo, incluyendo las que se refieren a los medios jurídicos dispuestos para asegurar el control de la Administración, tanto

---

3   *V*. Allan R. Brewer-Carías, *Reflexiones sobre la revolución norteamericana (1776), la revolución francesa (1789) y la revolución hispanoamericana (1810-1830) y sus aportes al constitucionalismo moderno*, 2ª Edición Ampliada, Serie Derecho Administrativo Nº 2, Universidad Externado de Colombia, Editorial Jurídica Venezolana, Bogotá 2008.

político, como fiscal y jurisdiccional; y las Constituciones, como normas, comenzaron a tener a los ciudadanos como sus destinatarios inmediatos.[4]

La consecuencia de todo ello fue que el derecho administrativo y sus principios, a través de su constitucionalización, terminaron encontrando su fuente jurídica primaria en la propia Constitución, en la cual ahora se encuentran sus regulaciones más importantes, por ejemplo, sobre la organización, funcionamiento y actividad de la Administración Pública como complejo orgánico integrada en los órganos del Poder Ejecutivo; sobre el ejercicio de la función administrativa, realizada aún por otros órganos del Estado distintos a la Administración; sobre las relaciones jurídicas que se establecen cotidianamente entre las personas jurídicas estatales cuyos órganos son los que expresan la voluntad de la Administración, y los administrados; sobre los fines públicos y colectivos que estas persiguen, situados por encima de los intereses particulares; sobre los poderes y prerrogativas de los cuales disponen para hacer prevalecer los intereses generales y colectivos frente a los intereses individuales, y además, sobre los límites impuestos a la Administración por normas garantizadoras de los derechos y garantías de los administrados.

En el mundo contemporáneo, en consecuencia, ese derecho administrativo que se ha incrustado en la Constitución,[5] es sin duda el propio de un derecho del Estado de derecho, exigiendo que su desarrollo y efectividad esté condicionado por los valores democráticos que están a la base del mismo.

2. *El dinamismo del derecho administrativo*

Lo anterior implica, que a diferencia de otras ramas del derecho, por su vinculación con el Estado y el régimen político, el derecho administrativo no

---

4   *V*. Eduardo García de Enterría, *La Constitución como norma y el Tribunal Constitucional*, Madrid 1985.

5   Sobre el proceso de constitucionalización del derecho administrativo, *V*. Allan R. Brewer-Carías, "El proceso de constitucionalización del Derecho Administrativo en Colombia" en Juan Carlos Cassagne (Director), *Derecho Administrativo. Obra Colectiva en Homenaje al Prof. Miguel S. Marienhoff*, Buenos Aires 1998, pp. 157-172; "Algunos aspectos de proceso de constitucionalización del derecho administrativo en la Constitución de 1999" en *Los requisitos y vicios de los actos administrativos. V Jornadas Internacionales de Derecho Administrativo Allan Randolph Brewer-Carías, Caracas 1996*, Fundación Estudios de Derecho Administrativo (FUNEDA), Caracas 2000, pp. 23-37; "Las bases constitucionales del derecho administrativo en la República Dominicana," en *Memorias del Congreso Internacional de Derecho Administrativo "Dr. Raymundo Amaro Guzmán,"* (Santo Domingo, 12 al 14 de septiembre de 2012 (Editores Jaime Rodríguez Arara, Olivo Rodriguez Huertas et al.), Asociación Dominicana de Derecho Administrativo, Fundación Institucionalidad y Justicia, Editorial Jurídica Venezolana International, 2015, pp. 9-54.

puede considerase como una rama políticamente neutra, y menos aún como un orden jurídico que haya adquirido esa relativa rigidez o estabilidad como la que podría encontrarse en otras ramas del derecho.

Es decir, el derecho administrativo, aun conservando principios esenciales, inevitablemente tiene siempre un grado el dinamismo que lo hace estar en constante evolución, como consecuencia directa, precisamente, de la propia evolución del Estado, siempre necesitando adaptarse a los cambios que se operan en el ámbito social y político de cada sociedad, por lo que siempre terminan reflejando los condicionamientos políticos y sociales vigentes en un momento dado.[6] De allí aquella gráfica expresión de Prosper Weil en el sentido de que el derecho administrativo sufre, permanentemente, de una "crisis de crecimiento,"[7] que en definitiva, nunca concluye, pues las transformaciones económicas y sociales del mundo no cesan, y con ellas las del Estado y del rol que cumple.

Pero si nos atenemos solamente a la conformación del andamiaje constitucional del Estado en el mundo contemporáneo occidental, como Estado de derecho, hay una constante subyacente en el condicionamiento del derecho administrativo, que son los principios democráticos que ahora le son esenciales a mismo.[8]. Ello debería ser así, y en todo caso, es cierto si nos atenemos a la denominación y definición formal del Estado que ahora se inserta en casi todas las Constituciones Hispanoamericanas, donde expresamente se define al Estado como un Estado social y democrático de derecho, con declaraciones prolijas sobre valores superiores que apuntan a principios de libertad, justicia, igualdad, solidaridad, democracia,, pluralismo, responsabilidad social y, en general, de preeminencia de los derechos humanos. Por supuesto, si nos atenemos a esas denominaciones y enunciados, mejores enunciados formales del Estado democrático como condicionante del derecho administrativo difícilmente podría haber. Sin embargo, ante esas defini-

---

6   *V.* Martín Bassols, "Sobre los principios originarios del derecho administrativo y su evolución," en *Libro homenaje al profesor Juan Galván Escutia,* Valencia, 1980, p. 57. *V.* igualmente, Alejandro Nieto "La vocación del derecho administrativo de nuestro tiempo," *Revista de Administración Pública,* N° 76, Madrid, Centro de Estudios Constitucionales 1975; también en *34 artículos seleccionados de la Revista de Administración Pública con ocasión de su centenario,* Madrid, 1983, pp. 880 y 881.

7   *V.* Prosper Weil, *El derecho administrativo,* Madrid, 1966, p. 31.

8   *V.* Allan R. Brewer–Carías, "El Derecho a la democracia entre las nuevas tendencias del derecho administrativo como punto de equilibrio entre los poderes de la Administración y los derechos del Administrado," en *Revista Mexicana "Statum Rei Romanae" de Derecho Administrativo. Homenaje al profesor Jorge Fernández Ruiz,* Asociación Mexicana de Derecho Administrativo, Universidad Autónoma de Nuevo León, México, 2008, pp. 85–122.

ciones, lo que en cada caso corresponde es determinar si realmente, en los respectivos países, la práctica política del gobierno responde a esos principios, o si son simples enunciados floridos, y nada más.

Ello impone la necesidad en cada caso y momento histórico, de determinar cuán efectiva es la vigencia real de estas normas y cómo y cuánto ellas han permeado efectivamente en el derecho administrativo, hasta qué punto el Estado está efectivamente sometido al derecho, cuál es la efectividad del control judicial de la actividad administrativa, y cuál ha sido el resultado de la misión general de la Administración de gestionar el interés general y estar al servicio de los ciudadanos.

Algo es cierto en el desarrollo del derecho administrativo en medio de su inevitable dinamismo, y es que si bien es cierto que el mismo se ha desarrollado gracias a la configuración del Estado de derecho, sin embargo, los doscientos años de su evolución no siempre han estado de la mano de un régimen político democrático, de lo que resulta que por ausencia de éste último, no puede afirmarse que el derecho administrativo como rama del derecho no haya existido.

Al contrario, por ejemplo, y para sólo referirnos a un ejemplo que nos es muy cercano a los administrativistas latinoamericanos, allí está el ejemplo de desarrollo del derecho administrativo contemporáneo en España, que comenzó precisamente en ausencia de un régimen democrático, por el fenomenal impulso que le pudo dar el núcleo de profesores que se aglutinó en el viejo Instituto de Estudios Políticos que estaba inserto en la propia estructura del Estado autoritario, en torno a la *Revista de Administración Pública*, con Eduardo García de Enterría, Fernando Garrido Falla, José Luis Villar Palasí y Jesús González Pérez, entre otros, a la cabeza. Y ello ocurrió en los años cincuenta del Siglo pasado, cuando España, lejos de la democracia, estaba en plena etapa del autoritarismo franquista, más de veinte años antes de la sanción de la Constitución de 1978. Fue incluso en aquella época cuando se dictaron las muy importantes Leyes sobre el Régimen Jurídico de la Administración del Estado, y sobre Procedimientos Administrativos, que sin duda fueron, en el derecho positivo, la partida de nacimiento del derecho administrativo español e hispanoamericano contemporáneo para buscar garantizar el sometimiento del Estado al derecho.

Igual en décadas pasadas sucedió en muchos países de América Latina. No había democracia, pero sin duda sí había derecho administrativo porque a pesar del autoritarismo, el régimen permitía la existencia de cierto equilibrio entre los poderes del Estado y los derechos ciudadanos; y a pesar de que no podía haber control sobre el comportamiento político del gobierno, algo de control judicial contencioso administrativo sí se permitía, siempre que no afectara el comportamiento político del gobierno. En muchos de nuestros países en épocas de regímenes autoritarios tampoco había democracia, pero también se puede decir que se comenzaron a sentar las bases del derecho administrativo contemporáneo como lo hemos conocido en las décadas pasadas, por la existencia al menos de principio, del antes mencionado equilibrio, entre prerrogativas estatales y derechos ciudadanos.

Pero por supuesto, en aquél entonces no se trataba de un derecho administrativo de unos Estados democráticos de derecho, sino de unos Estados autoritario con alguna sujeción al derecho. Es decir, en otros términos, más generales, puede decirse que el sometimiento del Estado al derecho, que fue lo que originó el derecho administrativo desde comienzos del siglo XIX, no siempre tuvo el estrecho vínculo con la democracia, como régimen político, como hoy lo consideramos.

3. *El derecho administrativo y la democracia*

En realidad, el elemento esencial que caracteriza al derecho administrativo de un Estado democrático de derecho se encuentra cuando el derecho administrativo deja de ser un derecho exclusivamente del Estado, llamado a regular sólo su organización, su funcionamiento, sus poderes y sus prerrogativas, y pasa a ser realmente un derecho administrativo encargado de garantizar el punto de equilibrio antes mencionado que en una sociedad democrática tiene que existir entre los poderes del Estado y los derechos de los administrados. En el marco de un régimen autoritario, ese equilibrio por esencia no existe, o es muy débil o maleable, y por ello es que en dicho régimen el derecho administrativo no es un derecho democrático, aun cuando pretenda someter el Estado al derecho.

Por ello, lo que caracteriza al derecho administrativo en un orden democrático, no es otra cosa que ser el instrumento para asegurar la sumisión del Estado al derecho, pero con a la misión de garantizar el respeto a los derechos ciudadanos, en medio de una persistente lucha histórica por controlar el poder y contra las "inmunidades del poder,"[9] que es lo que ha caracterizado el devenir de nuestra disciplina. Ese equilibrio entre el poder y el ciudadano, siempre latente, pero débil al inicio, efectivamente se comenzó consolidar bien entrado el Siglo XX, luego de la segunda guerra mundial, cuando el derecho administrativo comenzó a ser un derecho regulador no sólo del Estado, sino de los derechos ciudadanos en un marco democrático.

---

9   *V.* Eduardo García de Enterría, *La lucha contra las inmunidades de poder en el derecho administrativo*, Madrid 1983.

Con ello se consolidó la concepción del derecho administrativo de las sociedades democráticas como el instrumento por excelencia para, por una parte garantizar la eficiencia de la acción administrativa y la prevalencia de los intereses generales y colectivos, y por la otra, para asegurar la protección del administrado frente a la Administración; con lo cual se superó aquella caracterización del derecho administrativo que advertía hace años Fernando Garrido Fallo, cuando nos indicaba que se nos presentaba como "un hipócrita personaje de doble faz," que encerraba una "oposición aparentemente irreductible" entre el conjunto de prerrogativas que posee y que "sitúan a la Administración en un plano de desigualdad y favor en sus relaciones con los particulares;" y el conjunto de derechos y garantías de estos, que lo llevaban a regular lo que llamó "la más acabada instrumentación técnica del Estado liberal."[10]

Ese juego dialéctico entre esos dos puntos extremos contrapuestos: por una parte, los poderes y las prerrogativas administrativas de la Administración, y por la otra, los derechos y las garantías de los administrados, es lo que permitió expresar a Marcel Waline, también hace unos buenos años, que por una parte se evite el inmovilismo y la impotencia de la Administración, y por la otra, se evite la tiranía.[11] La existencia o no del mencionado equilibrio, o la existencia de un acentuado desbalance o desequilibro entre los dos extremos, es lo que resulta del modelo político en el cual se mueve y aplica el derecho administrativo. De allí, más democrático será el derecho administrativo solo si el equilibrio es acentuado; y menos democrático será si su regulación se limita sólo a satisfacer los requerimientos del Estado, ignorando o despreciando el otro extremo, es decir, el de las garantías y derechos ciudadanos.

El reto del derecho administrativo, por tanto, está en lograr y asegurar el equilibrio mencionado para lo cual es necesario que el Estado esté configurado no sólo como un Estado de derecho sino como un Estado democrático, lo cual sólo es posible si el mismo asegura, efectivamente, el control del ejercicio del poder. Sin dicho control, el derecho administrativo no pasa de ser un derecho del Poder Ejecutivo o de la Administración Pública, montado sobre un desequilibrio o desbalance, en el cual las prerrogativas y poderes de la Administración pudieran predominar en el contenido de su regulación.

Por supuesto, para que ese equilibrio se logre y sea efectivo, es evidente que no bastan las declaraciones formales en las Constituciones, ni que el

---

10   *V.* Fernando Garrido Falla, "Sobre el derecho administrativo," en *Revista de Administración Pública,* N° 7, Instituto de Estudios Políticos, Madrid, 1952, p. 223

11   *V.* Marcel Waline, *Droit administratif,* París, 1963, p. 4.

derecho administrativo se haya llegado a constitucionalizar efectivamente, como ha ocurrido es casi todos nuestros países, dando cabida a un conjunto de previsiones para asegurarlo, regulando la actuación de la Administración y protegiendo en paralelo los derechos e intereses de las personas, pero sin el sacrificio o menosprecio de los intereses particulares, a pesar de la prevalencia de los intereses generales o colectivos.

Es en realidad la práctica política del gobierno la que puede poner de manifiesto si un Estado conformado constitucionalmente como un Estado democrático de derecho realmente se conduce como tal en su funcionamiento y actuación, y si el derecho administrativo aplicado al mismo obedece o no efectivamente a parámetros democráticos. Porque el derecho administrativo no es, ni puede ser independiente de la actuación del gobierno, sea que del mismo resulte en un modelo político de Estado autoritario o de Estado democrático. Y para identificar dicho modelo por supuesto no se puede acudir a etiquetas o a definiciones formales constitucionales, sino a la práctica política del gobierno. Así, un Estado autoritario será el resultado de la actuación de un gobierno autoritario, y en el mismo, lejos de haber un equilibrio entre los poderes de la Administración y los derechos de los particulares, lo que existe es más bien un marcado desequilibrio a favor del régimen de la Administración, con pocas posibilidades de garantía de los derechos de los particulares frente a su actividad.

En cambio, el equilibrio antes mencionado sólo tiene posibilidad de pleno desarrollo en Estados con gobiernos democráticos, donde la supremacía constitucional esté asegurada, la separación y distribución del Poder sea el principio medular de la organización del Estrado, donde el ejercicio del Poder Público pueda ser efectivamente controlado judicialmente y por los otros medios dispuestos en la Constitución, y donde los derechos de los ciudadanos sean garantizados por un Poder Judicial independiente y autónomo. Nada de ello se encuentra en los Estados con un régimen de gobierno autoritario, así sus gobernantes hayan podido haber sido electos, y se arropen con el lenguaje a veces florido de los textos constitucionales.

De todo lo anterior resulta evidente que cuando se habla de Estado democrático de derecho, y en el mismo, del derecho administrativo como derecho de la democracia, ésta tiene que existir real y efectivamente y no sólo en el papel de las Constituciones y de las leyes, sino en la práctica de la acción del gobierno que origine un sistema político en el cual además de todos los derechos y garantías constitucionales generalmente conocidos (políticos, individuales, sociales, económicos, culturales, ambientales), se garantice efectivamente el derecho ciudadano a la Constitución y a su supremacía constitucional, es decir el derecho ciudadano a la propia democracia,[12] y el derecho de poder ejercer el control sobre las actividades gubernamentales, que hasta cierto punto son tan políticos como los clásicos derechos al sufragio, al desempeño de cargos públicos, a asociarse en partidos políticos y, más recientemente, el derecho a la participación política.

Estos derechos que son nuevos sólo en su enunciado, derivan de la comprensión cabal de lo que significa un régimen democrático, que sólo es aquél donde concurren una serie de *elementos esenciales* que por lo demás se enumeraron en la *Carta Democrática Interamericana* de 2001, y que son los derechos: 1) al respeto a los derechos humanos y las libertades fundamentales; 2) al acceso al poder y su ejercicio con sujeción al Estado de derecho; 3) a la celebración de elecciones periódicas, libres, justas y basadas en el sufragio universal y secreto, como expresión de la soberanía del pueblo; 4) al régimen plural de partidos y organizaciones políticas y 5) a la separación e independencia de los poderes públicos (art. 3).

No hay ni puede haber democracia si el ciudadano no tiene garantizado su derecho político a la efectividad de esos elementos esenciales, que es lo que permite en definitiva distinguir un Estado democrático de derecho de un Estado de régimen autoritario. En este, a pesar de todas sus etiquetas constitucionales, esos derechos o elementos esenciales no pueden ser garantizados, por la ausencia de controles al ejercicio del poder, aún cuando pueda tratarse de Estados en los cuales los gobiernos puedan haber tenido su origen en algún ejercicio electoral.

Entre todos esos derechos políticos a la democracia, está por supuesto, el derecho a la separación de poderes, que implica el derecho a ejercer el control del poder. Ello además, es lo que permite que se puedan materializar otros derechos políticos del ciudadano en una sociedad democrática, identificados en la misma Carta Democrática Interamericana como *componentes fundamentales* de la democracia, como son los derechos a: 1) la transparencia de las actividades gubernamentales; 2) la probidad y la responsabilidad de los gobiernos en la gestión pública; 3) el respeto de los derechos sociales; 4) el respeto de la libertad de expresión y de prensa; 5) la subordinación constitucional de todas las instituciones del Estado a la autoridad civil legalmente constituida y 6) el respeto al Estado de derecho de todas las entidades y sectores de la sociedad (art. 4).

---

12   *V.* Allan R. Brewer–Carías, "Prólogo: Sobre el derecho a la democracia y el control del poder," al libro de Asdrúbal Aguiar, *El derecho a la democracia. La democracia en el derecho y la jurisprudencia interamericanos. La libertad de expresión, piedra angular de la democracia*, Editorial Jurídica Venezolana, Caracas 2008, pp. 19 ss.

Entre esos derechos, por supuesto, se destaca el derecho a la separación de poderes, materializado en el derecho al control del poder, que es el fundamento del propio derecho administrativo en una sociedad democrática, pues es precisamente el elemento fundamental para garantizar el necesario equilibro mencionado entre los poderes y prerrogativas de la Administración del Estado y los derechos ciudadanos.

Para ello, por supuesto la condición esencial es que los poderes sean efectivamente autónomos e independientes, para lo cual, de nuevo, no bastan las declaraciones constitucionales y ni siquiera la sola existencia de elecciones, siendo demasiadas las experiencias en el mundo contemporáneo de toda suerte de tiranos que usaron el voto popular para acceder al poder, y que luego, mediante su ejercicio incontrolado, desmantelar la democracia y desarrollar gobiernos autoritarios, contrarios al pueblo, que acabaron con la propia democracia y con todos sus elementos,[13] comenzando por el irrespeto a los derechos humanos.

II. LAS BASES CONSTITUCIONALES DEL DERECHO ADMINISTRATIVO

La característica antes mencionada del derecho administrativo en el mundo contemporáneo, de su progresiva constitucionalización, ha provocado que las Constituciones no solo hayan superado su tradicional contenido orgánico/dogmático relativo a la organización básica del Estado y al régimen de los derechos y garantías constitucionales, sino que cada vez con mayor frecuencia hayan incorporado a su normativa, los principios básicos de la organización y funcionamiento de la Administración Pública, la precisión de los cometidos esenciales de la misma, y los principios que han de regir la actividad administrativa del Estado.

Por ello, con razón, en el derecho público contemporáneo se puede hablar de la existencia de un marco constitucional del derecho administrativo, el cual, en una u otra forma se ha conformado en todos los países iberoamericanos, por los siguientes principios fundamentales muchos insertos en las Constituciones:[14] en *primer lugar*, el principio de la legalidad, que en particular, se fundamenta en la supremacía constitucional, y los principios de la formación del derecho por grados y la sumisión de la Administración Públi-

---

13 *V.* Allan R. Brewer-Carías, *Dismantling Democracy. The Chávez Authoritarian Experiment*, Cambridge University Press, New York 2010; *Authoritarian Government vs. The Rule of Law*, Editorial Jurídica Venezolana, Caracas 2014.

14 *V.* en general sobre los principios fundamentales del derecho público Allan R. Brewer–Carías, *Principios fundamentales del derecho público*, Editorial Jurídica Venezolana, Caracas 2005; Editorial Investigaciones Jurídicas, San José, Costa Rica, 2012.

ca al ordenamiento jurídico; en *segundo lugar,* los principios relativos a la organización del Estado, a la distribución vertical del Poder Público y los que rigen las personas jurídicas estatales; en *tercer lugar,* los principios de la separación orgánica (horizontal) del Poder Público y el carácter ínter–orgánico de la Administración Pública; en *cuarto lugar,* los principios relativos a las funciones del Estado, a su ejercicio inter–orgánico y a la función administrativa; en *quinto lugar,* los principios relativos al carácter inter–funcional de los actos estatales, y a los actos administrativos; y en *sexto lugar,* el principio del control de la Administración Pública y la responsabilidad administrativa.

El marco constitucional del derecho administrativo está conformado por dichos principios, que analizamos a continuación.

1. ***El principio de la legalidad: la supremacía constitucional, la formación del derecho por grados, y la sumisión de la Administración Pública al ordenamiento jurídico***

El derecho administrativo está montado sobre el principio de legalidad, de manera que en realidad puede del mismo cuando los órganos del Estado que conforman la Administración Pública están sometidos al derecho, y particularmente al derecho desarrollado para normar sus actuaciones.

El principio de legalidad es, por tanto, el primero de los principios del derecho administrativo que han sido constitucionalizados, como consecuencia de la concepción del Estado como Estado de derecho, que implica la necesaria sumisión de sus órganos al ordenamiento jurídico. Este, compuesto por las propias Constituciones, que tienen aplicación directa como norma, por las leyes y además, por el conjunto de reglamentos y normas dictados por las autoridades competentes[15].

El primer elemento del principio de la legalidad, por tanto, es el de la supremacía constitucional, que no sólo deriva de la idea misma de Constitución, sino que con cada vez mayor frecuencia los propios textos declaran como la norma suprema y el fundamento el ordenamiento jurídico, a la cual quedan sujetos todas las personas y los órganos que ejercen el Poder Público; constituyendo el cumplir y acatar la Constitución uno de los deberes constitucionales de los ciudadanos y funcionarios. Todos los órganos del Estado, por tanto, están sometidos a la Constitución, y entre ellos, por supuesto, los que conforman la Administración Pública, la cual define las atri-

---

15. *V.* Antonio Moles Caubet, *El principio de legalidad y sus implicaciones,* Universidad Central de Venezuela, Facultad de Derecho, Publicaciones del Instituto de Derecho Público, Caracas, 1974.

buciones de los órganos que ejercen el Poder Público, y a las cuales deben sujetarse al realizar sus actividades. Por ello, la Administración Pública, ante todo debe actuar con sometimiento pleno a la ley y al derecho.

Ahora bien, en relación con este principio de legalidad, en el ordenamiento jurídico de los Estados se puede distinguir siempre, por una parte, las normas que integran la Constitución en sí misma, como derecho positivo superior; y por la otra, las normas que son sancionadas por una autoridad con poderes derivados de la Constitución. En otras palabras, lo que es propio de nuestros países con Constituciones escritas, siempre puede establecerse una distinción entre la norma constitucional y legislación ordinaria; y luego, entre la legislación y las normas dictadas en ejecución de la misma; pudiendo decirse que las normas que integran el ordenamiento jurídico siempre se organizan deliberada o espontáneamente en forma jerárquica, de manera que existen normas en un nivel superior que siempre prevalecen sobre otras normas de nivel inferior. Se trata del principio de la formación del derecho por grados, reflejado en las ideas expresadas por Hans Kelsen sobre los sistemas jurídicos como una jerarquía de normas, lo cual permite determinar la relación jerárquica que existe entre el conjunto normas o de reglas de derecho que forman el ordenamiento jurídico.[16]

Ello implica que en el análisis global del ordenamiento jurídico de cada Estado, se puede establecer una distinción entre aquéllos actos estatales que se dictan en ejecución directa e inmediata de la Constitución, es decir, que son dictados directamente en ejercicio de poderes o atribuciones constitucionales, y aquéllos cuya ejecución no deriva directamente de la Constitución y que en cambio se dictan en ejercicio directo de poderes establecidos en normas de derecho inferiores a la Constitución. Estos son actos de ejecución directa e inmediata de la legislación y que por tanto solo ejecutan indirecta y mediatamente a la Constitución.

Los primeros, es decir, los actos realizadas en ejecución directa e inmediata de la Constitución, precisamente por ello, sólo están y pueden estar sometidas a lo que dispone el texto fundamental, no teniendo competencia el Legislador para regularlas mediante leyes; los segundos, en cambio, son actos realizados en ejecución directa e inmediata de la legislación e indirecta y mediata de la Constitución, las cuales, precisamente por ello, además de estar sometidas al texto fundamental (como toda actividad estatal), están sometidas a las regulaciones establecidas, además de en la Constitución, en las leyes y en las otras fuentes del derecho.

---

16   H. Kelsen, *Teoría pura del Derecho,* Buenos Aires, 1981, p. 135.

Los primeros por otra parte, dada la ejecución directa e inmediata de la Constitución, sólo están sometidos al control de constitucionalidad a cargo de las Jurisdicciones Constitucionales que corresponde a los Tribunales Constitucionales o a las Cortes Supremas de Justicia (en algunos casos, a sus Salas Constitucionales); los segundos, en cambio, están sometidos al control de constitucionalidad y de legalidad que corresponden a las otras Jurisdicciones del Poder Judicial, tanto a las ordinarias, como sucede con las apelaciones ante los tribunales superiores y con el recurso de casación ante los Tribunales Supremos en lo que concierne a los actos judicial; como a la Jurisdicción Contencioso–Administrativa cuando se trata de actividades administrativas.

Las actividades administrativas, por tanto y por esencia, constituyen actividades estatales que se realizan siempre en ejecución directa e inmediata de la legislación y por tanto, en ejecución indirecta y mediata de la Constitución; y precisamente por ello se dice que son esencialmente de carácter sub-legal, pues están sometidos no sólo a la Constitución sino a la ley y a los reglamentos, y por eso es que su control corresponde a los órganos de la Jurisdicción contencioso administrativa.

De lo anterior resulta, que para el derecho administrativo toda la actividad administrativa, desde el punto de vista formal, es una actividad que siempre es de carácter sub-legal, es decir, de ejecución directa e inmediata de la legislación (aun cuando las leyes reglamentarias correspondientes no se hayan dictado) y en consecuencia de ejecución indirecta y mediata de la Constitución. Por supuesto, también las actividades judiciales son siempre de carácter sub-legal, siendo la diferencia entre una y otra, de carácter orgánico, en el sentido que las actividades judiciales siempre las realizan órganos autónomos e independientes en ejecución de la función jurisdiccional, como lo son los órganos que ejercen el Poder Judicial.

En cuanto a los actos de gobierno, que emanan de los órganos superiores del Poder Ejecutivo en ejercicio directo de atribuciones constitucionales,[17] los mismos por ello, no pueden estar regulados o limitados por el Legislador mediante leyes. Son actos estatales que por ello tienen el mismo rango que la ley, por lo que el control judicial sobre ellos es necesariamente un control de constitucionalidad que usualmente ejercen las Jurisdicciones Constitucionales.

---

17 Allan R. Brewer–Carías, "Comentarios sobre la doctrina del acto de gobierno, del acto político, del acto de Estado y de las cuestiones políticas como motivo de inmunidad jurisdiccional de los Estados en sus Tribunales nacionales," en *Revista de Derecho Público*, Nº 26, Editorial Jurídica Venezolana, Caracas, abril–junio 1986, pp. 65–68.

De lo anterior resulta, por tanto, que lo que constituyen las normas de derecho en relación con cada órgano del Estado, varía y tiene un ámbito diferente dependiendo de la posición que tiene cada norma o acto del Estado en el sistema jurídico jerarquizado. Por ello, para el Legislador, "legalidad" quiere decir constitucionalidad o sumisión a la Constitución, igual que para el Jefe de Estado con respecto a los actos de gobierno. En ambos casos, dichos actos se adoptan en ejecución directa e inmediata de la Constitución, sin la interferencia de actos del Parlamento, en forma tal que sólo están subordinados a la Constitución y no puede en general haber ley alguna que los condicione, dando origen al control judicial de la constitucionalidad de los actos estatales (Jurisdicción constitucional).[18]

Además de los actos dictados en ejecución directa e inmediata de la Constitución, en los sistemas legales graduados que han dado origen a los sistemas de control judicial o jurisdiccional de la constitucionalidad, es evidente que el principio de legalidad, por su ámbito, desempeña un papel mucho más importante en el segundo nivel de ejecución del ordenamiento jurídico, es decir, en aquellos actos del Estado dictados en ejecución directa e inmediata de la legislación, o en ejecución indirecta y mediata de la Constitución. En este campo que es el propio del derecho administrativo, el principio de legalidad se ha desarrollado en el pleno sentido de la palabra, particularmente con referencia a la Administración Pública, dando origen al control judicial o jurisdiccional de la legalidad de los actos administrativos por los órganos de la Jurisdicción contencioso administrativa.[19]

En consecuencia, en un Estado de derecho, el grado de sumisión de la Administración Pública al principio de la legalidad, es de mayor ámbito que el de la sumisión a las normas de derecho por parte de los órganos constitucionales del Estado. El Congreso, la Asamblea o el Parlamento están sometidos a la Constitución e, incluso, el Jefe de Estado o de Gobierno, cuando dicta actos de gobierno sólo está sometido en general, a la Constitución; mientras que los órganos y las autoridades administrativas están envueltos en un área de legalidad de mayor ámbito puesto que están sometidos a la "legislación," la cual ejecutan. Esta es la razón por la cual, en este campo, el principio de legalidad tomó el significado que normalmente tiene en relación a la actividad administrativa del Estado contemporáneo, que es el origen del derecho administrativo.

---

18   *V*. Allan R. Brewer–Carías, *La Justicia Constitucional. Procesos y Procedimientos Constitucionales,* Universidad Nacional Autónoma de México, México 2007.

19   *V*. Allan R. Brewer–Carías, *Tratado de Derecho Administrativo, Tomo VI, La Jurisdicción contencioso administrativa,* Editorial Thompson Civitas, Madrid, 2013.

2. *La organización del Estado: la distribución vertical del poder público y las personas jurídicas estatales*

El derecho administrativo, como derecho que rige la organización y funcionamiento de la administración Pública, está por supuesto condicionado por la concreta organización constitucional que tenga el Estado, pues de ella deriva que exista una Administración Pública, o múltiples Administraciones Pública, personificadas o no.

En sistema constitucionales en los cuales se establece una estructura estatal sobre la base de la distribución territorial del Poder Público conforme al principio de la descentralización política, como es el caso de los Estados Federales o de los que establecen autonomías territoriales, uno de los principios que condicionan al derecho administrativo, es precisamente dicha distribución del Poder Público, y que en general da origen tres niveles: Nacional, Intermedio (Regional o Estadal) y Municipal, atribuyendo su ejercicio a diversos órganos y asignando competencias exclusivas en los tres niveles, además de las competencias concurrentes entre ellos.[20]

Esa distribución territorial o vertical del poder, en todo caso, implica autonomía territorial, no solo política, lo que en el régimen democrático implica la elección de sus propias autoridades, sino legislativa y de gobierno; adoptándose, además, en cada nivel territorial, el mismo principio de separación orgánica de Poderes:

En los otros sistemas de formas de Estado más centralizadas, sin embargo, en todos los países hispanoamericanos se reconoce el principio de la descentralización política a nivel local, asegurando la existencia de gobiernos locales con cierta autonomía y competencias propias, generalmente consagradas y garantizadas en las Constituciones. Esta constante, tanto en las formas centralizadas como descentralizadas de los Estados, ha dado origen a la rama del derecho municipal, como rama propia del derecho administrativo.

La consecuencia de lo anterior, es que en general, conforme al sistema de distribución vertical del Poder Público que se adopte, en los Estados se pueden identificar tres o dos niveles autónomos de Administración Pública: siempre, la Administración Pública Nacional y la Administración Pública Municipal, y en los Estados descentralizados, la Administración de las regiones o departamentos autónomos, integradas en las personas jurídicas que derivan de la descentralización política, que en los Estados federales, por

---

20   *V.* Allan R. Brewer–Carías, "Allan R. Brewer–Carías, "Consideraciones sobre el régimen constitucional de la organización y funcionamiento de los Poderes Públicos," en *Revista Derecho y Sociedad de la Universidad Monteávila*, Nº 2 (abril), Caracas, 2001, pp. 135–150.

ejemplo, son tres: el Estado nacional o federal, los Estados o provincias federados y los Municipios, respectivamente.

Así, la consecuencia del principio de la distribución vertical del poder público es que el Estado resulta conformado por diversas entidades político–territoriales que actualizan en el orden interno la personalidad jurídica del Estado, de manera que en él, no es una sola persona jurídica, sino que está conformado por un conjunto de personas jurídicas que son las personas jurídicas estatales territoriales. Estas personas jurídicas estatales, como sujetos de derecho cuyos órganos conforman la Administración Pública, son las que constituyen objeto de regulación por parte del derecho administrativo porque, en definitiva, son las que establecen las relaciones jurídico - administrativas con los otros sujetos de derecho y los administrados.

Pero aparte de las personas jurídicas político territoriales que derivan de la distribución territorial del Poder Público (en tres o dos niveles), y que son por esencia personas jurídicas estatales; también se distinguen en el derecho administrativo contemporáneo otras personas jurídicas estatales, producto también de la descentralización, pero de carácter funcional, mediante las cuales el Estado realiza las actividades administrativas que se le encomiendan en el ordenamiento. Estas personas jurídicas descentralizadas funcionalmente no tienen una sola forma jurídica, sino que pueden tener formas jurídicas de derecho público o formas jurídicas de derecho privado, según se constituyan mediante mecanismos regulados en el derecho público, particularmente en las leyes o mediante los mecanismos jurídicos establecidos en el derecho privado, particularmente en el Código Civil o el Código de Comercio sobre las sociedades o asociaciones.

En el derecho público iberoamericano, por tanto, pueden identificarse dos clasificaciones de las personas jurídicas: por una parte, las personas estatales y no estatales, según su integración o no a la organización general del Estado o al sector público; y las personas jurídicas de derecho público y de derecho privado, según la forma jurídica adoptada para su creación.[21]

En el contexto de estas clasificaciones, por ejemplo se puede aceptar que en el ámbito interno, cuando se usa la expresión genérica de "Estado" ello comprende a todas las personas jurídicas que en el orden interno forman parte de la organización política del Estado, y que por ello se consideran como "estatales" o que conforman el "sector público." Entre ellas están, por supuesto, las que derivan de la distribución territorial del Poder Público; y

---

21 *V.* Allan R. Brewer–Carías, "La distinción entre las personas públicas y las personas privadas y el sentido actual de la clasificación de los sujetos de derecho," en *Revista Argentina de Derecho Administrativo*, N° 12, Buenos Aires, 1977, pp. 15 a 29.

están además, todas las otras personas jurídicas descentralizadas funcionalmente sea cual fuere la forma jurídica adoptada para su creación: de derecho
público (como los institutos o corporaciones públicas autónomas) o de derecho privado (como las sociedades o compañías del Estado –*empresas del
Estado*–).

3. *La separación orgánica (horizontal) del Poder Público y el carác-*
ter inter-orgánico de la Administración Pública

El tercer principio constitucional que en general condiciona el derecho
administrativo en nuestros países iberoamericanos, es el de la separación
orgánica de poderes, que origina órganos estatales independientes y autónomos entre sí, que ejercen las diversas ramas del Poder Público: Legislativa,
Ejecutiva y Judicial, a las cuales, en algunos países, como es el caso de Venezuela, se ha agregado la rama del Poder Electoral y la del Poder Ciudadano (de control.)

Esta separación orgánica de poderes en todos los sistemas constitucionales ha dado origen a complejos orgánicos diferenciados y separados, que en
general son los Congresos o Asambleas Legislativas; los órganos que conforman el Poder Ejecutivo (presidente y sus ministros, por ejemplo); los
Tribunales o Cortes Supremas y demás órganos judiciales. República; así
como los Tribunales u órganos Electorales y los otros órganos constitucionales con autonomía funcional como las Contraloría Generales de la República, los Tribunales de cuentas, o los defensores del Pueblo o de Derechos
Humanos. Esos conjuntos orgánicos se encuentran separados, son autónomos e independientes entre sí, y cada uno de ellos tiene sus competencias
constitucionales y legales específicas. En esa forma, la otrora clásica división del poder en las tres ramas (Legislativa, Ejecutiva y Judicial), en el
constitucionalismo moderno, desde el Siglo XX, se ha roto y superado progresivamente, de manera que en general, el Poder Público se ejerce, además
de por los órganos que componen las tres clásicas ramas, por otra serie de
órganos que progresivamente han sido constitucionalizados y dotados de
autonomía funcional.

Pero el principio de la separación orgánica de poderes en forma horizontal, no sólo se ha establecido en los Estados iberoamericanos en el nivel nacional, sino también en los niveles intermedios descentralizados (en el caso
de las Federaciones o Estados con autonomías regionales) y en los municipales. En todos estos casos, se los diversos niveles políticos territoriales en
general se distinguen al menos dos complejos orgánicos que ejercen respectivamente, el Poder Legislativo y el Poder Ejecutivo, conformados por los
Asambleas, Consejos o Concejos Legislativos y por Gobernadores o Acal-
des, que dirigen las respectivas Administraciones Públicas.

Sin embargo, debe observarse que la separación orgánica de poderes no origina un solo grupo de órganos que conforman la Administración Pública en cada nivel territorial y que serían los que ejercen el Poder Ejecutivo, sino otros órganos que sin estar en el Poder Ejecutivo forman parte de aquella. Ello, porque la Administración Pública en realidad tiene un carácter inter orgánico, en el sentido de que, como complejo orgánico, no sólo está conformada por órganos que ejercen el Poder Ejecutivo, sino por órganos que ejercen los demás Poderes del Estado. Es decir, todos los órganos que ejercen cualquiera de los Poderes Públicos tienen su propia Administración Pública, compuesta por un conjunto de órganos e instituciones que le sirven a los otros órganos para el desarrollo de sus funciones y el logro de los fines que tiene constitucionalmente prescritos. Esto sucede, por ejemplo, con la Administración del órgano Legislativo, la Administración de la administración de justicia (el órgano de administración de la Magistratura); la Administración Pública de los órganos de control, como la Administración Electoral.

Por tanto, la Organización Administrativa del Estado no se agota, por ejemplo, a nivel nacional, en el ámbito de la Administración Pública Nacional "central" que ejerce el Poder Ejecutivo, pues existen órganos administrativos que la separación orgánica de poderes, y en particular, el desarrollo de órganos constitucionales con autonomía funcional ha generado, que formaban parte de la organización administrativa de la Administración del Estado, y se rigen por el derecho administrativo.[22]

4. *Las funciones del Estado, su ejercicio inter-orgánico y la función administrativa*

Anteriormente nos hemos referido al marco constitucional del derecho administrativo que deriva de los principios de la distribución vertical y de la separación orgánica del Poder Público en las diversas ramas territoriales del mismo. Cada una de esas ramas del Poder Público, por supuesto, tiene sus funciones propias, aun cuando todos los órganos a los cuales corresponde su ejercicio deben colaborar entre sí en la realización de los fines del Estado. Y por "función" en el mundo del derecho público, ha de entenderse la acción que desarrollan los órganos estatales o la actividad que desempeñan como tarea que les es inherente, en el sentido que sólo los agentes del Estado en ejercicio del Poder Público pueden cumplirse. De ahí que la función es toda actividad de la propia esencia y naturaleza de los órganos estatales y, por tanto, indelegable salvo que exista una autorización constitucional. Entonces, las diversas funciones del Estado las funciones normativa, política, ju-

---

22   *V*. Allan R. Brewer–Carías, *Principios del Régimen Jurídico de la Organización Administrativa Venezolana*, Caracas 1994, pp. 11 y 53.

risdiccional, administrativa y de control, son sólo las diversas formas a través de las cuales se manifiesta la actividad estatal[23]; y ellas no están atribuidas en forma exclusiva a los órganos del Estado.

Es decir, la asignación de funciones propias a los órganos del Estado, por tanto, no implica que cada uno de ellos siempre tenga el ejercicio exclusivo de alguna función estatal específica, y más bien, en realidad, todos los órganos del Estado, en una u otra forma ejercen todas las funciones del Estado, lo que conduce al principio del ejercicio inter orgánico de las funciones del Estado, que se configura como otro de los marcos constitucionales del derecho administrativo.

Es decir, la división de la potestad estatal (el Poder Público) en ramas y la distribución de su ejercicio entre diversos órganos, no coincide exactamente con alguna "separación" de las funciones estatales,[24] por lo que el hecho de que exista una separación orgánica "de poderes" no implica que cada uno de los órganos que lo ejercen tenga necesariamente el ejercicio exclusivo de ciertas funciones, ya que paralelamente a las "funciones propias" que se asignan a cada órgano del Estado, éstos ejercen funciones que por su naturaleza son similares a las que ejercen otros órganos estatales. En otras palabras, paralelamente a sus funciones propias, los órganos del Estado realizan funciones distintas a aquellas que les corresponden por su naturaleza.

Como hemos dicho, en el mundo contemporáneo estas funciones como tareas inherentes a los órganos del Estado pueden reducirse a las siguientes: la función normativa, la función política, la función administrativa, la función jurisdiccional y la función de control, a las cuales pueden reconducirse todas las actividades del Estado. Estas funciones, realizadas en ejercicio del Poder Público por los órganos estatales, sin embargo, como se dijo, no están encomendadas con carácter exclusivo a diferentes órganos, sino que se ejercen por varios de los órganos estatales.

Así, la función normativa en el Estado contemporáneo es aquella actividad estatal que se manifiesta en la creación, modificación o extinción de normas jurídicas de validez general. La función normativa del Estado, en esta forma, si bien se atribuye como función propia al órgano que ejerce el

---

23   *V*. Allan R. Brewer–Carías, *Las Instituciones Fundamentales del Derecho Administrativo y la jurisprudencia venezolana*, Caracas, 1964, p. 105.

24   *V*. Allan R. Brewer-Carías, "Las funciones del Estado, la función administrativa y las actividades estatales," en Jaime Vidal Perdomo, Eduardo Ortíz Ortíz, Agustín Gordillo y Allan R. Brewer-Carías, *La función administrativa y las funciones del Estado. Cuatro amigos, Cuatro visiones sobre el derecho administrativo en América Latina*, Editorial Jurídica Venezolana, Caracas 2014, pp. 185-248.

Poder Legislativo, es decir, a los Congresos o a Asambleas Legislativas al sancionar las leyes, se realiza también por otros órganos del Poder Público incluso en algunos casos con rango y valor de ley. En efecto, cuando mediante una ley de delegación legislativa el Congreso o Asamblea delega en el presidente la posibilidad de dictar actos estatales con rango y valor de ley, sin duda ejerce la función normativa; e igualmente ocurre, cuando el presidente y demás funcionarios ejecutivos dictan los reglamentos. Igualmente, por ejemplo, las Cortes o Tribunales Supremos también ejercen la función normativa cuando dictan actos normativos o reglamentarios necesarios a los efectos de asegurar, por ejemplo, la dirección y gobierno del Poder Judicial. Igualmente, ejercen la función normativa, los órganos de los otros Poderes Públicos, como los órganos electorales o de Control fiscal, cuando dictan los reglamentos establecidos en las leyes reguladoras de su actividad.

La función normativa, por tanto, si bien es una "función propia" del Parlamento, no es una función privativa y exclusiva del mismo, pues los otros órganos estatales también la ejercen. Sin embargo, lo que sí es función privativa y exclusiva de los Congresos o Asambleas legislativas es el ejercicio de la función normativa en una forma determinada: como cuerpo legislador y mediante la emisión de los actos estatales denominados "leyes." Los otros órganos estatales que ejercen la función normativa, si bien realizan una función creadora de normas dentro del ordenamiento jurídico, a excepción de los decretos leyes delegados (dictados por el presidente de la República mediante delegación legislativa) lo hacen a través de actos administrativos de efectos generales (reglamentos), y siempre bajo el condicionamiento de las leyes y nunca en ejecución directa e inmediata sólo de una norma constitucional. En otras palabras, las leyes son actos estatales dictados en ejecución directa e inmediata de la Constitución y de rango legal; los reglamentos y demás actos administrativos de efectos generales son actos de ejecución directa e inmediata de la legislación y de rango sub-legal. Sin embargo, los decretos–leyes delegados que puede dictar el presidente de la República o jefe del gobierno, a pesar de requerir de una ley habilitante, en virtud de la delegación legislativa que contiene, puede decirse que se dictan también en ejecución directa de la Constitución.

Pero aparte de la función normativa, en el Estado contemporáneo ha ido delineándose otra función primordial, distinta de la función administrativa, por medio de la cual el Jefe Poder Ejecutivo ejerce sus actividades como jefe del Estado, es decir, como jefe del gobierno, dirigiendo la acción de gobierno. A través de esta función política, el jefe del gobierno puede adoptar decisiones en virtud de atribuciones que le son conferidas directamente por la Constitución, en general sin condicionamiento legal, de orden político, las cuales, por tanto, exceden de la administración normal de los asuntos del

Estado. Ello ocurre, por ejemplo, cuando dirige las relaciones exteriores, convoca a sesiones extraordinarias al órgano legislativo y cuando lo disuelve. También puede considerarse que ejerce la función política, cuando decreta los estados de emergencia o de excepción, y restringe por ejemplo las garantías constitucionales con autorización de la Constitución. La característica fundamental de esta función política es que está atribuida en la Constitución directamente al presidente de la República o al jefe del gobierno, es decir, al nivel superior de los órganos que ejercen el Poder Ejecutivo, no pudiendo otros órganos ejecutivos ejercerla.

Los órganos que ejercen el Poder Ejecutivo en esta forma, realizan fundamentalmente dos funciones propias: la función política, antes mencionada, y la función administrativa. La función política, como función del presidente de la República, se ejerce en ejecución directa de atribuciones constitucionales, en general sin condicionamiento legal alguno. El Legislador, en esta forma, y salvo por lo que se refiere a los estados de excepción dada la autorización constitucional, no puede limitar las facultades políticas del jefe del Estado. La función política, por tanto, se traduce en actos estatales de rango legal, en tanto que la función administrativa se traduce en actos estatales de rango sub-legal.

Pero si bien la función política se ejerce con el carácter de función propia por el presidente de la República en ejercicio del Poder Ejecutivo, ello tampoco se realiza con carácter excluyente, ya que los parlamentos en ejercicio del Poder Legislativo también realizan la función política, sea a través de actos parlamentarios sin forma de ley, sea mediante leyes (por ejemplo, una ley de amnistía). En estos casos, también, la función política realizada por los órganos del Poder Legislativo es una actividad de rango legal, es decir, de ejecución directa e inmediata de la Constitución. Pero si bien esta función puede ser realizada tanto por el presidente de la República como por los órganos legislativos, por lo que no es exclusiva o excluyente, sin embargo, lo que sí es exclusiva de uno u otros órganos es la forma de su ejecución en los casos autorizados por la Constitución: la función política se ejecuta mediante decretos ejecutivos (actos de gobierno), y se realiza en forma exclusiva por el presidente de la República o el Jefe del gobierno; y también se ejecuta mediante leyes o actos parlamentarios sin forma de ley, por la Asamblea Legislativa o Congreso.

Además de la función normativa y de la función política, los órganos estatales realizan la función jurisdiccional, es decir, la función reservada al Estado mediante la cual sus órganos conocen, deciden o resuelven controversias entre dos o más pretensiones, es decir, controversias en las cuales una parte esgrime pretensiones frente a otra. El ejercicio de la función jurisdiccional se ha atribuido como función propia a los tribunales judiciales de los Estados, con un Tribunal o Corte Suprema y en algunos casos, un Tribunal Constitucional en la cúspide, pero aquí también ello no implica una atribución exclusiva y excluyente, sino que, al contrario, otros órganos estatales pueden ejercer la función jurisdiccional.

En efecto, los órganos que ejercen el Poder Ejecutivo, realizan funciones jurisdiccionales, cuando las autoridades administrativas en un procedimiento administrativo deciden controversias entre partes, dentro de los límites de su competencia, y el Congreso o Asamblea Legislativa también realiza o participa en la función jurisdiccional, cuando, por ejemplo, conduce un juicio político o autorizan el enjuiciamiento del Jefe de Estado. Por tanto, la función jurisdiccional como actividad privativa e inherente del Estado mediante la cual sus órganos deciden controversias y declaran el derecho aplicable en un caso concreto, se ejerce por diversos órganos estatales en ejercicio del Poder Público: por el los tribunales judiciales del país, en ejercicio del Poder Judicial; y por los órganos administrativos en ejercicio del Poder Ejecutivo. La función jurisdiccional, por tanto, si bien es una "función propia" de los órganos judiciales, no es una función privativa y exclusiva de ellos, pues otros órganos estatales también la ejercen. Sin embargo, lo que sí es una función privativa y exclusiva de los tribunales es el ejercicio de la función jurisdiccional a través de un proceso judicial en una forma determinada: con fuerza de verdad legal, mediante actos denominados sentencias, configurándose entonces como "función judicial." Sólo los tribunales pueden resolver controversias y declarar el derecho en un caso concreto, con fuerza de verdad legal, por lo que sólo los órganos del Poder judicial pueden desarrollar esa "función judicial" (función jurisdiccional ejercida por los tribunales). Los demás órganos del Estado que realizan funciones jurisdiccionales lo hacen a través de actos administrativos condicionados por la legislación.

Además de la función normativa, de la función política y de la función jurisdiccional, los órganos del Estado también ejercen la función de control, cuando vigilan, supervisan y velan por la regularidad del ejercicio de otras actividades estatales o de las actividades de los administrados y particulares.

El ejercicio de la función de control se ha atribuido como función propia a los órganos que ejercen el Potestades constitucionales de control, como las Contralorías Generales, los Defensores de Derechos Humanos, o los órganos Electorales, pero en este caso, ello tampoco implica una atribución exclusiva y excluyente, sino que, al contrario, los otros órganos estatales pueden ejercer la función de control. En efecto, los Parlamentos, en ejercicio del Poder Legislativo ejercen la función de control sobre el gobierno y la Administración Pública Nacional y los funcionaros ejecutivos; el presidente o Jefe del Ejecutivo Nacional ejerce las funciones de control administrativo jerárquico en relación con los órganos de la Administración Pública, y los órganos que ejercen el Poder Ejecutivo controlan las actividades de los particulares, de acuerdo a la regulación legal de las mismas; los órganos constitucionales del Poder Electoral, ejercen el control de las actividades de los órganos subordinados así como de las elecciones y de las organizaciones con fines políticos; y los Tribunales o Cortes Supremas, así como los Tribunales Constitucionales ejercen las función de control de constitucionalidad y legalidad de los actos del Estado.

Por tanto, la función de control como actividad privativa e inherente del Estado mediante la cual sus órganos supervisan, vigilan y controlan las actividades de otros órganos del Estado o de los administrados, se ejerce por diversos órganos estatales en ejercicio del Poder Público: por los órganos que ejercen constitucionalmente funciones de control; por el parlamento, en ejercicio del Poder Legislativo; por los Tribunales y Cortes Supremas y demás tribunales de justicia, en ejercicio del Poder Judicial; y por los órganos administrativos en ejercicio del Poder Ejecutivo y de los otros Poderes en lo que conforman su Administración. La función de control, por tanto, si bien es una "función propia" de los órganos constitucionales que ejercen potestades de Control, no es una función privativa y exclusiva de ellos, pues todos los otros órganos estatales también la ejercen.

Pero aparte de la función creadora de normas jurídicas de efectos generales (función normativa), de la función de conducción y ordenación política del Estado (función de conducción del gobierno), de la función de resolución de controversias entre partes declarando el derecho aplicable en casos concretos (función jurisdiccional) y de ejercer la vigilancia o fiscalización de actividades estatales y de los particulares (función de control), los órganos del Estado también ejercen la función administrativa, a través de la cual entran en relación con los particulares, actuando como sujetos de derecho, gestores del interés público[25]. De allí la distinción entre la función de crear el

---

25   *V.,* Allan R. Brewer–Carías, *Las Instituciones Fundamentales..., cit.,* p. 115. Si el Estado legisla, tal como lo señala Santi Romano, "no entra en relaciones de las cuales él, como legislador, sea parte: las relaciones que la ley establece o de cualquier modo contempla se desenvuelven después entre sujetos diversos del Estado o bien con el mismo Estado, pero no en su aspecto de legislador sino en otros aspectos mediante órganos diversos de los del Poder Legislativo." *V.* el "Prime Pagine di un Manuale de Diritto Amministrativo," en *Scritti Minori,* Milano 1950, p. 363, *cit.,* por J M. Boquera Oliver, *Derecho Administrativo,* Vol. I, Madrid, 1972, p 59. "Cuando el Estado juzga –señala J. González Pérez–, no es parte interesada en una relación jurídica; no es sujeto de derecho que trata de realizar sus peculiares intereses con arreglo al Derecho... cuando el Estado juzga satisface las pretensiones que una parte esgrime frente a otra; incide como tercero en una relación jurídica, decidiendo la pretensión ante él deducida con arreglo al ordenamiento jurídico." *V.* en *Derecho Procesal Administrativo,* Madrid, 1966, Tomo II, p. 37.

derecho (normativa), de aplicar el derecho imparcialmente (jurisdiccional), y de actuar en relaciones jurídicas como sujeto de derecho, al gestionar el interés público (administrativa).

En las dos primeras, el Estado, al crear el derecho o al aplicarlo, es un tercero en las relaciones jurídicas que surjan; en la última, en cambio, el Estado es parte de la relación jurídica que se establece entre la Administración y los particulares, actuando como sujeto de derecho gestor del interés público. De allí que la personalidad jurídica del Estado, precisamente, como se ha dicho, se concretice en el orden interno, cuando sus órganos ejercen la función administrativa y establecen relaciones jurídicas con los administrados.

Ahora bien, al igual que lo que sucede con las funciones normativa, política, jurisdiccional y de control, la función administrativa tampoco está atribuida con carácter de exclusividad a alguno de los órganos del Poder Público, como sería por ejemplo la Administración Pública del Poder Ejecutivo. Por ello, si bien la función administrativa puede considerarse como función propia de los órganos ejecutivos, concretizada básicamente a través de actos administrativos, ello no significa que la ejerzan con carácter exclusivo y excluyente. Al contrario, todos los otros órganos del Estado también ejercen la función administrativa: el parlamento, por ejemplo, al autorizar diversos actos de los órganos ejecutivos o al dictar actos relativos a su personal o servicios administrativos, realizan la función administrativa, y los órganos que ejercen el Poder Judicial o los Poderes de Control realizan la función administrativa, al dictar actos concernientes a la administración del personal o de los servicios de los órganos, o al imponer sanciones. En esta forma, la función administrativa, como actividad privativa e inherente del Estado mediante la cual sus órganos, en ejercicio del Poder Público, y a través de las personas jurídicas estatales entran en relaciones jurídicas con los administrados, se puede realizar por los órganos administrativos, en ejercicio del Poder Ejecutivo; por el parlamento, en ejercicio del Poder Legislativo; y por los tribunales judiciales, en ejercicio del Poder Judicial. La función administrativa, por tanto, si bien es una "función propia" de los órganos ejecutivos, no es una función privativa y exclusiva de ellos, pues los otros órganos estatales también la ejercen dentro del ámbito de sus respectivas competencias constitucionales y legales. El acto administrativo, como concreción típica pero no única del ejercicio de la función administrativa, puede emanar por tanto de todos los órganos estatales en ejercicio del Poder Público, teniendo siempre, en todo caso, carácter sub-legal.

El concepto de funciones del Estado, por tanto, es distinto al de poderes del Estado. El Poder Público, sus ramas o distribuciones, constituye en sí mismo una situación jurídica constitucional individualizada, propia y exclusiva de los órganos del Estado, mediante cuyo ejercicio éstos realizan las funciones que le son propias. Las funciones del Estado, por su parte, constituyen las actividades propias e inherentes al Estado.[26] La noción de Poder es entonces previa a la de función: ésta se manifiesta como una actividad estatal específica realizada en ejercicio del Poder Público (de una de sus ramas o distribuciones), por lo que no puede existir una función estatal sino cuando se realiza en ejercicio del Poder Público, es decir, de la potestad genérica de obrar que tiene constitucionalmente el Estado. Poder y función son, por tanto, distintos elementos en la actividad del Estado: el Poder Público como situación jurídico–constitucional, tiene su fuente en la propia Constitución y existe la posibilidad de ejercerlo desde el momento en que está establecido en ella; la función estatal, en cambio, presupone siempre el ejercicio del Poder Público por un órgano del Estado, y sólo cuando hay ejercicio concreto del Poder Público es que se realiza una función estatal.

De lo anteriormente expuesto resulta, por tanto, que a nivel de cada una de las ramas del Poder Público en los diversos niveles territoriales, si bien existe una diferenciación orgánica con la asignación de funciones propias a cada uno de los órganos, el ejercicio de las mismas por dichos órganos, en general no es exclusiva ni excluyente. En otras palabras, existen órganos legislativos; órganos ejecutivos; órganos de control; y órganos judiciales; pero las funciones normativas, política, administrativas, jurisdiccionales y de control del Estado no coinciden exactamente con aquella división o separación orgánica:

De allí que como principio general de la aplicación del principio de la separación de poderes en el régimen constitucional de los países iberoamericanos, puede afirmarse que la "división del Poder" no coincide exactamente con la "separación de funciones." Por ello, no sólo en múltiples oportunidades los órganos del Estado, además de sus "funciones propias" ejercen funciones que por su naturaleza deberían corresponder a otros órganos, sino que también en múltiples oportunidades la Constitución permite y admite la intervención o interferencia de unos órganos en las funciones propias de otros.

5. *Los actos estatales, su carácter inter-funcional y los actos administrativos*

De lo anteriormente dicho sobre el principio del carácter inter orgánico del ejercicio de las funciones estatales resulta, como se ha dicho, que la separación orgánica de poderes no coincide con la distribución de funciones.

---

26   *V.*, Allan R. Brewer–Carías, *Las Instituciones Fundamentales del Derecho Administrativo y la jurisprudencia venezolana*, Caracas, 1964, pp. 105 y ss.

Pero, en el ordenamiento jurídico de los Estados contemporáneos, tampoco el ejercicio de una función del Estado por determinado órgano del mismo, conduce necesariamente a la emisión de determinados actos estatales, es decir, tampoco hay coincidencia entre las funciones del Estado y los actos jurídicos que emanan de la voluntad estatal, como con gran frecuencia se sostiene. Ello conlleva a otro de los marcos constitucionales del derecho administrativo que es el del carácter inter-funcional de los actos estatales.

En efecto, de lo expuesto anteriormente resulta que la función normativa la ejerce el Estado a través de sus órganos legislativos (Parlamento: Congreso o Asamblea Legislativa), de sus órganos ejecutivos (presidente o Jefe del Gobierno), de sus órganos judiciales (Tribunales), o de sus órganos constitucionales de control (Poder Electoral, defensores de Derechos Humanos, Contralorías Generales). .

La función política, la ejerce el Estado a través de sus órganos legislativos (Congreso o Asamblea) y de sus órganos ejecutivos (presidente o jefe del gobierno).

La función jurisdiccional la ejerce el Estado a través de sus órganos judiciales (tribunales judiciales), y de sus órganos ejecutivos (Administración Pública) y de sus órganos de control (Poder Electoral, Defensoría de derechos, Contralorías Generales).

La función de control la ejerce el Estado a través de sus órganos legislativos (Congreso o Asamblea Legislativa), de sus órganos ejecutivos (Administración Pública), de sus órganos judiciales (tribunales), y de sus órganos de control (Poder Electoral, Defensoría de derechos, Contralorías Generales).

Y la función administrativa la ejerce el Estado a través de sus órganos ejecutivos (Administración Pública), de sus órganos legislativos (Asamblea o Congreso), de sus órganos judiciales (tribunales) y de sus órganos de control (Poder Electoral, Defensoría de derechos, Contralorías Generales).

Consecuencialmente, de lo anterior no puede deducirse que todo acto realizado en ejercicio de la función normativa, sea un acto legislativo; que todo acto realizado en ejercicio de la función política, sea un acto de gobierno; que todo acto realizado en ejercicio de la función jurisdiccional, sea un acto judicial; que todo acto realizado en ejercicio de la función de control sea un acto administrativo o que todo acto realizado en ejercicio de la función administrativa, sea también un acto administrativo.

Al contrario, así como los diversos órganos del Estado realizan diversas funciones, los actos cumplidos en ejercicio de las mismas no son siempre los mismos ni tienen por qué serlo.

En efecto, tal como hemos señalado, el Parlamento en ejercicio del Poder Legislativo puede ejercer funciones normativas, políticas, jurisdiccionales, de control y administrativas, pero los actos que emanan de la misma al ejercer dichas funciones no son, necesariamente, ni uniformes ni correlativos.

Cuando el parlamento ejerce la función normativa, es decir, crean normas jurídicas de carácter general actuando como cuerpo legislador, dicta *leyes*, pero cuando lo hace en otra forma distinta, por ejemplo, al dictar sus reglamentos internos (*interna corporis*), ello lo hace a través de *actos parlamentarios sin forma de ley*. Ambos son actos legislativos, pero de distinto valor normativo. Cuando el parlamento ejerce la función política, es decir, intervienen en la formulación de las políticas nacionales, lo hacen a través de *leyes* o a través de *actos parlamentarios sin forma de ley*. En el caso de la participación en el ejercicio de la función jurisdiccional, al enjuiciar o autorizar el enjuiciamiento del jefe del Estado, el parlamento concretiza su acción a través de un *acto parlamentario sin forma de ley*. Cuando el Parlamento ejerce sus funciones de control sobre el gobierno y la Administración Pública también dicta *actos parlamentarios sin forma de ley*. Por último, en cuanto al ejercicio de la función administrativa por el parlamento, ella puede concretarse en *leyes*, *actos parlamentarios sin forma de ley* o *actos administrativos*.

Por su parte, cuando los órganos que ejercen el Poder Ejecutivo, particularmente el Jefe del Ejecutivo, realiza la función normativa, ésta se concretiza en *decretos–leyes* y en *reglamentos (actos administrativos de efectos generales)*. En el caso de decretos leyes, si bien todos son en general objeto de regulaciones legislativas que los condicionan (reguladas en las Constituciones); los mismos tienen rango y valor de ley. Pero el Jefe del Gobierno o el presidente también realiza la función política, al dictar *actos de gobierno*, que son actos dictados en ejecución directa e inmediata de la Constitución. En particular, en este caso, dichos actos de gobierno se caracterizan frente a los actos administrativos por dos elementos combinados: en primer lugar, porque el acto de gobierno sólo puede ser realizado por el Jefe del gobierno o del Ejecutivo, en cuya condición dirige la acción de Gobierno; y en segundo lugar, porque se trata de actos dictados en ejecución de atribuciones establecidas directamente en la Constitución, sin posibilidad de condicionamiento legislativo, y que, por tanto, tienen el mismo rango que las leyes.

En todo caso, para distinguir el acto legislativo del acto de gobierno y del acto administrativo no sólo debe utilizarse el criterio orgánico, sino también el criterio formal: el acto de gobierno, aun cuando realizado en ejecución directa de la Constitución, está reservado al Jefe del gobierno o presidente del Ejecutivo, en tanto que el acto legislativo, realizado también en ejecución directa de la Constitución, en principio está reservado al órgano legislativo (Congreso o Asamblea); aun cuando este pueda delegar la potestad normativa con rango de ley en el jefe del Poder Ejecutivo mediante una ley de delegación, en cuyo caso el acto dictado por el presidente mediante tales decretos leyes delegados es un acto legislativo. En esta forma, el criterio orgánico distingue el acto de gobierno del acto legislativo, y ambos se distinguen del acto administrativo mediante el criterio formal: tanto el acto de gobierno como el acto legislativo (el dictado por el Parlamento como el dictado por delegación por el Jefe del Ejecutivo) se realizan en ejecución directa de competencias constitucionales, en tanto que el acto administrativo siempre es de rango sub-legal, es decir, sometido a la ley y realizado en ejecución de la ley, y por tanto, en ejecución mediata e indirecta de la Constitución.

Es decir, los actos de gobierno se distinguen de los actos administrativos, en que estos se realizan a todos los niveles de la Administración Pública y siempre tienen rango sub-legal, es decir, se dictan por los órganos ejecutivos en ejecución de atribuciones directamente establecidas en la legislación, y sólo en ejecución indirecta y mediata de la Constitución. Pero, además, en los casos de ejercicio de la función jurisdiccional, de la función de control y de la función administrativa, los órganos ejecutivos dictan, por ejemplo, *actos administrativos*.

En cuanto a los órganos que ejercen el Poder judicial, cuando por ejemplo la Corte o Tribunal Supremo ejerce la función normativa, dicta reglamentos (actos administrativos de efectos generales), y cuando los tribunales en general ejercen la función administrativa y la función de control sobre el Poder Judicial, dictan *actos administrativos*; y cuando ejercen la función jurisdiccional, dictan *actos judiciales (sentencias)*. El acto judicial, por su parte, también se distingue del acto de gobierno y de la acto legislativo con base en los dos criterios señalados: desde el punto de vista orgánico, porque el acto judicial está reservado a los Tribunales judiciales, en tanto que el acto legislativo está reservado al parlamento, el cual puede delegarlo en el Jefe del gobierno (leyes de delegación) y el acto de gobierno está reservada al mismo jefe del gobierno[27]; y desde el punto de vista formal, porque al igual que el acto administrativo, el acto judicial es de rango sub-legal, es decir, sometido a la ley y realizado en ejecución de la ley.

27　Puede decirse, entonces, que la separación orgánica de poderes tiene plena concordancia con la división orgánica de las actividades de gobierno (reservada al Jefe del Ejecutivo), legislativas (reservadas al parlamento, la cual puede delegarla en el Ejecutivo) y judiciales (reservada a los tribunales). Por supuesto, la coincidencia de actividades específicas con órganos estatales determinados concluye allí, pues la actividad administrativa, al contrario, no está reservada a ningún órgano estatal específico, sino que se realiza por todos ellos.

Por último, en cuanto a la distinción entre el acto administrativo y el acto judicial, si bien no puede utilizarse el criterio formal de su graduación en el ordenamiento jurídico ya que ambos son de rango sub-legal dictados en ejecución directa e inmediata de la legislación y en ejecución indirecta y mediata de la Constitución, sí se distinguen con base al criterio orgánico y a otro criterio formal. Desde el punto de vista orgánico, el acto judicial está reservado a los tribunales judiciales (autónomos e independientes), con carácter de exclusividad, ya que sólo éstos pueden dictar sentencias; y desde el punto de vista formal, la declaración de lo que es derecho en un caso concreto que realizan los órganos judiciales, se hace mediante un acto que tiene fuerza de verdad legal, que sólo las sentencias poseen.

Por su parte, cuando los órganos que ejercen potestades constitucionales de Control y realizan la función de control, la función normativa y la función administrativa, las mismas se concretan en *actos administrativos de efectos generales* (*reglamentos*) *o de efectos particulares*.

En esta forma, el ejercicio de la *función normativa* se puede manifestar, variablemente, a través de leyes, actos parlamentarios sin forma de ley, decretos–leyes y reglamentos (actos administrativos de efectos generales); el ejercicio de la *función política*, a través de actos de gobierno, leyes y actos parlamentarios sin forma de ley; el ejercicio de la *función jurisdiccional*, a través de actos parlamentarios sin forma de ley, actos administrativos y sentencias; el ejercicio de la *función de control*, a través de leyes, actos parlamentarios sin forma de ley, actos administrativos y sentencias; y el ejercicio de la *función administrativa*, a través de leyes, actos parlamentarios sin forma de ley y actos administrativos.

En sentido inverso, puede decirse que las *leyes* sólo emanan del Parlamento actuando no sólo en ejercicio de la función normativa, sino de la función política, de la función de control y de la función administrativa; que los *actos parlamentarios sin forma de ley* sólo emanan de la Asamblea Nacional, actuando en ejercicio de las funciones normativas, política, de control y administrativa; que los *actos de gobierno* emanan del Jefe del Ejecutivo o presidente, actuando en ejercicio de la función política; que los *decretos–leyes* emanan también del presidente en ejercicio de la función normativa; y que los *actos judiciales* (sentencias) sólo emanan de los tribunales, actuando en ejercicio de la función jurisdiccional. En todos estos casos, el tipo de acto se dicta exclusivamente por un órgano estatal, pero en ejercicio de variadas funciones estatales. Lo privativo y exclusivo de los órganos estatales, en esos casos, no es el ejercicio de una determinada función, sino la posibilidad de dictar determinados actos: las leyes y los actos parlamentarios sin forma de ley por el parlamento; los actos de gobierno y decretos leyes por el Jefe del Ejecutivo; y los actos judiciales (sentencias) por los tribunales.

En cuanto a los *actos administrativos*, éstos pueden emanar del parlamento, actuando en función administrativa y en función de control; de los tribunales, actuando en función normativa, en función de control y en función administrativa; de los órganos que ejercen el Poder Ejecutivo (Administración Pública Central) cuando actúan, en función normativa, en función jurisdiccional, en función de control y en función administrativa; de los órganos constitucionales y que ejercen los Poderes de Control actuando en función normativa, en función de control y en función administrativa.

Los actos administrativos en esta forma, y contrariamente a lo que sucede con las leyes, con los actos parlamentarios sin forma de ley, con los decretos–leyes, con los actos de gobierno y con las sentencias judiciales, no están reservados a determinados órganos del Estado, sino que pueden ser dictados por todos ellos y no sólo en ejercicio de la función administrativa.

6 *El control de la Administración Pública y la responsabilidad administrativa.*

La consecuencia de los principios de supremacía constitucional, de formación del derecho por grados y de legalidad es que todos los actos estatales están sometidos a control judicial, por lo que en el ordenamiento jurídico del Estado de derecho no debe haber actos estatales excluidos de control. De allí que dentro del marco constitucional del derecho administrativo también se identifique el de la universalidad del control de los actos estatales por parte de los órganos del Poder Judicial o de tribunales Constitucionales.

Por ello, dejando aparte el control judicial que se ejerce sobre los actos judiciales (sistemas procesales de apelación, acción de amparo, recursos de revisión, recurso de casación), los demás actos estatales están sujetos al control judicial por parte de los jueces competentes para ejercer tanto la justicia constitucional como la justicia administrativa.

En cuanto al sistema de justicia constitucional, en Iberoamérica existe una variada clasificación de los sistemas y métodos del mismo, y salvo el caso en Argentina, donde el control de constitucionalidad sigue exclusivamente el método difuso, en el resto de los países en general, conocen de sistemas con método concentrado de control asignados a Tribunales Constitucionales o a los Tribunales o Cortes Supremas de Justicia (Salas Constitucionales); que se ejerce en relación con a las leyes y demás actos de rango legal o de ejecución directa e inmediata de la Constitución, teniendo la jurisdicción Constitucional,[28] poderes anulatorios en la materia con efectos *erga omnes*.

Ahora bien, para asegurar la sumisión de los reglamentos y demás actos administrativos al derecho, conforme al principio de la legalidad que deriva de la concepción del Estado de derecho en general la gran mayoría de los Estados iberoamericanos han previsto en sus Constituciones una garantía judicial específica a cargo de la Jurisdicción contencioso–administrativa, es decir, al conjunto de órganos judiciales encargados de controlar la legalidad y de la legitimidad de las actuaciones de la Administración Pública, tanto por sus actos, omisiones y en general la actividad administrativa, como por las relaciones jurídico–administrativas en las cuales aquélla intervenga.[29] . Dichos órganos tienen competencia, en general, para anular los actos administrativos generales o individuales contrarios a derecho, así como para condenar al Estado al pago de sumas de dinero y a la reparación de daños y perjuicios originados en responsabilidad de la Administración; con poderes para restablecer las situaciones jurídicas subjetivas lesionadas por la actividad administrativa.

En el marco del Estado de derecho, cuya fórmula es la acogida por todos los países iberoamericanos, por lo que se refiere a las competencias de los tribunales de la Jurisdicción Contencioso Administrativa, los siguientes deberían ser las cuatro consecuencias básicas:[30].

En *primer* lugar, que debería regir el principio de la *universalidad del control* respecto de los actos administrativos, en el sentido, de que todos los actos administrativos tienen que poder ser sometidos a control judicial por los órganos de la jurisdicción contencioso–administrativa, por contrariedad al derecho, es decir, sea cual sea el motivo de la misma: inconstitucionalidad o ilegalidad en sentido estricto. La fórmula del Estado de derecho no admite excepciones, y por tanto, todo acto administrativo contrarios a derecho debería poder ser controlado por los tribunales de la jurisdicción.

La consecuencia de ello es que cualquier exclusión de control respecto de actos administrativos específicos sería contrario al Estado de derecho, y

---

28 *V.*, Allan R. Brewer–Carías, *Derecho Procesal Constitucional. Instrumentos para la Justicia Constitucional,* segunda edición, Editorial Temis, Bogotá, 3013.

29 Allan R. Brewer–Carías, *Las Instituciones Fundamentales del Derecho Administrativo y la Jurisprudencia Venezolana.* Publicaciones de la Facultad de Derecho, Universidad Central de Venezuela, Caracas, 1964, pp. 295 y ss.

30. Allan R. Brewer–Carías, *Nuevas Tendencias en el Contencioso Administrativo en Venezuela*, Caracas, 1993.

por tanto, inconstitucional, sea que dicha exclusión se haga por vía de ley o por las propias decisiones de los Tribunales.

Por ello, en muchos países, a los efectos de asegurar la universalidad del control contencioso administrativo, han sido los propios órganos de la jurisdicción contencioso administrativa los que han venido ampliando el concepto de acto administrativo, a los efectos de asegurar que todo acto administrativo pueda ser objeto de control judicial, de manera que no haya actos administrativos que queden excluidos de control. Es la tendencia a la universalidad del control lo que ha permitido someter a control de legalidad y constitucionalidad a los actos administrativos dictados por las Administraciones Públicas en función normativa y jurisdiccional, así como los actos administrativos dictados por otros órganos del Estado distintos a la Administración Pública y por entes de derecho privado o de derecho público no estatales, y por particulares dictados en función normativa o administrativa.

En *segundo* lugar y como consecuencia de la tendencia hacia la universalidad del control, está la tendencia de poner a disposición de los administrados una amplia gama de *recursos y acciones* para acceder a la justicia contencioso administrativa que, por supuesto, además del recurso de nulidad contra los actos administrativos de efectos generales o de efectos particulares, o contra los actos administrativos generales o individuales, con o sin pretensión de amparo constitucional, comprende el recurso por abstención o negativa de los funcionarios públicos a actuar conforme a las obligaciones legales que tienen; el conjunto de demandas contra los entes públicos por responsabilidad; y las acciones para resolver los conflictos entre autoridades administrativas del Estado.

Pero, en *tercer* lugar, la importancia de la constitucionalización de la jurisdicción contencioso–administrativa, tal como ha ocurrido en muchos países, es decir, del control judicial de constitucionalidad y legalidad de todos los actos administrativos, está en que no con ello no sólo se asigna competencia a determinados tribunales para ejercer dicho control, sino en que en realidad se consagra un *derecho fundamental del ciudadano a la tutela judicial efectiva frente a la Administración*. Con ello se ratifica el principio de la universalidad del control, en el sentido de que tratándose de un derecho constitucional al mismo, no podría el Legislador excluir de control a determinados actos administrativos. Por otra parte, tratándose de un derecho fundamental al control, en la relación privilegios estatales–libertad ciudadana, esta última debe prevalecer.

Además, en *cuarto* lugar, la forma como conforme a la fórmula del Estado de derecho debería estar concebidas la universalidad de control y el derecho ciudadano a la tutela judicial frente a la Administración, debe implicar la asignación al juez contencioso–administrativo de *amplísimos* poderes de tutela, no sólo de la legalidad objetiva que debe siempre ser respetada por la Administración, sino de las diversas situaciones jurídicas subjetivas que pueden tener los particulares en relación a la Administración, más allá del clásico derecho subjetivo, y de los derechos constitucionales, abarcando los intereses legítimos, personales y directos de los ciudadanos.

Se destaca, en este último aspecto, por supuesto, el marco constitucional de la responsabilidad administrativa tanto del Estado como de los funcionarios públicos. La realización de actividades estatales como resultado del ejercicio de competencias por los titulares de los órganos que ejercen el Poder Público, como toda actividad en el mundo del derecho, puede producir daños a los administrados, tanto como resultado del ejercicio lícito de los Poderes Públicos como por hecho ilícito. Si estos daños se producen, tanto los titulares de los órganos del Estado (los funcionarios públicos), como las personas jurídicas estatales deben responder por los mismos.

Por ello, el principio de la responsabilidad patrimonial del Estado, es otro de los logros derivados de la fórmula del Estado de derecho, que impone a las personas jurídicas estatales la obligación de responder por los daños que sufran los particulares en cualquiera de sus bienes y derechos, siempre que la lesión sea imputable al funcionamiento de la Administración Pública, sea que se trate de un "funcionamiento normal" o del "funcionamiento anormal" de la misma,[31] es decir, por actividades administrativas tanto lícitas como ilícitas. De ello podría mencionarse como principios generales, y salvo que las leyes administrativas dispongan otro régimen, los siguientes:

En *primer lugar,* que la responsabilidad del Estado se puede generar por daños causados a los particulares por culpa imputable a la Administración, como consecuencia de los actos u omisiones de sus funcionarios conforme a los principios del hecho ilícito que regulan los Códigos Civiles. Se trata, en este caso, de daños causados por lesiones imputables al funcionamiento *anormal* de la Administración que es el que origina el hecho ilícito, es decir, por lesiones producidas por actividades ilegales, contrarias a derecho o que no son realizadas con sometimiento pleno a la ley y al derecho, y que sean imputables a los funcionaros o titulares de los órganos del Estado.

---

31   *V.* Luis A Ortiz Álvarez, *La Responsabilidad Patrimonial de la Administración Pública,* Editorial Jurídica Venezolana, Caracas, 1995; José Ignacio Hernández G., *Reflexiones críticas sobre las bases constitucionales de la responsabilidad patrimonial de la Administración. Análisis de la interpretación dada al artículo 140 de la Constitución de 1999,* Caracas, 2004.

En *segundo lugar,* que la responsabilidad del Estado se puede también generar por daños causados a los particulares por lesiones imputables al funcionamiento *anormal* de la Administración Pública, pero sin que sea necesario establecer culpa alguna de los funcionarios o titulares de los órganos del Estado, como consecuencia de la teoría del riesgo también de acuerdo con lo establecido en los Códigos Civiles; y siempre que no se de alguna de las causas eximentes de la responsabilidad consagradas en los mismos y que la Administración también podría invocar: cuando el daño ha sido causado por falta de la víctima, por el hecho de un tercero o por caso fortuito o fuerza mayor.

En *tercer lugar*, que la responsabilidad del Estado se puede también generar por daños causados a los particulares, sin que haya culpa imputable a la Administración y, por tanto, aun cuando haya habido sometimiento pleno a la ley y al derecho, y que por tanto sean derivados de lesiones causadas por el funcionamiento *normal* de la Administración. En estos casos, el Estado debe también reparar los daños causados por la lesión, pues el particular, conforme al principio de la igualdad ante las cargas públicas, no está legalmente obligado a soportar individualmente el daño que se le causa; y siempre, por supuesto, que no se de alguna de las causas eximentes de la responsabilidad que consagran los Códigos Civiles y que la Administración también podría invocar: cuando el daño ha sido causado por falta de la víctima, por el hecho de un tercero o por caso fortuito o fuerza mayor.

III. LA CODIFICACIÓN DEL DERECHO ADMINISTRATIVO

1. *Evolución de la legislación de la actividad formal de la Administración y los procedimientos administrativos*

Bajo los parámetros anteriores derivados de la consideración del derecho administrativo como derecho del Estado y de sus bases constitucionales, uno de los signos más importante de la evolución nuestra disciplina, en relación con uno de sus objetos centrales que es el régimen formal de la actividad administrativa, ha sido el proceso de la codificación de la misma, en particular del procedimiento administrativo, lo que se ha materializado en la sanción de leyes reguladoras del mismo. [32]

El proceso se inició en Iberoamérica, con el precedente fundamental de las importantísimas y ya derogadas Ley de Régimen Jurídico de la Adminis-

---

32   *V.* Allan R. Brewer-Carías, "Principios del Procedimiento Administrativo. Hacia un estándar continental," en Christian Steiner (Ed), *Procedimiento y Justicia Administrativa en América Latina,* Konrad Adenauer Stiftung, Konrad Adenauer, México 2009, pp. 163-199.

tración del Estado de 1957 y Ley de Procedimientos Administrativos de 1958 de España, sustituidas a finales del siglo pasado por la Ley 30/1992 de Régimen Jurídico de las Administraciones Públicas y del Procedimiento Administrativo Común, modificada por Ley 4/1999 de 13 de enero de 1999. Dichas leyes, sin duda tuvieron una influencia notable en la legislación latinoamericana, donde el proceso de codificación se inició, hace cuarenta años, con la sanción en Argentina de la Ley de Procedimientos Administrativos, Nº 19.549 de 1972, reformada por la Ley Nº 21.682, habiéndose sancionado posteriormente leyes sobre el mismo tópico en buena parte de los otros países, con impacto importantísimo en nuestra disciplina, al punto de que en todos ellos pude dividirse la evolución de la misma en dos grandes etapas referidas al antes y al después de la sanción de dichas leyes.[33]

Con esas leyes, en todos nuestros países se le comenzó a dar un nuevo enfoque a uno de los objetos centrales de nuestra disciplina, que es la Administración Pública y su actividad, al comenzarse a regular en el derecho positivo, y no sólo como consecuencia de principios generales, tanto los principios de organización administrativa, como los aspectos formales y sustantivos de la actividad administrativa, y las bases de la relación de la Administración con los administrados. Estas leyes, por tanto, superaron el alcance limitado de las que las precedieron y que se referían básicamente a la organización interna de la Administración y sus prerrogativas. Con estas nuevas leyes se pasó así, a regular, además, el conjunto de las situaciones jurídicas en las cuales se encuentran no sólo la Administración sino los mismos administrados en sus relaciones recíprocas, buscando establecer el balance de siempre que persigue nuestra disciplina entre el conjunto de poderes, prerrogativas y obligaciones de la Administración, por una parte; y por la otra, los derechos y obligaciones de los particulares en sus relaciones con aquella.

Siendo ese el sentido central de la regulación de las leyes, las mismas cambiaron totalmente la situación tradicional de estas relaciones entre la Administración y los administrados, signada por la existencia de un desbalance a favor de la Administración, con amplias regulaciones sobre sus poderes, potestades y prerrogativas y las obligaciones de los administrados, y pocas sobre sus derechos. Ese desbalance fue el que cambió sustancialmente a partir de la sanción de las leyes de procedimiento administrativo buscándo-

---

33 *V.* Allan R. Brewer-Carías, *Principios del procedimiento administrativo,* Prólogo de Eduardo García de Enterría, Editorial Civitas, Madrid 1990; *Les principes de la procédure administrative non contentieuse. Études de Droit Comparé (France, Espagne, Amérique Latine),* Prólogo de Franck Moderne, Editorial Económica, París 1992; también publicado en *Etudes de droit public comparé,* Académie International de Droit Comparé, Ed. Bruylant, Bruxelles 2001, pp. 161-274; y *Principios del Procedimiento en América Latina,* Universidad del Rosario, Editorial Legis, Bogotá 2003.

se entonces una situación de equilibrio entre los poderes de la Administración y los derechos de los particulares, que se garantizan.

Este cambio en el balance de esos dos extremos motorizado por las leyes de procedimiento administrativo, originaron en todos los países un cambio de actitud y de forma y método de actuar de la Administración, a los efectos de lograr que dejara de ser la Administración prepotente que sólo concedía dádivas o favores al administrado, quien por su parte, no tenía derechos, ni cómo reclamarlos y era aplastado y a veces vejado por la Administración. Con las nuevas leyes se sentaron las bases para que ello comenzara a cambiar, pues del administrado que la Administración iba a enfrentar ya no era uno indefenso, sino uno bien armado con muchos derechos legales y con muchos mecanismos jurídicos para garantizar esos derechos y controlar cualquier actitud que significara la desmejora de esas garantías.

Como dijimos, ese proceso de transformación del derecho administrativo en Iberoamérica se inició con el Decreto-Ley N° 19.549/72 de 3 de abril de 1972 de Argentina, sobre procedimientos administrativos[34], texto que vino a culminar un largo proceso de regulación provincial sobre normas de procedimiento administrativo y de regulación nacional sobre los recursos administrativos, particularmente, sobre el recurso jerárquico y que se remontan a los años treinta (Decreto 20003/33 sustituido por Decreto N° 7520/44.). La Ley sentó las bases para asegurar a los administrados las garantías constitucionales del debido proceso, regulando los requisitos esenciales del acto administrativo, su estructura, validez y eficacia. Siguiendo la orientación argentina, la segunda de las legislaciones nacionales sobre procedimientos administrativos que se dictó en América Latina fue el Decreto N° 640/973 de 8 de agosto de 1973 del Uruguay, el cual completó el cuadro regulador de la actividad y trámites administrativos que se había establecido en anteriores Decretos de 1964 y 1966. Dicho Decreto fue sustituido posteriormente por el Decreto 500/991 de 1991, sobre Normas Generales de Actuación Administrativa y Regulación del Procedimiento en la Administración Central.

En este proceso de codificación se destaca, sancionada un lustro más tarde, la Ley General de la Administración Pública de Costa Rica de 2 de mayo de 1978, texto que, como lo señalamos hace algunos años podría ser

---

34 *Boletín Oficial* N° 22411 del 27 de abril de 1972. *V.* Allan R. Brewer-Carías, "La Ley de Procedimientos Administrativos de Argentina de 1972 en el inicio del proceso de positivización de los principios del procedimiento administrativo en América Latina," en Héctor M. Pozo Gowland, David A. Halperin, Oscar Aguilar Valdez, Fernando Juan Lima, Armando Canosa (Coord.), *Procedimiento Administrativo. Tomo II. Aspectos generales del procedimiento administrativo. El procedimiento Administrativo en el derecho Comparado,* Buenos Aires 2012,

considerado como el de un "Manual de Derecho Administrativo," volcado en el articulado de un Código,[35] en la cual incluso se consagra la autonomía de nuestra disciplina, al declarar la independencia del ordenamiento jurídico administrativo de otras ramas del derecho.

A la Ley costarricense, siguió cronológicamente, la Ley Orgánica de Procedimientos Administrativos de 10 de julio de 1982 de Venezuela[36], texto que influenciado directamente por la Ley española, recogió todos los principios fundamentales relativos a la actividad administrativa desarrollada por los órganos de la Administración Pública; y en particular, los principios relativos a los actos administrativos (elaboración, formas y formalidades, efectos, revisión), que la jurisprudencia había establecido, habiendo contribuido ampliamente, desde su entrada en vigencia, a afianzar el principio de la legalidad administrativa.[37]

Unos años más tarde, en 1984, se produjo la reforma del Código Contencioso Administrativo de Colombia, originalmente sancionado por Ley 167/1941, al cual se le incorporó un nuevo "Libro" sobre "Procedimientos Administrativos," dándose un paso de avance en la codificación del derecho administrativo, al haberse regulado en un solo texto, que sigue siendo único en el Continente, todos los aspectos del procedimiento administrativo y del proceso contencioso administrativo. Esta importante legislación nacional reguladora del procedimiento administrativo y del proceso contencioso administrativo fue recientemente reforma en 2011, mediante la Ley 1437 contentiva del nuevo Código de Procedimiento Administrativo y de lo Contencioso Administrativo.[38]

---

35   Alcance N° 90 *La Gaceta* N° 102 de 30 de mayo de 1978. *V.* Allan R. Brewer Carías "Comentarios sobre los principios generales de la Ley General de Administración Pública de Costa Rica, *Revista del Seminario Internacional de Derecho Administrativo,* Colegio de Abogados de Costa Rica, San José, 1981, p. 31.

36   *Gaceta Oficial* N° 2.818 Extraordinario de 1 de julio de 1981. *V.*, sobre la Ley Orgánica en Allan R. Brewer-Carías et al., *Ley Orgánica de Procedimientos Administrativos,* Editorial Jurídica Venezolana, Caracas, 1982. *V.* sobre el origen de esta Ley: *Informe sobre la Reforma de la Administración Pública Nacional,* Comisión de Administración Pública, Caracas, 1972, Vol. 2, pp. 392 ss.

37   *V.* Allan R. Brewer Carías, *El Derecho Administrativo y la Ley Orgánica de Procedimientos Administrativos,* Editorial Jurídica Venezolana, Caracas, 1985, pp. 379-412.

38   *V.*, *Diario Oficial* N° 47.956 de 18 de enero de 2011. *V.* algunos comentarios sobre dicha reforma en Allan R. Brewer-Carías, "Los principios del procedimiento administrativo en la reforma del Código de Procedimiento Administrativo y de lo Contencioso Administrativo de Colombia (Ley 1437 de 2011), a la luz del derecho comparado latinoamericano," en *Seminario Internacional de Presentación del Nuevo Código de Pro-*

Después del Código Colombiano de 1984, el proceso de codificación del derecho administrativo en Latinoamérica continuó con la Ley de Procedimiento Administrativo de Honduras de 1987; y luego de un período de casi diez años, se dictó en México, la Ley Federal de Procedimiento Administrativo de 1994, con última reforma en 2011; en Brasil, la Ley Nº 9.784 que regula el proceso administrativo en el ámbito de la Administración Pública Federal de 29 de enero de 1999; en Panamá, la Ley Nº 38 de 31 de julio de 2000, del Estatuto Orgánico de la Procuraduría de la Administración, regula el Procedimiento Administrativo General y dicta disposiciones especiales; en Perú, la Ley Nº 27.444 del Procedimiento Administrativo General, de abril de 2001;[39] en Bolivia, la Ley Nº 2341 de 23 de abril de 2002 sobre Ley de Procedimiento Administrativo; y en Chile, la Ley Nº 19.880 de 29 de mayo de 2003, de Ley de Procedimientos Administrativos.

Posteriormente, en la República Dominicana se sancionó la Ley Nº 107-17 de 6 de agosto de 2013 sobre el Procedimiento Administrativo,[40] y siguiendo su orientación, más recientemente se sancionó en 2017, el *Código Orgánico Administrativo* en Ecuador,[41] y la *Ley de Procedimientos Administrativos* (Decreto 856) en El Salvador. [42]

Otro rasgo común de este conjunto normativo es que abarcan todo el proceso de producción de las decisiones administrativas, lo que conduce a

---

cedimiento Administrativo y de lo Contencioso Administrativo, Ley 1437 de 2011. Memorias, Consejo de Estado, Bogotá 2011, pp. 115-144.

39   *V.* Allan R. Brewer Carías, "La regulación del procedimiento administrativo en América Latina (con ocasión de la primera década de la Ley Nº 27.444 del Procedimiento Administrativo General del Perú 2001-2011)," en *Derecho PUCP, Revista de la Facultad de Derecho,* Nº 67, *El procedimiento administrativo a los 10 años de entrada en vigencia de la LPAG,* Fondo Editorial, Pontificia Universidad Católica del Perú, Lima 2011, pp. 47-77.

40   *V.* Allan R. Brewer Carías, "Principios del procedimiento administrativo en la Ley Nº 107-13 de la República Dominicana sobre procedimientos administrativos de 6 de agosto de 2013," en *Revista de Derecho Público* Nº 135 (julio-septiembre 2013), Editorial Jurídica Venezolana, Caracas 2013, pp. 59-72.

41   *V. Registro Oficial* de 7 de julio de 2017.

42   *V.* sobre esta Ley los comentarios en Allan R. Brewer-Carías, "Comentarios sobre algunos principios generales del régimen de la Ley de procedimientos administrativos de El Salvador," *Revista de Derecho Público*, Nº 155-156, julio-diciembre 2018, Editorial Jurídica Venezolana, Caracas, pp. 249-296; y en: "Comentarios sobre la Ley de Procedimientos Administrativos de 15 de diciembre de 2017 de El Salvador, en perspectiva histórica y comparada," en el libro *Comentarios a la Ley de procedimientos Admministrativos. Homenaje al Profesor José Meilán Gil,* (Jaime Rodríguez Arana-Muñoz u Henry Alexander Mejía, Directores), Cuadernos legislación Comentada y Relacionada No. 2, Editorial Cuscatleca, El Salvador 2019, pp. 63-80.

una muy importante regulación en relación con los actos administrativos. Por ello puede considerarse que casi todas estas leyes, son básicamente, leyes relativas al régimen jurídico del acto administrativo.

Además, todas las leyes regulan el desarrollo de la actividad de la Administración para obtener la adecuada satisfacción de los intereses públicos, y además, buscan que los derechos de los administrados estén debidamente garantizados; de lo que deriva otro rasgo común de las mismas en el sentido de establecer las formas de la actuación de la Administración en sus relaciones con los particulares, de manera que se desarrollen con el menor formalismo posible, evitando la realización o exigencias de trámites, formulismos o recaudos innecesarios o arbitrarios que compliquen o dificulten la acción administrativa.

Por último, no debe dejar de mencionarse que como parte también de la tendencia a la codificación del derecho administrativo, que en paralelo a las leyes de procedimientos administrativos que básicamente se destinan a regular la acción unilateral de la Administración manifestada a través de los actos administrativos, en casi todos los países Iberoamericanos se han dictado leyes específicas sobre los contratos públicos o contratos que la Administración Pública celebra con los administrados, los cuales mediante los mismos asumen el rol de colaboradores de la Administración. Se trata de otro de los contenidos esenciales de la disciplina, los cuales después de su larga creación jurisprudencial, han encontrado su regulación legal que se aplican en adición a las normas de los Códigos Civiles, con normas destinadas particularmente a establecer los principios para la selección de contratistas, a los efectos de asegurar la transparencia de las actividades administrativas, así como a regular los aspectos esenciales de la ejecución de los contratos.

2. *Finalidad de las leyes de procedimiento administrativo*

Ahora, en cuanto a las leyes reguladoras de los procedimientos administrativos, el signo común de las mismas es que con ellas se comenzó a dar un nuevo enfoque al objeto de nuestra disciplina, es decir, a la Administración Pública y a su actividad, comenzándose a regularla con mayor amplitud y precisión, tanto en cuanto a los principios de organización como en sus aspectos sustantivos y los referidos a su relación con los administrados. Por ello, por ejemplo, la Ley peruana es precisa al indicar como su finalidad al establecer el régimen en ella previsto, *primero*, la "protección del interés general;" *segundo*, la "garantía los derechos e intereses de los administrados;" y tercero, que esos dos fines se logren "con sujeción al ordenamiento constitucional y jurídico en general." (Título Preliminar, art. III). En esta forma, del contenido general de esta Ley, como sucede igualmente, por ejemplo, con el Código de Colombia de 2011, la enumeración de los principios del procedimiento administrativo, e incluso, el desarrollo legal de su significado, puede considerarse como un rasgo común de las leyes de procedimiento administrativo en América Latina, poniendo en evidencia la motivación general de estos cuerpos normativos, que no es otra que el establecimiento de un régimen legal para, por una parte, guiar la acción de la Administración para la producción de sus actos administrativos; y por la otra, garantizar los derechos de los administrados frente a la Administración.

Dichas leyes son, así, el resultado del mencionado proceso de lucha permanente que ha caracterizado el desarrollo de nuestra disciplina, dirigido hacia la búsqueda del necesario balance entre los privilegios de la Administración Pública como gestora del interés general, y los derechos de los administrados. De allí precisamente que todas las leyes regulen el desarrollo de la actividad de la Administración para obtener la adecuada satisfacción de los intereses públicos, y además, busquen que los derechos de los administrados estén debidamente garantizados.

Eso es lo que se evidencia también, por ejemplo, de los "Considerandos" de la Ley de Honduras de 1987, al señalar que en el Estado Moderno:

"La satisfacción de los intereses públicos exige el respeto de las formas creadas como garantía de los derechos de los particulares frente a la actividad administrativa."

Asimismo, en los "Considerandos" del Decreto Ley 500 de Uruguay de 1991, se precisó la motivación de todo su conjunto normativo, al establecer que tiene por objeto regular la actuación de la Administración:

"A fin de servir con objetividad los intereses generales con sometimiento pleno al Derecho y para mejor tutelar los derechos e intereses legítimos de los administrados."

Eso se señala también expresamente, por ejemplo, en el artículo 1º de la Ley 9.784 de Brasil; en el artículo III (finalidad) del Título Preliminar de la Ley 27.444 del Perú; y es lo que se expresa con toda claridad y más ampliamente, incorporándose el principio de legalidad, en el artículo 1 del Código de Colombia al definir su finalidad.

El procedimiento administrativo, por ello, nunca puede considerarse como un fin en sí mismo, sino como un instrumento o cauce para alcanzar el fin perseguido por la Administración. De allí el llamado principio de la instrumentalidad de las leyes de procedimiento, el cual permite desdoblar la finalidad del procedimiento administrativo en tres: primero, la consecución del interés general; segundo, la satisfacción del interés del administrado, y tercero, el logro del interés de la propia Administración sometida a la legalidad.

En cuanto a la primera de estas finalidades, siendo el procedimiento un asunto de la Administración, en el mismo se "establecer el régimen jurídico aplicable para que la actuación de la Administración sirva a la protección del interés general" como hemos indicado que expresa el artículo III, Título Preliminar de la Ley del Perú, o en otras palabras, con el objeto asegurar que el desempeño de la función pública esté destinado exclusivamente a servir los intereses de la colectividad (art. 4,a, Ley de Bolivia).

Por ello, la Ley de Honduras establece que los principios del procedimiento administrativo buscan "garantizar la buena marcha de la Administración" (Considerandos); y la Ley General de Costa Rica precisa que "el procedimiento administrativo sirve para asegurar el mejor cumplimiento posible de los fines de la Administración" (art. 214,1); agregando que "la norma administrativa debe ser interpretada en la forma que mejor garantice la realización del fin público a que se dirige" (art. 10).

Pero, en segundo lugar, además del logro de los fines propios del interés general que orientan la acción administrativa, el procedimiento administrativo tiene por finalidad la protección de los derechos e intereses de los administrados. Esto, como se ha mencionado, está expresado en la Ley General de Costa Rica, donde se indica que el procedimiento administrativo debe desarrollarse, "con respeto para los derechos subjetivos e intereses legítimos del administrado."(arts. 10,1 y 214,1); así como en la de Honduras, la cual establece que el procedimiento se regula "como garantía de los derechos de los particulares frente a la actividad administrativa" (Considerandos).

En igual sentido se expresa, como también hemos indicado, el artículo III, Título Preliminar de la Ley del Perú, y se expresaba el Código colombiano de 1984 en el cual se exigía de los funcionarios que en su actuación también debían tener en cuenta "la efectividad de los derechos e intereses de los administrados" (art. 2).

La consecuencia del mencionado principio de la instrumentalidad es entonces la proscripción de la utilización del procedimiento establecido en las leyes, para la consecución de fines distintos a los previstos en ellas, constituyendo lo contrario un vicio de ilegalidad de la actuación de la Administración por desviación de poder en el resultado, es decir, la llamada desviación del procedimiento.

Y en tercer lugar, la otra finalidad del procedimiento administrativo, que engloba todos los principios antes mencionados, es que la relación jurídica que siempre se establece entre la Administración y los administrados con motivo de la actividad administrativa, debe desarrollarse con sujeción al principio de legalidad. Y en este sentido, sin duda, ha sido el proceso de positivización de principios y elementos sustantivos y adjetivos de la actividad administrativa contenida en estas leyes de procedimiento administrativo, el que ha tenido una consecuencia fundamental en el desarrollo de nuestra disciplina mediante el reforzamiento del mismo principio de la legalidad con el objeto de asegurar no sólo el sometimiento de la Administración Pública al derecho, sino garantizar la situación jurídica de los particulares frente a la misma. [43] Por ello precisamente, la Ley sobre Procedimiento Administrativo general del Perú, en el artículo IV, 1.1 del Título Preliminar dispone que:

"Las autoridades administrativas deben actuar con respeto a la Constitución, la ley y al derecho, dentro de las facultades que le estén atribuidas y de acuerdo con los fines para los que les fueron conferidas."

Ello ha implicado en relación al principio de legalidad, y precisamente como consecuencia de las propias leyes de procedimiento administrativo, que dicho principio haya dejado de ser sólo un principio general del derecho y se haya convertido en un postulado del derecho positivo, expresado formalmente cada vez con más frecuencia y precisión, en los textos, como es el caso del Código de Colombia cuando indica expresamente en su artículo 1º como "finalidad" de las normas del Libro Primero del mismo, asegurar "la sujeción de las autoridades a la Constitución y demás preceptos del ordenamiento jurídico."

Así también sucede, por ejemplo, en la Ley de Bolivia, que hace referencia al "principio de legalidad y a la presunción de legitimidad" (art. 4, g) y al "principio de sometimiento pleno a la ley" de manera que "la Administración Pública regirá sus actos con sometimiento pleno a la ley, asegurando a los administrados el debido proceso" (art. 4,c). Igualmente, la Ley 9784 de Brasil, impone como criterio a ser observado en los procedimientos administrativos, "la actuación conforme a la Ley y al derecho" (art. 2, Parágrafo Único, I); la Ley de Venezuela, indica que "la Administración Pública se organiza y actúa de conformidad con el principio de legalidad" (art. 4); y la Ley General de Costa Rica señala que: "La Administración Pública actuará sometida al ordenamiento jurídico..." (art. 11,1); agregando en su artículo 13, que:

---

43   *V.* Allan R. Brewer-Carías, "Los principios de legalidad y eficacia en las leyes de procedimiento administrativo en América Latina," en *La relación jurídico administrativa y el procedimiento administrativo, V Jornadas Internacionales de Derecho Administrativo.* FUNEDA, Caracas 1998, pp. 21-90.

"La Administración estará sujeta, en general, a todas las normas escritas y no escritas del ordenamiento administrativo y al derecho privado supletorio del mismo, sin poder derogarlos ni desaplicarlos para casos concretos."

Este principio de legalidad o de actuación en conformidad con el derecho implica, por tanto, que las actividades que realice la Administración Pública no sólo deben someterse al derecho, sino incluso, en el caso del procedimiento administrativo, a los propios principios del mismo que también ya forman parte del derecho positivo, lo que implica que las actividades contrarias a dichos principios pueden ser controladas con mayor precisión por los tribunales de la jurisdicción contencioso administrativa.

Por ello, dichos principios, además, en el Código colombiano se los declara como imperativos, al disponer expresamente que todas las autoridades deben "interpretar y aplicar las disposiciones que regulan las actuaciones y procedimientos administrativos a la luz de los principios consagrados en la Constitución Política, en la Parte Primera de este Código y en las leyes especiales" (art. 3).

En igual sentido, la Ley Federal mexicana, prescribe que las disposiciones sobre procedimiento administrativo "Son aplicables a la actuación de los particulares ante la Administración Pública Federal, así como a los actos a través de los cuales se desenvuelve la función administrativa" (art. 12); imperatividad que en el caso de la Ley General de Costa Rica se precisa que es en aquellos procedimientos en los cuales "el acto final puede causar perjuicio grave al administrado, sea imponiéndole obligaciones, suprimiéndole o denegándole derechos subjetivos, o por cualquier otra forma de lesión grave y directa a sus derechos o intereses legítimos;" o en los cuales haya habido "contradicción o concurso de interesados frente a la Administración dentro del expediente" (art. 308).

El derecho administrativo en América Latina, por tanto, como resultado de este estándar continental que ya existe en materia de los principios del procedimiento administrativo y que ha quedado plasmado en las leyes de procedimiento administrativo, sin duda se encuentra ahora en una situación de avanzada en el derecho comparado que hace décadas, quienes nos ocupamos de estos temas desde hace algún tiempo, sólo soñábamos.

Siendo todos los aspectos antes mencionados, parte esencial de la finalidad y sentido central de la regulación de las leyes, las mismas cambiaron totalmente la situación tradicional de las relaciones entre la Administración y los administrados, en las cuales el balance estaba siempre a favor de la primera, con amplias regulaciones sobre sus poderes, potestades y prerrogativas y sobre las obligaciones de los administrados, y pocas sobre los derechos de éstos últimos. Ese balance fue el que se cambió sustancialmente con las leyes de procedimiento administrativo, buscándose entonces una situación de equilibrio entre los poderes de la Administración y los derechos de los administrados, que en las leyes se buscó garantizar, pasándose así a reforzar el principio de la legalidad.

En esta orientación, al cambiar totalmente el desbalance de los dos extremos de la relación de derecho administrativo y establecerse el necesario equilibrio entre ellos, las leyes de procedimiento administrativo han contribuido a generar en todos los países un cambio de actitud y de forma y método del actuar de la Administración Pública, procurando lograr que dejara de ser la Administración prepotente que sólo concedía dádivas o favores al administrado, quien por su parte, no tenía derechos, ni cómo reclamarlos y era aplastado y a veces vejado por la Administración. Con las nuevas leyes se sentaron las bases para que ello cambiara, de manera que el administrado que la Administración iba a enfrentar ya no fuera un sujeto indefenso, sino uno bien armado con muchos derechos frente a la Administración y con muchos mecanismos jurídicos para garantizarlos y para controlar cualquier actitud que significara su desmejora.

Otro rasgo común del conjunto normativo sobre procedimientos administrativos en América Latina es que estas leyes han abarcado todo el proceso de producción de las decisiones administrativas, lo que conduce a una muy importante regulación en relación con los actos administrativos, al punto de que podemos considerar que casi todas estas leyes son, básicamente, leyes relativas al régimen jurídico del acto administrativo. Así sucede, por supuesto en el Perú, donde el Título I de la Ley se dedica a normar el régimen jurídico de los actos administrativos, de manera que en el artículo 29, al definir el procedimiento administrativo, se lo entiende como él:

"conjunto de actos y diligencias tramitados en las entidades, conducentes a la emisión de un acto administrativo que produzca efectos jurídicos individuales o individualizables sobre intereses, obligaciones o derechos de los administrados."

Por ello es que, por otra parte, en el desarrollo del derecho administrativo hayan sido estas leyes las piezas esenciales para el afianzamiento del principio de la legalidad,[44] al punto de que se pueda encontrar en las mismas,

---

44   *V*. Allan R. Brewer-Carías, "El tratamiento del principio de legalidad en las leyes de procedimiento administrativo de América latina," en Domingo García Belaúnde *et al.*, *Homenaje a Valentín Paniagua*, Fondo Editorial de la Pontificia Universidad Católica del Perú, Lima, 2010, pp. 340-360; y en *Revista Asociación Internacional de Derecho*

como sucede con la Ley peruana como antes hemos destacado, la definición de dicho principio (Título Preliminar, Artículo IV.1.1).

Por otra parte, todas estas leyes de procedimiento administrativo se han configurado con una universalidad adecuada de manera que han llegado a constituir cuerpos normativos que incluso se aplican obligatoriamente a todas las autoridades administrativas, y no sólo a la Administración Pública del Poder Ejecutivo, e incluso, a los demás órganos del Estado cuando actúan en ejercicio de la función administrativa. Ello es lo que explica que la Ley peruana al decir que se aplica a "todas las entidades de la Administración Pública," entienda a sus fines como tales no sólo al "Poder Ejecutivo, incluyendo Ministerios y Organismos Públicos Descentralizados," a los Gobiernos Regionales y Locales; y a las "demás entidades y organismos, proyectos y programas del Estado, cuyas actividades se realizan en virtud de potestades administrativas;" sino al Poder Legislativo, al Poder Judicial y a los Organismos a los que la Constitución Política del Perú y las leyes confieren autonomía; y además, a las personas jurídicas bajo el régimen privado que prestan servicios públicos o ejercen función administrativa, en virtud de concesión, delegación o autorización del Estado (Título Preliminar, art. 1)

Previsión esta de gran importancia, y que recoge lo que es un signo común en el derecho administrativo latinoamericano, donde la Administración y la actividad administrativa en sentido lato están desligadas del "Poder Ejecutivo" constituyendo administraciones públicas las de los otros poderes del Estado e igualmente actividad administrativa la realizada por particulares cuando ejercen la función administrativa.

3. *La enumeración de los principios del procedimiento administrativo en las leyes latinoamericanas*

Una característica general de estas leyes de procedimiento administrativo en América Latina, es la enumeración en el propio texto de las leyes, del conjunto de principios generales sobre los mismos,[45] los cuales, como consecuencia de ello, ya no se tuvieron que deducir de la interpretación judicial, permitiendo así al juez contencioso administrativo o de control de la actividad administrativa, tener más precisas herramientas de control sobre la actuación administrativa.

Administrativo, Asociación Internacional de Derecho Administrativo, N° 8, México, 2010.

45   *V*. Allan R. Brewer-Carías, "Principios del Procedimiento Administrativo. Hacia un estándar continental," en Christian Steiner (Ed), *Procedimiento y Justicia Administrativa en América Latina,* Konrad Adenauer Stiftung, Konrad Adenauer, México 2009, pp. 163-199.

Fue así como en la Ley argentina de procedimientos administrativos se comenzó por enunciar, en su artículo 1°, como los principios que rigen en el procedimiento administrativo, la "impulsión e instrucción de oficio," la "celeridad, economía, sencillez y eficacia en los trámites" y el "informalismo," consistente en la "excusación de la inobservancia por los interesados de exigencias formales no esenciales y que puedan ser cumplidas posteriormente."

Esta orientación se siguió en todas las leyes de procedimiento administrativo, en un proceso signado por la progresividad. Por ejemplo, en la Ley de Honduras se precisó que "la actividad administrativa debe estar presidida por principios de economía, simplicidad, celeridad y eficacia que garanticen la buena marcha de la Administración," a fin de lograr una pronta y efectiva satisfacción del interés general (art. 19).

En el caso de Venezuela, además de los principios de celeridad, economía, sencillez y eficacia, la Ley Orgánica de Procedimientos Administrativos agregó el principio de imparcialidad (art. 30) y, adicionalmente, la Ley de Simplificación de Trámites Administrativos de 1999, reformada en 2008 enumeró los siguientes principios en los cuales se debe fundamentar la simplificación de trámites administrativos: "conforme a los cuales se deben elaborar los planes de simplificación, que son: "simplicidad, transparencia, celeridad, eficacia, eficiencia, rendición de cuentas, solidaridad, presunción de buena fe del interesado o interesada, responsabilidad en el ejercicio de la función pública, desconcentración en la toma de decisiones por parte de los órganos de dirección y su actuación debe estar dirigida al servicio de las personas."

Estos principios se repitieron en el artículo 10 de la Ley Orgánica de la Administración Pública de 2001, reformada en 2008, al precisar que su actividad se debe desarrollar con base en "los principios de economía, celeridad, simplicidad, rendición de cuentas, eficacia, eficiencia, proporcionalidad, oportunidad, objetividad, imparcialidad, participación, honestidad, accesibilidad, uniformidad, modernidad, transparencia, buena fe, paralelismo de la forma y responsabilidad en el ejercicio de la misma, con sometimiento pleno a la ley y al derecho, y con supresión de las formalidades no esenciales." A la norma se agregó, además, la indicación de que "La simplificación de los trámites administrativos, así como la supresión de los que fueren innecesarios será tarea permanente de los órganos y entes de la Administración Pública, de conformidad con los principios y normas que establezca la ley correspondiente."

En Ecuador, igualmente, la Ley de Modernización del Estado precisó que los procesos de modernización se deben sujetar a los principios de eficiencia, agilidad, transparencia, coparticipación en la gestión pública y solidaridad social.

En el Código de Colombia, además de todos estos principios de eficacia, economía y celeridad, se agregaron otros como los de publicidad, contradicción y conformidad con el propio Código (art. 3); a los que se sumaron en la reforma del Código de 2011 los principios "del debido proceso, igualdad, imparcialidad, buena fe, moralidad, participación, responsabilidad, transparencia, coordinación" (art. 3).

En la Ley Federal de México, se siguió la misma orientación del texto colombiano, incluyéndose el agregado del principio de la buena fe (art. 13).

Hay otros textos, como el Decreto del Uruguay, donde la enunciación de los principios es más extensa y comprensiva, como resulta de su artículo 2, conforme al cual la Administración Pública debe servir con objetividad los intereses generales con sometimiento pleno al derecho y debe actuar de acuerdo a los siguientes principios generales: a) Imparcialidad; b) Legalidad objetiva; c) Impulsión de oficio; d) Verdad material; e) Economía, celeridad y eficacia; f) Informalismo en favor del administrado; g) Flexibilidad, materialidad y ausencia de ritualismos; h) Delegación material; i) Debido procedimiento; j) Contradicción; k) Buena fe, lealtad y presunción de verdad salvo prueba en contrario; l) Motivación de la decisión; y m) Gratuidad.

En el mismo sentido se destaca la Ley de Brasil, la cual destinó al tema de los principios del procedimiento administrativo un extenso artículo (art. 2), en el cual se enumeran además de un conjunto de criterios que deben guiar los procedimientos administrativos, los *"principios da legalidade, finalidade, motivaçao, razoabilidade, proporcionalidade, moralidade, ampla defesa, contraditório, segurança juridica, interesse público e eficiência."*

También en la Ley del Perú de 2001 se produjo un avance fundamental en este proceso de positivización de los principios del procedimiento administrativo, al precisar en el artículo IV del Título Preliminar que el procedimiento administrativo, sin perjuicio de la vigencia de otros principios general del derecho administrativo, se sustenta fundamentalmente en los siguientes principios, que se enumeran a título enunciativo y no taxativo: principio de legalidad; principio del debido procedimiento; principio del impulso de oficio; principio de razonabilidad; principio de imparcialidad; principio de informalismo; principio de presunción de veracidad; principio de conducta procedimental; principio de celeridad; principio de eficacia; principio de verdad material; principio de participación; principio de simplicidad; principio de uniformidad; principio de predictibilidad; principio de privilegio de controles posteriores.

Una enunciación similar, de carácter exhaustivo se puede encontrar en la Ley de Bolivia de 2002, en la cual el artículo 4, además de precisar que "desempeño de la función pública está destinado exclusivamente a servir los intereses de la colectividad," enumera e incluso define los siguientes principios a los que debe sujetarse la Administración Pública: de autotutela, de sometimiento pleno a la ley, de verdad material, de buena fe: de imparcialidad: de legalidad y presunción de legitimidad, de jerarquía normativa, de control judicial, de eficacia, de economía, simplicidad y celeridad, de informalismo, de publicidad, de impulso de oficio, de gratuidad, y de proporcionalidad.

En la Ley N° 38 de Panamá, entre las misiones de la Procuraduría de la Administración se indica la "coadyuvar a que la Administración Pública desarrolle su gestión con estricto apego a los principios de legalidad, calidad, transparencia, eficiencia, eficacia y moralidad en la prestación de los servicios públicos" (art. 3,2); y luego en su artículo 34 se precisa que "las actuaciones administrativas en todas las entidades públicas se efectuarán con arreglo a normas de informalidad, imparcialidad, uniformidad, economía, celeridad y eficacia, garantizando la realización oportuna de la función administrativa, sin menoscabo del debido proceso legal, con objetividad y con apego al principio de estricta legalidad."

Por último, en la Ley N° 19.880 de Procedimientos administrativos de Chile de 2003, también se indica que el procedimiento administrativo estará sometido a los principios de escrituración, gratuidad, celeridad, conclusivo, economía procedimental, contradictoriedad, imparcialidad, abstención, no formalización, inexcusabilidad, impugnabilidad, transparencia y publicidad (Art. 4).

Estos principios, además, como lo señala el artículo 2 de la Ley de Brasil, deben servir como criterio interpretativo para resolver las cuestiones que puedan suscitarse en la aplicación de las normas de procedimiento.

En el mismo sentido, se regula en la Ley de Honduras (art. 19 y 114) y la Ley del Perú (artículo IV del Título preliminar), donde se señaló no sólo que los principios deben servir de criterio interpretativo para resolver las cuestiones que puedan suscitarse en la aplicación de las reglas de procedimiento, sino además, como parámetros para la generación de otras disposiciones administrativas de carácter general, y para suplir los vacíos en el ordenamiento administrativo.

Por ello, una enumeración extensísima de principios del procedimiento administrativo, como la contenida en las leyes de Brasil, de Uruguay y de Perú, sin duda, como se dijo, tiene la ventaja de permitir al juez contencioso-administrativo ejercer un control más efectivo y con mayor amplitud en relación con la actividad administrativa.

Pero por supuesto, mucho más importante que la sola enumeración de los principios, es la definición en los textos legales del contenido de los mismos, como ocurre con el artículo 4 de la Ley de Bolivia antes mencionado. Es lo que hacen el Código colombiano (art. 2) y más extensamente, la Ley del Perú, en la cual su artículo IV, 1.2 del Título Preliminar dispuso que los administrados deben gozar de todos los derechos y garantías inherentes al debido procedimiento administrativo, el cual se rige por los principios de derecho administrativo, que comprende el derecho a exponer sus argumentos, a ofrecer y producir pruebas y a obtener una decisión motivada y fundada en derecho.

Conforme a todas estas previsiones, sin duda, leyes de procedimiento administrativo en Iberoamérica han consolidado la formalización o juridificación del derecho administrativo,[46] al positivizarse lo que al comienzo eran solo principios generales de la disciplina, estableciéndose en forma detallada en las mismas previsiones sobre los actos administrativos, su formación, efectos, ejecución, revisión y control; el principio de su irrevocabilidad cuando creen o declaren derechos a favor de particulares; los vicios de nulidad que pueden afectarlos, y los principios para su revisión mediante recursos. La consecuencia es que a partir de la entrada en vigencia de estas leyes, comenzó a ser más segura la posibilidad de ejercer el control judicial efectivo sobre la actividad de la Administración Pública, siendo dichas leyes la fuente del derecho administrativo formal más importante, con base en la cual la jurisprudencia ha enriquecido la disciplina.

Por otra parte, mediante estas leyes, el procedimiento administrativo se ha enriquecido con los principios del debido proceso cuya garantía también está obligada la Administración Pública a respetar, particularmente en los procedimientos sancionatorios, regulándose en las leyes administrativas no sólo la garantía de que la decisión administrativa se adopte por el órgano competente; sino respecto de los administrados, el derecho a la presunción de inocencia; el derecho a la defensa y a ser informado de los cargos formulados; el derecho a ser oído; el derecho a utilizar los medios de prueba pertinentes para su defensa; el derecho a no confesarse culpable y no declarar contra sí misma; el derecho a la tutela efectiva de los derechos e intereses del sancionado; y el derecho a la doble instancia. Todos estos principios fueron

---

46 *V*. Allan R. Brewer-Carías, "Derecho Administrativo Comparado," en Lucio Pegoraro (Coordinador General), Glosario de Derecho Público Comparado, Biblioteca Porrúa de Derecho procesal Constitucional, Universidad Nacional Autónoma de México, Editorial Porrúa, México 2012, pp. 84-90.

los que llevaron a superar, por ejemplo, instituciones que décadas atrás habían sido aceptadas, como la aplicación del principio *solve et repete* como condición para acceder a la justicia contencioso-administrativa, el cual en muchos países se ha considerado inconstitucional.

Como se ha dicho, en la actuación administrativa, la competencia de las autoridades administrativas siempre tiene que estar prevista en texto legal expreso, en el cual se autorice la actuación del funcionario. Esta previsión legal de la competencia, sin embargo, si bien en muchos casos está prevista con precisos límites en la ley, en muchos otros casos, es la ley la que le otorga al funcionario cierta libertad para elegir entre uno y otro curso de acción, apreciando la oportunidad o conveniencia de la medida a tomarse. En este último caso, se está en presencia del ejercicio de poderes discrecionales, que existen, precisamente cuando la ley permite a la Administración apreciar la oportunidad o conveniencia para la emisión del acto administrativo de acuerdo a los intereses públicos envueltos, teniendo el poder de elegir entre diversas alternativas igualmente justas. El tema central en materia de discrecionalidad, sin embargo, ha sido el de su limitación para evitar la arbitrariedad administrativa, y someter a control judicial la totalidad de las actividades administrativas, precisando las áreas de actuación que no constituyen discrecionalidad como el caso de la aplicación de conceptos jurídicos indeterminados. En consecuencia, mientras las competencias discrecionales dejan al funcionario la posibilidad de escoger según su criterio una entre varias soluciones justas, en materia de la aplicación de un concepto jurídico indeterminado no sucede lo mismo, pues en su aplicación sólo se admite una sola solución justa y correcta, que no es otra que aquélla que se conforme con el espíritu, propósito y razón de la norma que autoriza la actuación.

Pero incluso depurada en esta forma la actividad discrecional, la libertad dada al funcionario para desarrollarla también está sometida a límites y controles en aplicación de principios generales del derecho como los de razonabilidad y racionalidad; de lógica, la justicia y la equidad; y de proporcionalidad, los cuales progresivamente se han venido incorporando como texto expreso en leyes de procedimiento administrativo.

New York, junio 2017.

SECCIÓN TERCERA
SOBRE LOS ORÍGENES DEL
DERECHO ADMINISTRATIVO EN VENEZUELA [*]

El derecho administrativo en Venezuela, como el régimen jurídico general concerniente a la Administración Pública, considerada ésta como parte fundamental de la organización del Estado, y que tiene por objeto regular su organización, su funcionamiento y, en especial, tanto su actividad como institución gestora del interés general, como los efectos jurídicos de las relaciones que se establecen con ocasión de dicha actividad con los administrados; puede decirse que surgió efectivamente al consolidarse el Estado nacional a comienzos del siglo XX, en el marco de la evolución del régimen constitucional de la federación que como forma de Estado se estableció en Venezuela desde el origen de la República en 1811.

El elemento de mayor relieve de ese proceso de consolidación del Estado nacional, y por tanto, del surgimiento del derecho administrativo fue, en particular, el proceso de centralización de la actividad legislativa del Estado en materias de derecho público, cuya ejecución, a partir de los inicios del siglo XX, comenzó a estar en manos del Congreso en ejercicio del Poder Legislativo nacional, al dejar de ser una competencia exclusiva de los Estados de la federación y pasar a ser, progresivamente, una competencia de la República o del Estado nacional o federal.

I. EL INCIPIENTE "DERECHO ADMINISTRATIVO PROVINCIAL" EN EL PERÍODO DEL ESTADO FEDERAL (1884-1901)

En efecto, luego del proceso de consolidación del Estado independiente entre 1811 y 1830 y de la desmembración de la República de Colombia que

---

[*] Texto del estudio publicado en el libro de: Alberto Montaña Plata y Andry Mantilla Correa (Coordinadores), *Ensayos de derecho administrativo. Libro Homenaje a Jorge Fernández Ruiz*, Universidad Externado de Colombia, Bogotá 2016, pp. 273-313.

Bolívar había establecido en 1821, el Estado de Venezuela se recompuso con la Constitución del 24 de septiembre de 1830,[1] la cual tuvo una larga vigencia, ya que fue el producto de un auténtico pacto político entre todos los factores de poder del momento, en particular de las fuerzas centrípetas y centrífugas que en el momento actuaban a favor o en contra de la federación o del centralismo.

Por ello, la misma tuvo una gran influencia en el proceso constitucional venezolano, habiendo establecido una forma de Estado "centro federal o mixta," como fue denominada por el propio Congreso,[2] según la cual el Estado era unitario pero las Provincias en las cuales se lo dividió tenía gran autonomía, siendo las que surgieron de la conformación del territorio que había tenido la antigua Capitanía General de Venezuela antes de la transformación política de 1810 (art. 5).[3] Las Provincias, en efecto, gozaban de amplia autonomía, aún cuando contaban con un gobernador designado por el presidente del Estado nacional, del cual eran "agente natural e inmediato" (art. 170); y con una Diputación Provincial compuesta por diputados electos en segundo grado. Esa denominación de "diputación" provincial no se utilizó en la Constitución de 1811 y ciertamente provenía de la Constitución de Cádiz[4], pero la concepción de las mismas, en realidad, reflejada en el sistema eleccionario de diputados, era el de las "Asambleas provinciales" establecidas en la Constitución de 1811. Estas Diputaciones provinciales, en todo caso, intervenían en la designación de los Gobernadores de Provincia mediante la presentación de ternas al presidente del Estado (art. 161.4). También podían solicitar la remoción de los mismos. Por tanto, si bien los gober-

---

1   *V.* F. González Guinán, *Historia Contemporánea de Venezuela*, Ediciones de la Presidencia de la República, Caracas 1957, Tomo II, p. 11; Allan R. Brewer–Carías, *Historia Constitucional de Venezuela*, Colección Tratado de Derecho Constitucional, Vol. I, Editorial Jurídica Venezolana, Caracas 2013, pp. 352 ss.

2   *V.* en J. Gil Fortoul, *Historia Constitucional de Venezuela*, Ministerio de Educación, Comisión Editora de las Obras Completas de José Gil Fortoul, Tomo II, Caracas 1953, pp. 19 y 20. *Cfr.* P. Ruggeri Parra, *Historia Política y Constitucional de Venezuela*, Tomo II, Editorial Universitaria, Universidad Central de Venezuela, Caracas 1949, p. 17.

3   Los Diputados que conformaron el Congreso Constituyente de Valencia provenían de las siguientes Provincias 11 Provincias: Apure, Barcelona, Barinas, Caracas, Carabobo, Coro, Cumaná, Guayana, Maracaibo, Margarita y Mérida. *V.* en Allan R. Brewer–Carías, *Las Constituciones de Venezuela*, Academia de Ciencias Políticas y Sociales, Caracas 2008, Tomo I, p. 730.

4   *Cfr.* J. M. Casal Montbrún, "Estudio Preliminar," *La Constitución de 1961 y la Evolución Constitucional de Venezuela*, Tomo II, Vol. I, Ediciones del Congreso de la República, Caracas, 1972, pp. 23 y 32.

nadores dependían del Poder Ejecutivo, constituían el punto de "equilibrio" entre el centralismo y federación que los constituyentes de 1830 buscaron.[5]

Las Diputaciones provinciales tenían amplísimas competencias, que contrastaban con las que se habían previsto para las Asambleas provinciales en la Constituciones de 1811, y que evidencian el proceso de distribución territorial del poder que marcó la concepción del Estado desde el inicio de la vida republicana. Entre dichas competencias se destacan, conforme al artículo 161 de dicha Constitución de 1830, además de las de orden político e institucional en relación con el Poder nacional o federal, las siguientes: supervigilar en el cumplimiento de la ley de manumisión y ejercer las demás atribuciones que ella le designe; hacer con proporción el repartimiento de las contribuciones que decrete el Congreso entre los cantones de cada provincia; hacer, según la ley, el reparto de reemplazos para el ejército y armada con que deba contribuir la provincia; establecer impuestos provinciales o municipales en sus respectivas provincias para proveer a sus gastos y arreglar el sistema de su recaudación e inversión; determinar el número y dotación de los empleados en este ramo y los demás de la misma clase que estén bajo su inspección; liquidar y fenecer sus cuentas respectivas; contratar empréstitos sobre los fondos provinciales o municipales para las obras de sus respectivos territorios; resolver sobre la adquisición, enajenación o cambio de edificios, tierras o cualesquiera otros bienes que pertenezcan a los fondos provinciales o municipales; establecer bancos provinciales; fijar y aprobar anualmente el presupuesto de los gastos ordinarios y extraordinarios que demanda el servicio municipal en cada provincia; formar los reglamentos que sean necesarios para el arreglo y mejora de la policía urbana y rural, según lo disponga la ley, y velar sobre su ejecución; promover y establecer por todos los medios que estén a su alcance escuelas primarias y casas de educación en todos los lugares de la provincia, y al efecto podrá disponer y arreglar del modo que sea más conveniente la recaudación y administración de los fondos afectos a este objeto, cualquiera que sea su origen; promover y decretar la apertura de caminos, canales y posadas y la construcción de puentes, calzadas, hospitales y demás establecimientos de beneficencia y utilidad pública que se consideren necesarios para el bien y prosperidad de la provincia, pudiendo a este

---

5   Artículo 156 y siguientes de la Constitución de 1830 y particularmente los artículos 164,4 y 170. *V.* los comentarios sobre esta Constitución en J. Gil Fortoul, *Historia Constitucional de Venezuela,* Tomo II, Ministerio de Educación, Comisión Editora de las Obras Completas de José Gil Fortoul, Caracas 1953, pp. 77 y ss. F. González Guinán, *Historia Contemporánea de Venezuela,* Ediciones de la Presidencia de la República, Caracas 1957, Tomo II, pp. 135 y ss.; y Ruggeri Parra, *Historia Política y Constitucional de Venezuela,* Tomo II, Editorial Universitaria, Universidad Central de Venezuela,, Caracas 1949, pp. 17 y ss.

fin aceptar y aprobar definitivamente las propuestas que se hagan por compañías o particulares, siempre que no sean opuestas a alguna ley de la República; procurar la más fácil y pronta comunicación de los lugares de la provincia entre sí y la de éstos con los de las vecinas, la navegación interior, el fomento de la agricultura y comercio por los medios que estén a su alcance, no siendo contrarios a alguna ley; favorecer por todos los medios posibles los proyectos de inmigración y colonización de extranjeros industriosos; acordar el establecimiento de nuevas poblaciones y la traslación de las antiguas a lugares más convenientes y promover la creación, suspensión o reunión de cantones en la respectiva provincia; conceder temporalmente y bajo determinadas condiciones privilegios exclusivos en favor del autor o autores de algún invento útil e ingenioso y a los empresarios de obras públicas con tal que se consideren indispensables para su ejecución y no sean contrarios a los intereses de la comunidad; y pedir al Congreso o al Poder Ejecutivo, según la naturaleza de las peticiones, cuanto juzguen conveniente a la mejora de la provincia y no esté en las atribuciones de las diputaciones. Lo único excluido formalmente de la competencia de la Diputaciones provinciales, era el deliberar sobre los negocios comprendidos en las atribuciones del Congreso y del Poder Ejecutivo, ni dictar órdenes o celebrar acuerdos contrarios a la Constitución o a las leyes (art. 167). El ejercicio de dichas competencia, la realizaban las Diputaciones provinciales mediante ordenanzas o resoluciones que se debían pasar, para su ejecución, al gobernador, quien tenía el derecho de objetarlas (art. 162).

En Venezuela, por tanto, durante el siglo XIX, el único "derecho administrativo" que podía haberse identificado era el contenido en la legislación de las Provincias, fundamentalmente contenida en los llamados Códigos Orgánicos de Policía que las Diputaciones provinciales comenzaron a dictar, y en las cuales se regulaba todo lo concerniente a la actividad de la Administración que implicara regulación y limitación de las actividades de los particulares.

El sistema centro federal de 1830, después de varios lustros de crisis política, y de las guerras federales de 1860 a 1863, con el triunfo de la Federación, dio paso a un sistema federal mediante la sanción, por una Asamblea Constituyente, de la Constitución de los Estados Unidos de Venezuela 28 de marzo de 1864,[6] la cual estableció formalmente la forma federal del Estado venezolano.[7]

---

6   En relación a esta Constitución de 1864 dijo Ruggeri Parra que con ella "no se hubiera podido gobernar el país, ni siquiera en días de paz. Sus violaciones son coetáneas a su sanción, y no se la obedeció ni en la forma, ni en el fondo, en los diez años que estuvo vigente," en *Historia Política y Constitucional de Venezuela*, tomo II, Editorial Univer-

Con dicha Constitución se inició una nueva etapa en la conformación constitucional del Estado en Venezuela, distribuyéndose el poder de la República[8] en entidades federales que se configuraron como autónomas,[9] con gobierno propio elegido por sufragio directo y secreto (Artículos 13 y 22), confinándose el Poder Nacional a un Distrito Federal, como territorio neutro (Artículos 13,3; 43,2; 72,20 y 84).[10] Desde el ángulo de la forma del Estado, la Constitución de 1864 "reunió" las anteriores veinte Provincias que se comenzaron a denominar Estados que se declararon "independientes" y "re-

---

sitaria, Universidad Central de Venezuela, Caracas, 1949, p. 62. El sistema federal, según Gil Fortoul, fue "violado infinitas veces por el Partido Federal" *V*. en su obra: *Historia Constitucional de Venezuela*, tomo III, Ministerio de Educación, Comisión Editora de las Obras Completas de José Gil Fortoul, Caracas, 1953, p. 136. *V*. los comentarios a la Constitución, en F. González Guinán, *Historia Contemporánea de Venezuela*, Ediciones de la Presidencia de la República, tomo VIII, Caracas 1957, pp. 267 y ss.

7   De acuerdo con el artículo 1° de la Constitución de 1864, "Las Provincias de Apure, Aragua, Barcelona, Barinas, Barquisimeto, Carabobo, Caracas, Coro, Cumaná, Guárico, Guayana, Maracaibo, Maturín, Mérida, Margarita, Portuguesa, Táchira, Trujillo y Yaracuy, se declaran Estados independientes y se unen para formar una Nación libre y soberana, con el nombre de Estados Unidos de Venezuela," siendo los límites de cada Estado (Art. 2°) los establecidos en la Ley de 28 de abril de 1856 dictada en el último gobierno de Monagas para lograr su reelección. *V*. en Allan R. Brewer-Carías, *Las Constituciones de Venezuela*, Academia de Ciencias Políticas y Sociales, Caracas 2008, Tomo I, p. 787. La denominación de Estados Unidos de Venezuela perduró hasta que la Constitución de 1953 la cambió por la de República de Venezuela.

8   "Los Estados que forman la Unión Venezolana reconocen recíprocamente sus autonomías, se declaran iguales en entidad política y conservan en toda su plenitud la soberanía no delegada expresamente en esta Constitución (Art. 12). Hasta tal punto se operó la desintegración formal, que desapareció la norma constitucional que los textos anteriores consagraban y según la cual la República debía organizarse mediante un gobierno "republicano popular, representativo, responsable y alternativo" (por ejemplo, Art. 6° Constitución de 1830); y al contrario, a partir de 1864 fueron los Estados de la Unión los que debían organizarse "conforme a los principios de Gobierno Popular Electivo, Federal Representativo, Alternativo y Responsable," (artículo 23,1 Constitución de 1864). *V*. en Allan R. Brewer-Carías, *Las Constituciones de Venezuela*, Academia de Ciencias Políticas y Sociales, Caracas 2008, Tomo I, p. 787 ss.

9   Hasta tal punto que, por ejemplo, conforme al Art. 100 de la Constitución de 1864 el Gobierno Nacional no podía "situar en un Estado fuerza ni jefes militares con mando, aunque sea del mismo Estado ni de otro, sin el permiso del Gobierno del Estado en que se deba situar la fuerza." *V*. en Allan R. Brewer-Carías, *Las Constituciones de Venezuela*, Academia de Ciencias Políticas y Sociales, Caracas 2008, Tomo I, p. 797 ss.

10   *V*. en general Allan R. Brewer–Carías, *El Régimen de Gobierno Municipal en el Distrito Federal Venezolano*, Gobernación del Distrito Federal, Caracas 1965; Allan R. Brewer–Carías, "Caracas," en D. Rowat, *The Government in the Federal Capitals*, University of Toronto Press Toronto, 1973, pp. 113 y ss.

conocían recíprocamente sus autonomías,"[11] los cuales tenían la competencia de organizar "la milicia ciudadana," compuesta, "con individuos voluntarios, con un contingente proporcionado que dará cada Estado llamando al servicio a los ciudadanos que deban prestarlo conforme sus leyes," no pudiendo, en ningún caso el Gobierno Nacional "situar en un Estado fuerza ni jefes militares con mando, que no sean el mismo Estado, ni de otro, sin el permiso del Gobierno del Estado en que se deba situar la fuerza."[12]

En cuanto a la legislación básica de orden administrativo, la misma siguió en poder de las Provincias ahora convertidas en Estados soberanos, por ejemplo en cuanto a la libre administración de sus productos naturales (art. 13,16, C. 1864). El poder de legislar, sin embargo, no se extendió a la legislación civil y penal, la cual se atribuyó de 1863 al Poder Nacional o federal. Para ello, entre las Bases de la Unión de los Estados Unidos, los Estados se comprometieron "a tener para todos ellos una misma legislación sustantiva, civil y criminal" (art. 13,22), con lo cual desde el mismo inicio de la federación, los Códigos fundamentales fueron y siempre siguieron siendo nacionales, y nunca se dictaron por los Estados. En el esquema federal venezolano, sin embargo, el Poder Judicial correspondió básicamente a los Estados, por lo que en la Constitución de 1864 se declaró expresamente que "las causas en ellos iniciadas conforme a su procedimiento especial y en asuntos de exclusiva competencia, terminarán en los mismos Estados sin sujeción al examen de ninguna autoridad extraña" (art. 91). Por ello, la Alta Corte Federal, tenía una competencia limitada a los asuntos que concernían a la Nación (art. 89). Esta situación perduró hasta la Constitución de 1945 cuando desapareció de la Constitución la referencia a los Tribunales de los Estados, produciéndose la nacionalización de la Justicia en nuestro país al reservar los Estados "al Poder Federal," todo lo relativo a la administración de justicia en el territorio nacional (art. 89).

Con base en las competencias nacionales, con la instalación del Congreso a comienzos de 1873, se inició al proceso de codificación en Venezuela, al ratificarse la vigencia los Códigos Civil, de Comercio, Penal, Militar, de Procedimiento Civil y de Hacienda que había promulgado el presidente Antonio Guzmán Blanco el 20 de febrero de ese mismo año 1873, dándose así

---

11   Esta expresión la consagraron todos los textos constitucionales hasta 1961, cuando la Constitución vigente la cambió: "Los Estados son autónomos iguales como entidades políticas" (Art. 16). *V.* en Allan R. Brewer-Carías, *Las Constituciones de Venezuela*, Academia de Ciencias Políticas y Sociales, Caracas 2008, Tomo II, p. 1.384.

12   Arts. 94 y 100 de la Constitución de 1864. *Idem.*

inicio al proceso de codificación en el país.[13] Con ello comenzó a cambiar el ordenamiento jurídico fundamental de la República, que había regido hasta entonces, y que era, conforme a la Ley de 13 de mayo de 1825 del Congreso de Colombia, el conformado por las leyes dictadas por el gobierno español para las colonias hasta 1808, y que estaban en observancia en el territorio de Colombia; fundamentalmente contenidas en la *Recopilación de las Leyes de los Reynos de Indias*, la *Nueva Recopilación de Castilla* y las *Leyes del Código de las Siete Partidas*.

En materia de legislación administrativa, por otra parte, que seguía siendo una competencia casi exclusiva de los Estados, la situación comenzó también a cambiar a partir de la Constitución de 1881, la cual no sólo redujo el número de los 20 Estados que se habían constituido en 1864, a "nueve grandes entidades políticas," denominándose "secciones" a los viejos Estados agrupados en ellas (art. 1 a 4); sino que inició el proceso de centralización formal de la federación, mediante el cual los Estados cedieron "al Gobierno de la Federación la administración de las minas, terrenos baldíos y salinas, con el fin de que las primeras sean regidas por un sistema de explotación uniforme, y que los segundos se apliquen en beneficio de los pueblos" (art. 13,15), y además, reservaron "al Poder Federal el montante de la tercera parte de la renta de tránsito, productos de las minas, tierras baldías y salinas, para ser invertido en el fomento del país" (art. 12,33). Con ello, se inició el proceso de vaciamiento de competencias tributarias de los Estados, lo cual se acentuó posteriormente hasta materialmente extinguirse.[14]

Una nueva reforma constitucional en 1893, siguiendo la orientación de los precedentes en el proceso de reducción del federalismo, estableció por primera vez a nivel constitucional "la autonomía del Municipio y su independencia del poder político del estado en todo lo concerniente a su régimen económico y administrativo" (art. 13, ord. 2), con lo cual se estableció el principio de la división del Poder Público, no sólo hacia los Estados de la Federación, sino hacia el Municipio, lo que luego se incluyó expresamente en la Constitución de 1925 (art. 51); y además, se incorporó en la Constitución la cláusula de inmunidad absoluta de jurisdicción,[15] al disponerse en el

---

13   *V.* Allan R. Brewer–Carías, "50 años en la evolución institucional de Venezuela 1926–1976," en R. J. Velásquez et al., *Venezuela Moderna, Medio Siglo de Historia 1926–1976*, Fundación Eugenio Mendoza, 2ª. edición, Barcelona 1979, pp. 533–761.

14   *V.* lo expuesto en Allan R. Brewer–Carías, *Instituciones Políticas y Constitucionales*, tomo II, Universidad Católica del Táchira, Editorial Jurídica Venezolana, Caracas San Cristóbal, 1996, pp. 52 ss.

15   *V.* en general, *Jan Sinclair, The Law of Sovereign Immunity. Recent Development*, Académie International de Droit Comparé, Recueil des Cours, 1980, Vol. II, La Haya, 1981, pp. 201 y ss.

artículo 149 que "En todo contrato de interés público, se establecerá la cláusula, de que «las dudas y controversias que puedan suscitarse sobre su inteligencia y ejecución, serán decididas por los tribunales venezolanos y conforme a las leyes de la República." En la Constitución de 1893, además, se previó expresamente que las Secciones de los Estados (equivalentes a los Estados de 1864) podrían recuperar su categoría de Estados, "siempre que así lo pidan las dos terceras partes de sus Distritos, por el órgano de quienes los representen en el seno de la Asamblea Legislativa," previéndose que una Ley reglamentaria el procedimiento, lo cual se comenzó a implementar por Ley de 27 de abril de 1899,[16] que en definitiva fue el detonante de la revolución Liberal restauradora.

Durante el período del Estado federal, en todo caso, luego de su consolidación definitiva a partir de 1864, salvo en las materia reguladas en los Códigos nacionales antes mencionados, y alguna que otra materia que se reservaba a nivel federal, como el régimen de la nacionalidad; la autonomía de los Estados que conformaron la Federación implicó que éstos asumieran la competencia legislativa básica para dictar sus propias leyes, y por supuesto, administrar su propia justicia. La realidad del federalismo del siglo pasado resulta así además del examen de la legislación de las entidades federales, elaborada por las élites ilustradas de cada Región. Entre esa legislación destacan los mencionados Códigos de Policía de cada Estado, que regularon su actividad administrativa y que constituyeron no sólo verdaderos monumentos jurídicos de la legislación venezolana del siglo XIX, sino antecedentes evidentes de la mayoría de los aspectos de la legislación especial que se dictó en el siglo XX que dio origen al derecho administrativo.

A partir de 1864, por tanto, los Estados asumieron el rol de promulgar la legislación especial básica del país en dichos Códigos de Policía, en los cuales se comenzó a legislar sobre todas las materias administrativas de la época, tales como sanidad, defensa forestal, tránsito, construcciones y urbanismo, régimen del trabajo, actividades rurales y pecuarias, caminos, aprovechamiento de las aguas y, en general, sobre los servicios públicos; y en todos ellos con una sorprendente uniformidad, dando origen a lo que podría considerarse como un "derecho administrativo provincial."

Ejemplos del contenido de dichos Códigos de Policía todavía se encuentran en textos aún "vigentes" bien entrado el siglo XX, como son por ejemplo, los Códigos de Policía del Estado Aragua de 1943, reformado en 1954 (246 arts.); del Estado Bolívar: de 1961, reformado en 1978 (252 arts.), del

---

16   *V.* el texto en *Recopilación de Leyes y Decretos de Venezuela*, tomo XXII, 1899, Ministerio de Relaciones Interiores, Caracas 1903, pp. 266 a 468.

Estado Zulia de 1954 (267 arts.), o del Estado Miranda de de 1954, reformado en 1972 (252 arts.), en los cuales se reguló sustantivamente todo lo concerniente al Orden y seguridad públicos; la Decencia y buenas costumbres; la Prostitución; la Seguridad y aseo públicos; los Mercados públicos y lugares destinados a la venta; los Cementerios; los Acueductos; las Acequias y riegos; los Perjuicios causados por ganado; la Conservación de bosques y aguas; la Hierra de animales; el Tránsito por potreros; los Mataderos Públicos; el Beneficio de reses en fundos; el Ganado mayor de hierro desconocidos; el Trasporte y conducción de ganado; la Pesca y caza; la Venta de bestias y uso de bestias ajenas; el Amparo policial; la Potestad doméstica, protección de los niños y ancianos, y demás personas impedidas, y a los animales; la Inviolabilidad del hogar doméstico; y los Ruidos y sanidad o pureza ambiental. En sentido similar, por ejemplo, en la Ordenanza de Policía Urbana y Rural del Distrito Federal de 1912, reformada en 1926 (470 arts.), se regularon materias concernientes, primero, a la Policía Urbana que comprende los siguientes asuntos: Arquitectura civil, Procedimiento para construcciones y demoliciones, Demolición de construcciones, Normas de construcción, Higiene y seguridad públicas, Cementerios, Mercados públicos, Mataderos Públicos, Acueductos, Hospitales, Cárceles, Albañales y cloacas, Basureros, Comercio e industria, Pesas y medidas, Circulación de Ferrocarriles, Tranvías, Coches y otros vehículos, Gremios; segundo, a la Policía Rural, que comprende los siguientes asuntos: Jornaleros y sirvientes, Caminos trasversales o vecinales, Cría y ceba de ganados, Zona de cría, Aguas y montes, Comercio de leña y carbón, Quemas y rozas de sabanas, Desechos y estacadas de ríos, Acequias de riego; y tercero, a la Policía pecuaria, que comprende los siguientes asuntos: Empadronamiento de hierros, Hierra de animales, Beneficio de ganado, Conducción de ganados y bestias, Bestias y ganado de hierro desconocidos, Queserías y cabrerías, Colonos, Servicio de caporales y mayordomos, Pesca y caza; y Venta de bestias y ganado.

Toda esa extensa normativa constituía el grueso de la regulación referida al derecho administrativo en el país durante el siglo XIX, toda referida a materias respecto de las cuales no había legislación de ámbito nacional.

II. EL PROCESO DE CENTRALIZACIÓN POLÍTICA, MILITAR Y FISCAL EN LOS ORÍGENES DEL DERECHO ADMINISTRATIVO A PARTIR DE 1901

Ahora bien, fue con ocasión del triunfo de la Revolución Liberal Restauradora en 1899,[17] y durante la primera mitad del siglo XX, cuando en

---

17   *V.*, en general, *El Pensamiento Político de la Restauración Liberal,* en la colección *El Pensamiento Político Venezolano en el Siglo XX* (Colección dirigida por Ramón J. Ve-

realidad se desarrolló en Venezuela una política de centralización del poder y de consolidación del Estado Nacional, en reacción contra la disgregación federal liberal que se había producido en el medio siglo precedente,[18] proceso de integración política nacional, en el cual jugó un papel importante el establecimiento de un Ejército Nacional como soporte del poder central;[19] todo lo cual efectivamente dio origen al derecho administrativo contemporáneo. En esta tarea, la dictadura de Juan Vicente Gómez desde 1908 a 1935, sin duda, fue decisiva, pues durante ese período fue que se produjo, un importante proceso de centralización política, militar, de los ingresos públicos, fiscal, administrativa y legislativa.[20]

---

lásquez), tomo I, 2 vols., Caracas Ediciones Congreso de la República, 1983 (Prólogo sobre la "Ideología Política de Cipriano Castro y el problema del poder," de Eleonora Gabaldón y Judith Gamus de Wiessel).

18   Hasta entonces los caudillos regionales del centro habían sido eje del Gobierno central: Bolívar, Páez, Monagas, Castro, Guzmán Blanco, Crespo. A partir de 1899 el predominio en el poder central se desplazará hacia los caudillos andinos, *Cfr.* R. Díaz Sánchez, "Evolución Social de Venezuela (hasta 1960)," en M. Picón Salas y otros, *Venezuela Independiente, 1810–1960*, Caracas, Fundación Eugenio Mendoza, 1962, p. 279. Por otra parte, la eliminación de los últimos vestigios de la federación se consuma constitucionalmente a partir de la Constitución de 1925. *Cfr.* sobre la extinción del federalismo caudillista a comienzos de este siglo: D. A. Rangel, *Los Andinos en el Poder*, Mérida: Universidad de Los Andes, 1964, p. 74; R. Díaz Sánchez, *loc. cit.*, p. 288. Sin embargo, el inicio del fin de los caudillos regionales se produce con el triunfo de Castro y Gómez en las guerras civiles de 1901 a 1903. *Cfr.* R. J. Velásquez, *La caída del Liberalismo Amarillo. Tiempo y Drama* de Antonio Paredes, Caracas: Talleres Cromotip, 1973, pp. 265 y ss.

19   En este sentido, R. J. Velásquez señala que la base de sustentación del régimen liberal desde 1870 lo constituyó el binomio Partido Ejército que desapareció a partir de 1903. "Hasta los días del Gobierno del General Ignacio Andrade (1898), el llamado ejército nacional que se aloja en los cuarteles, mal atendido y peor dotado no tuvo ninguna significación como factor de poder nacional. La verdadera fuerza para la defensa del gobierno estaba constituida por los ejércitos particulares que los jefes locales reclutaban en los momentos de peligro... ." A partir de Castro, y la organización de un Ejército Nacional, se reemplazará "el binomio Partido–Ejército de los liberales amarillos, por un trípode, Jefe Ejército Administración, que perdurará como forma de organización del poder hasta octubre de 1945," en *La caída del Liberalismo Amarillo. Tiempo y Drama* de Antonio Paredes, Caracas: Talleres Cromotip, 1973, pp. XI y XII. *Cfr.* D. H. Levine, *Conflict and Political Change in Venezuela*, Princeton Legacy Library, Princeton, 1973, p. 22. *V.*, además, Ángel Ziemn, *El Gomecismo y la formación del Ejército*, Caracas: Editorial Ateneo de Caracas, 1979. En realidad, el trípode Jefe Ejército Administración, salvo el interregno democrático de partido dominante 1945–1948, duró hasta 1958.

20   *V.* Allan R. Brewer–Carías, "El desarrollo institucional del Estado Centralizado en Venezuela (1899–1935) y sus proyecciones contemporáneas" en *Revista de Estudios de Administración Local Autonómica*, N° 227, Instituto de Estudios de Administración Local, Madrid, 1985, pp. 487 a 514 y N° 228, Instituto de Estudios de Administración Lo-

1. *La centralización política*

En efecto, desde el punto de vista político, frente al sistema del Estado federal, el proceso de centralización del Estado se realizó a través de sucesivas reformas constitucionales, comenzando por la realizada por la Asamblea Nacional Constituyente convocada por Cipriano Castro en octubre de 1900, la cual sancionó en 1901 una nueva Constitución. En ella se aumentaron los poderes del presidente de la República (art. 89), se estableció la división del Poder Público, entre "el Poder Federal y el Poder de los Estados" (art. 29), y se acrecentaron las facultades de los órganos del Poder Federal, al enumerarse detalladamente las materias sobre las cuales debía legislar el Poder Federal.

La Constitución de 1901, fue reformada en 1904, no sólo para extender el período constitucional del presidente que finalizaba en 1908, hasta 1911 (art. 146 de la Constitución de 1901 y 132 de la Constitución de 1904),[21] sino para establecer una nueva división territorial de la Nación, en "Distritos" (art. 21), los cuales se consideraron partes constitutivas de la Federación (art. 3). Estos Distritos, de acuerdo a este texto, se reunieron en 13 Estados, reduciéndose los 20 Estados restablecidos en 1901, que se comprometieron a reconocer "la autonomía municipal de los Distritos" (art. 3). En esta forma, a partir de 1904, constitucionalmente se estableció la autonomía municipal, no de los Municipios, sino de los Distritos en los que se dividían los Estados, "cuyas Municipalidades" fueron entonces las autónomas, situación que se mantuvo hasta la Constitución de 1953 (art. 7, ord. 3 y 109).

Juan Vicente Gómez asumió la Presidencia a partir de 1908, iniciando el período llamado de la Rehabilitación Nacional,[22] ejerciendo el poder hasta su muerte en 1935, período durante el cual la Constitución se reformó siete veces (1909, 1914, 1922, 1925, 1928, 1929 y 1931)[23] amoldándose sucesi-

---

cal, Madrid, 1985, pp. 695 a 726; *Historia Constitucional de Venezuela,* Colección Tratado de Derecho Constitucional, Vol. I, Editorial Jurídica Venezolana, Caracas 2013, pp. 415 ss.

21   *V.* en general, Antonio J. Pacheco, "El proceso constituyente y la Constitución de 1904" en Elena Plaza y Ricardo Combellas (Coordinadores), *Procesos Constituyentes y Reformas Constitucionales en la Historia de Venezuela: 1811–1999,* Universidad Central de Venezuela, Caracas 2005, Tomo II, pp. 451–491.

22   Sobre el período de la dictadura de Gómez, véanse los volúmenes sobre *La oposición a la Dictadura Gomecista y Los Pensadores Positivistas y el Gomecismo,* en la colección *El Pensamiento Político Venezolano del Siglo XX,* (Colección dirigida por Ramón J. Velásquez), Caracas: Ediciones Congreso de la República, 1983, tomo II, 3 vols. y tomo III, 3 vols.

23   *V.* en general, Francisco Delgado, "Procesos constituyentes y reformas constitucionales durante el régimen gomecista," en Elena Plaza y Ricardo Combellas (Coordinadores),

vamente a los intereses y conveniencias del dictador. En particular, con la reforma de 1909 se estableció la elección del presidente por el Congreso, lo cual va a permanecer en vigencia hasta 1946 (art. 75); se fijó su período en cuatro años contados a partir de 1910, y se otorgaron amplísimos poderes al presidente Provisional, con lo cual se formalizó la dictadura (Arts. 150 y 156), eliminándose la figura de las Vicepresidencias establecidas en 1901.

En 1914 se dictó un Estatuto Constitucional Provisorio que creó por primera vez, a nivel constitucional, el cargo de Comandante en Jefe del Ejército Nacional (art. 43), del cual no se separaría Gómez hasta su muerte,[24] lo que le permitió gobernar el país aún sin ejercer la Presidencia de la República. Luego se dictó la Constitución de 1914, que amplió el período constitucional a siete años, eliminando la prohibición de reelección del presidente de la República (art. 84, C. 1909 y art. 128, C. 1914), lo que le permitió que fuera electo para un segundo período (1915–1922). En 1922 se reformó nuevamente la Constitución, restableciéndose las dos Vicepresidencias (art. 78) que habían sido eliminadas en 1909, que ocuparán su hermano y su hijo.

2. *El comienzo del régimen de los hidrocarburos*

En cuanto al régimen de derecho administrativo, puede decirse que con ocasión de iniciarse la explotación petrolera a partir de 1920, se inició su regulación a nivel nacional, teniendo como antecedentes las precarias normas que se habían dictado desde finales del siglo XIX, y dos Reglamentos especiales sobre el "Carbón, petróleo y sustancias similares" dictados en 1918, con la promulgación de la Ley de Hidrocarburos y demás Minerales Combustibles (carbón) del 30 de junio de 1920, la cual estuvo en vigencia hasta 1943. Una de las innovaciones de esta ley fue mixtificar los sistemas de exploración y explotación, al exigirse un permiso, de otorgamiento forzoso por parte del Ejecutivo, para la primera operación; y un contrato especial celebrado por el Ejecutivo y aprobado por el Congreso, para la segunda operación.

La nueva Legislación de los hidrocarburos, que entre otros aspectos, reguló un derecho preferente de los propietarios del suelo para la exploración y explotación; desarrollaba la institución de las Reservas Nacionales de Hidrocarburos; aumentó los impuestos y redujo la extensión territorial de las par-

---

Procesos Constituyentes y Reformas Constitucionales en la Historia de Venezuela: 1811–1999, Universidad Central de Venezuela, Caracas 2005, Tomo II, pp. 493–538.

24 Sobre la importancia de este cargo en la dictadura de Gómez, *V.* su propio criterio en su mensaje al Congreso en 1929, en Jorge Luciani, *La Dictadura Perpetua de Gómez y sus Adversarios*, Caracas: Cooperativa de Artes Gráficas, 1936, pp. 59 y 60; R. Betancourt, *Venezuela, Política y Petróleo*, México: Fondo de Cultura Económica, 1956, p. 71.

celas de exploración y explotación; y también originó la reacción de las empresas petroleras que veían en ella una limitación de sus actividades. Esta reacción y la posición complaciente respecto de las empresas de J. V. Gómez, provocaron la reforma de la ley al año siguiente, en 1921, promulgándose entonces una Ley de Hidrocarburos que favoreció los intereses de los concesionarios, lesionando los intereses de la Nación. En 1922 se volvió a modificar la ley, perfeccionándose las instituciones recogidas en las leyes de 1920 y 1921, y en particular, se sustituyó la expresión "contratos especiales" por el de "concesiones," régimen que permaneció hasta que las mismas dejaron de existir en 1975 con motivo de la nacionalización de la industria petrolera. La Ley de 1922 estableció, además, la clasificación de las concesiones, distinguiéndose las concesiones de exploración, explotación, manufactura y refinación y de transporte.

3. *El comienzo del fin del federalismo*

En este contexto se reformó de nuevo la Constitución en 1925, en la cual se prohibió a los Estados tener fuerzas armadas propias, con lo que se extinguieron formalmente los últimos vestigios del sistema federal (arts. 15,8 y 17,2), y se eliminó la necesidad de aprobación legislativa de las concesiones de explotación de hidrocarburos, que los textos anteriores exigían.[25]

Esta nueva Constitución puede considerarse como el punto final de la consolidación del Estado centralizado, y, hasta cierto punto, la expresión más clara de la integración político nacional que había iniciado el dictador J. V. Gómez. En esta Constitución, además, a pesar de que estableció por primera vez en forma expresa la distribución del Poder Público "entre el Poder Federal, el de los Estados y el Municipal" (art. 51), situación que ha perdurado hasta la actualidad, se inicio efectivamente el fin del federalismo en Venezuela y ello por varias razones:

Primero, se incorporó al texto constitucional como obligación de los Estados el que "jamás podrán romper la unidad nacional" (art. 12), con lo que se reafirmó la idea del Estado Nación frente a la disgregación institucional precedente. Segundo, en este texto constitucional se estableció la posibilidad de que en las Constituciones de los Estados se delegase en el presidente de la República la posibilidad de designar los funcionarios de los mismos, con lo

---

25 El texto de la Constitución de 1922 otorgaba al Congreso la facultad de "aprobar o negar... los títulos y concesiones de minas y las enajenaciones de tierras baldías..." (Art. 58, 10, a); en cambio, en la Constitución 1925 se consagra el principio contrario: "No están sujetos a la aprobación del Congreso las concesiones mineras ni los títulos de tierras baldías..." (Art. 78, 6). *V.* en Allan R. Brewer-Carías, *Las Constituciones de Venezuela*, Academia de Ciencias Políticas y Sociales, Caracas 2008, Tomo II, p. 1.093.

cual se hizo nugatoria su autonomía (art. 17.2), consagrándose un evidente predominio del Poder Central. Tercero, los Estados reservaron al Poder Federal, por primera vez a nivel constitucional, "Todo lo relativo al Ejército, la Armada y la Aviación Militar," por lo que se aclaró que "Ni los Estados ni las Municipalidades podrán mantener otras fuerzas que las de policía y guardias de cárceles, salvo las que organicen por orden del Gobierno Federal" (art. 15.8). Con ello se consolido la estructuración a nivel del Poder Federal, del Ejército Nacional con el cual gobernó y consolidó su poder el dictador. Cuarto, se ampliaron considerablemente las materias reservadas al Poder Central por los Estados de la Federación en las "Bases de la Unión," agregándose a las materias ya reservadas, entre otras, la administración de la justicia federal en toda clase de juicios, en virtud de la cual, desde esta fecha los Tribunales de los Estados podían ejercer funciones de Tribunales federales en los casos en que la ley se las atribuyera; y todo lo relativo a la organización, cobro e inversión de los impuestos de estampillas, timbres fiscales, cigarrillos, tabacos, registro, herencias, fósforos, aguardientes, licores y todo lo demás que, con carácter de impuestos nacionales, estableciese la ley, con lo que quedó amplísimo el ámbito de la potestad tributaria nacional (art. 15). Quinto, se estableció por primera vez, en el texto constitucional, la institución del situado constitucional como un aporte anual que del Presupuesto Nacional debía hacerse a los Estados, equivalente al 12 por 100 del total de "ingresos por Rentas" (art. 17.4) en sustitución de la figura que existía anteriormente y que consistía en la delegación que los Estados hacían al Poder Federal de ciertas materias rentísticas para que éste distribuyera su producto líquido entre los Estados (art. 19.28). Sexto, el régimen municipal recibió un amplio soporte al consagrarse, constitucionalmente, materias reservadas a las Municipalidades: "organizar sus servicios de policía, abastos, cementerios, ornamentación municipal, arquitectura civil, alumbrado público, acueductos, tranvías urbanos y demás de carácter municipal" (art. 18.1). Séptimo, adquirieron fisonomía constitucional propia, las islas del mar de las Antillas, como "Dependencias Federales," ya que hasta 1914 sólo habían sido reguladas mediante leyes formando parte de territorios federales, como el Territorio Federal Colón, creado en 1871, y que conforme a la Ley Orgánica de 1905, estaba "compuesto de todas las islas pertenecientes a Venezuela, que se hallen en el mar Caribe con excepción de la Isla de Margarita, que forma la Sección Oriental del Distrito Federal (art. 1), con capital en San Pedro, en la Isla de Coche. Este Territorio Federal, por dicha Ley, se dividió en dos Municipios, el Municipio Oriental con cabecera en San Pedro, Isla de Coche, y el Municipio Occidental, con cabecera en el Gran Roque (art. 2)." Y octavo, se estableció expresamente la potestad del presidente de restringir o suspender los derechos constitucionales (art. 36).

En el marco de la Constitución de 1925, además, se produjo otra nueva reforma de la Ley de Hidrocarburos, cuyo objetivo fundamental consistió en adaptarla al texto de la nueva Constitución, eliminando la intervención del Congreso en la aprobación de las concesiones de hidrocarburos, que había sido tradicional en el ordenamiento jurídico del país. La Ley de Hidrocarburos volvió a reformarse en 1928, aclarándose el modo de otorgar nuevas concesiones que tuvieran por objeto concesiones anteriormente renunciadas, caducadas o anuladas; y en ese mismo año de 1928 se dictó la Ley de Vigilancia para impedir la contaminación de las aguas por el petróleo, destinada a proteger las colectividades donde se asentaba la industria petrolera, particularmente en la zona del Lago de Maracaibo. La Ley de Hidrocarburos se reformó nuevamente en 1935, y mediante ella se establecieron las ventajas especiales para la Nación en materia de impuestos negociables entre el Estado y el solicitante de concesiones de exploración y explotación; y fue a través de estas normas como fue posible aumentar el impuesto superficial de exploración en las concesiones que se otorgaron a partir de 1935 y en 1936, 1944, 1945, 1956 y 1957.

Con posterioridad a la Constitución de 1925, el texto constitucional se reformó en el período de la dictadura de Gómez tres veces más: en 1928, 1929 y 1931. En la reforma de 1928 se eliminaron las Vicepresidencias establecidas en 1922 y se consagró expresamente en el texto constitucional, en el título relativo a los derechos constitucionales, en la regulación de la libertad de expresión de pensamiento, la prohibición de "la propaganda del comunismo" (art. 32.6)[26], como reacción evidente a los movimientos estudiantiles de febrero de ese año.

4. *La centralización militar*

El centralismo político, proceso que culminó con el texto constitucional de 1925, fue posible por la centralización militar, que llevó a la creación de un Ejército Nacional. Como hemos señalado, la disgregación política federal del siglo pasado había producido la consolidación en 1864 de un sistema de milicias estatales a cargo de cada Entidad político territorial, prohibiéndose al Poder Federal en la propia Constitución situar en un Estado fuerza o jefes militares con mando, y aun cuando fueran del mismo Estado o de otro, sin

---

26 Artículo 32, ordinal 6. La única fuente de oposición política al gobierno de Gómez estuvo centrada en los grupos estudiantiles. *V*. D. H. Levine, *Conflict and Political Change in Venezuela*, Princeton Legacy Library, Princeton, 1973, p. 22. *V. La Oposición a la Dictadura Gomecista* (El movimiento estudiantil de 1928. Antología documental), en la colección *El Pensamiento Político del Siglo XX," Gomecismo*, en la colección *El Pensamiento Político Venezolano del Siglo XX,* (Colección dirigida por Ramón J. Velásquez), Caracas: Ediciones Congreso de la República, 1983, tomo V. vol. 1.

permiso del Gobierno del Estado en que se debía situar la fuerza. El sistema federal, por tanto, era contrario a la idea de un Ejército Nacional, aun cuando las Constituciones preveían la existencia de una "fuerza pública nacional" formada "con individuos voluntarios, con un contingente proporcionado quedará cada Estado, llamando al servicio a los ciudadanos que deban prestarlo conforme a las leyes," correspondiendo en todo caso a la Legislatura Nacional el "fijar anualmente la fuerza armada de mar y tierra y dictar las ordenanzas del Ejército."

Sin embargo, como se ha dicho, esa fuerza pública nacional no constituyó la verdadera fuerza de sustentación y defensa de los Gobiernos, sino que ésta estuvo constituida por los Ejércitos particulares que los jefes locales reclutaban en los momentos conflictivos; situación que perduró hasta la llegada al poder de Cipriano Castro, quien a partir de 1900 comenzó a tomar medidas para transformar la fuerza pública nacional, que ya era su "Ejército Restaurador," en un Ejército Nacional. Para ello se realizaron diversas modificaciones constitucionales.

Así en la reforma de 1901 desapareció, por primera vez desde 1864, la norma que prohibía al Gobierno nacional situar en los Estados fuerzas o jefes con mando. Continuaron, sin embargo, coexistiendo la fuerza pública nacional y la de los Estados, pero con el establecimiento del principio de que "todos los elementos de guerra existentes en el territorio de la República, a la promulgación de esta Constitución, pertenecen al Gobierno nacional." En esta forma se nacionalizó la guerra, sus elementos y armas, y aun cuando se siguió permitiendo a los Estados adquirir el armamento y demás elementos de guerra necesarios para su seguridad interior, ello se eliminó en la reforma constitucional de 1904, donde se afirmó que "todos los elementos de guerra pertenecen a la Nación." Ello condujo en 1914, a la reglamentación nacional del régimen de la fabricación, comercio y porte de Armas, lo que originó en 1922 la promulgación de la Ley de la materia, antecedente de la Ley de Armas y Explosivos. Por otra parte, a este proceso de nacionalización del Ejército debe agregarse que a partir de la Constitución de 1901 se había atribuido facultad al Ejecutivo Nacional para utilizar la fuerza pública para poner término a la colisión armada entre dos o más Estados, con lo cual se formalizó le hegemonía militar del Poder Central.

La necesaria formación del Ejército Nacional provocó cambios institucionales de importancia en lo militar. Así la Constitución de 1904 ya había atribuido al presidente de la República la facultad de "dirigir la guerra y mandar el Ejército y la Armada, en persona, o a nombrar quien haya de hacerlo," lo que si bien se eliminó en el Estatuto Constitucional Provisorio de 1914, en el cual por primera vez a nivel constitucional se reguló el Ejército Nacional, cuya conducción se atribuyó a "un Comandante en Jefe," que, por supuesto, fue el General Gómez, se volvió a consagrar en la Constitución de 1914, porque Gómez volvió a ser presidente, agregándose dentro de las atribuciones presidenciales, la de "organizar el Ejército y la milicia nacionales." Esto permaneció hasta la Constitución de 1929, en la cual con motivo de la separación del General Gómez de la Presidencia la República, se previó una disposición transitoria, conforme a la cual el Congreso, para el período constitucional 1929–1936, debía elegirse un Comandante en Jefe del Ejército Nacional, "quien mandará el Ejército, la Aviación y la Marina," resultando, por supuesto electo el General Gómez. La renuncia de Juan Bautista Pérez a la Presidencia de la República en 1931 provocó la asunción de Gómez, de nuevo, de la Presidencia, reformándose la Constitución otra vez para atribuirle de nuevo la facultad de "mandar el Ejército, la Aviación y la Marina por sí mismo o por medio de la persona o personas que designe" y dirigir la guerra, refundiéndose el cargo de Comandante en Jefe con el de presidente.

En esta forma, reflejado en los textos constitucionales, el Ejército Nacional fue una de las grandes creaciones de los Gobiernos de Castro y Gómez y, por supuesto, el principal instrumento para la centralización política y la eliminación del caudillismo federal. Como reflejo de ello, la Academia Militar, creada en 1903, comenzó a funcionar a partir de 1910; y lo mismo ocurrió en 1912 con la Escuela Náutica de Venezuela en Puerto Cabello, y en 1920 con la Escuela de Aviación Militar en Maracay. En 1911 también había comenzado a funcionar la Escuela de Aplicación Militar para incorporar la vieja oficialidad al proceso de profesionalización, y en 1912 la Escuela de Clases para los niveles militares inferiores. El Ministro de Guerra y Marina, por su parte, fue el brazo ejecutor administrativo del proceso de centralización, control y dirección de las Fuerzas Armadas que asumió el presidente Gómez; y el Ejército Nacional fue el instrumento del Gobierno para el mantenimiento del orden interno en el país. La centralización militar en una fuerza nacional, con la eliminación de las fuerzas estatales, comandada racionalmente, fue así causa, efecto y soporte de la centralización política que se produjo en el Estado nacional.

Esta centralización militar tuvo, por supuesto, un reflejo importantísimo en la legislación de la materia, particularmente en los Códigos Militares. Desde 1873 ya existía en el país un Código Militar, verdadero cuerpo reglamentario exhaustivo de la vida militar de 1.488 artículos, que había sido reformado en 1882 (1.687 artículos). Sin embargo, fue en 1904 cuando sufre una importantísima reforma que lo lleva a 1.953 artículos, casi más extenso que los propios Códigos Civiles de la época. Asimismo, en 1903 se dictó el Código de la Marina de Guerra (1.574 artículos), reformado luego en 1904. Estos textos fueron luego sustituidos por la Ley Orgánica del Ejército y la Armada de 1933, antecedente de la actual Ley Orgánica de las Fuerzas Armadas Nacionales. En la materia también debe mencionarse la Ley del Servicio Militar Obligatorio de 1926, reformada en 1933, antecedente de la Ley de Conscripción Militar. En 1933, además, se dictó el Código de Justicia Militar y Naval, sustituido luego por el Código de Justicia Militar de 1938, antecedente directo del actualmente vigente.

5. *La centralización fiscal*

Pero el proceso de centralización del Estado, con sus elementos políticos y militares, se manifestó también en el ámbito de los ingresos públicos, particularmente los tributarios. En efecto, en el esquema federal del siglo pasado los ingresos públicos se repartieron entre el nivel federal y el de los Estados. Correspondieron siempre al Poder Federal los impuestos de aduanas, lo que por lo demás eran los más importantes, además de ser la renta aduanera el único arbitrio rentístico seguro que poseía la República. Este estaba integrado básicamente por los impuestos a las importaciones, pues las propias Constituciones prohibían gravar las exportaciones, dada nuestra dependencia de la exportación de productos agrícolas (café, cacao, etc.).

Los Estados, por su parte, durante el siglo XIX tuvieron entre sus atribuciones la libre administración de sus productos naturales, incluidas las minas, con la aclaratoria constitucional de que "las salinas las administrarán con entera independencia del Gobierno central," como lo indicaba la Constitución de 1874.

En la Constitución de 1881 se precisó esta repartición de competencias tributarias, la cual quedó establecida en la forma siguiente: como tributo nacional se establecieron los aduaneros, "cuyas rentas formarán el Tesoro de la Unión;" y para los Estados se establecieron los siguientes ingresos como rentas propias: primero, las dos terceras partes del total que produjera en todas las aduanas de la República el impuesto que se cobraba como contribución de tránsito, aun cuando de esto una tercera parte debía reservarse al Poder Federal para invertirse en el fomento del país; y segundo, las dos terceras partes de lo que produjeran las minas, terrenos baldíos y salinas, que a partir de 1881 comenzaron a ser administradas por el Poder Federal, aún cuando ello también debía reservarse al Poder Federal una tercera parte para ser invertido en el fomento del país.

Esas rentas de los Estados, que a partir de 1881 comenzaron a ser percibidas por el Poder Federal, se distribuían entre todos los Estados de la Federación, con proporción a la población que cada uno tuviera. El proceso de vaciamiento del federalismo, desde el ángulo de los ingresos en esta forma, puede decirse que comenzó con la asunción nacional de la Administración de Rentas Estatales y lentamente va a continuar hasta comienzos del siglo XX. Un paso en este sentido fue la precisión, de 1893, de la posibilidad del

Congreso de suprimir o reducir por Ley nacional los ingresos de los Estados, aun cuando en esos casos el Congreso debía establecer la manera de devolver a los Estados la parte de la renta que se suprimiera, norma que se mantuvo posteriormente hasta que desaparecieron materialmente los ingresos propios de los Estados en el periodo de consolidación del Estado centralizado, a partir de 1899, que es cuando se produce la completa centralización de las rentas públicas en el nivel nacional.

Es cierto que la Constitución de 1901 continuó previendo como rentas de los Estados el producto de los impuestos territoriales o de tránsito que se cobraran en las Aduanas, el ingreso derivado de las minas, terrenos baldíos y salinas, a lo cual se agregó el producto del papel sellado y el impuesto sobre sus productos naturales no provenientes de terrenos baldíos; y que en la Constitución de 1904 se agregó a las rentas de los Estados una cuota, parte de la renta de tabaco y de aguardiente. Sin embargo, a partir de 1901 expresamente los Estados delegaron al Congreso la facultad de crear y organizar la renta básica de los mismos (art. 6, ord. 29°), con lo cual su manejo lo asumió el Poder Federal.

Este proceso de centralización tributaria a nivel nacional se consolidó en la Constitución de 1925, en la cual se estableció la figura del Situado Constitucional, que era para cada Estado la parte que proporcionalmente a su población le correspondiera de una suma fija, que debía erogarse del Tesoro a favor de los Estados "en compensación de la renta proveniente de sus tierras baldías y de las demás que anteriormente constituían dicho Situado." En dicho texto, sin embargo, continuaron enumerándose como rentas de los Estados, el impuesto del papel sellado, que luego pasó a ser competencia nacional en los años cuarenta del siglo XX, y el impuesto al consumo, con una serie de limitaciones que lo hicieron materialmente inexistente.

En esta forma, el centralismo del Estado, como producto del período histórico que concluyó en 1945, se evidencia en el campo tributario o de los ingresos al nacionalizarse todos ellos, y al desaparecer las rentas propias de los Estados y depender éstos del Situado Constitucional. Con ello se inició el desarrollo progresivo del derecho tributario en el país.

III. EL PROCESO DE CENTRALIZACIÓN ADMINISTRATIVA Y LEGISLATIVA EN LOS ORÍGENES DEL *DERECHO ADMINISTRATIVO A COMIENZOS DEL SIGLO XX*

1. *La centralización de la Hacienda Pública*

En el proceso de consolidación del Estado centralizado en el primer tercio del siglo XX, deben también destacarse las medidas de centralización administrativa que se operaron en la segunda década del siglo XX, y que condujeron a la reforma de la Hacienda Pública, motorizada por el ministro Román Cárdenas, que dio paso a la consolidación de buena parte del derecho administrativo nacional. Esta centralización fiscal tuvo varias manifestaciones, incluso a nivel legislativo. La primera de ellas consistió en la centralización en el Ministerio de Hacienda de la administración de los ingresos públicos, con lo cual el Gobierno nacional adquirió el control directo y total sobre los recursos fiscales. A principios del siglo XX, hemos dicho, los ramos de ingresos estaban constituidos por la renta aduanera, que era la más importante, y por los otros ramos de la renta interna. La administración de la mayoría de éstos, sin embargo, no se hacía por las oficinas publicas, sino por particulares, mediante concesión o arrendamiento, lo cual, por lo demás, hacía que su rendimiento efectivo fuera inseguro, constituyendo ingresos nominales que no llegaban a realizarse íntegramente.

Precisamente, en contraste con esta situación, la centralización administrativa de estas rentas se produjo por la asunción progresiva por parte de la Administración Pública de la Hacienda de su administración y manejo. Así en 1905 el Gobierno asumió la administración de la renta de estampillas, creada por el Decreto de 1870, que estableció la instrucción obligatoria y gratuita y que se administraba por arrendamientos. En 1908 se rescindió el contrato de arrendamiento de la renta de fósforo, y esta contribución pasó a ser administrada por el Ministerio de Fomento.

Posteriormente, en 1914, el Ministerio de Hacienda asumió directamente el manejo de la renta de cigarrillos, recaudada mediante estampillas de cigarrillos y papel timbrado oficial, la cual se administraba también por el sistema de contrato de concesión. A partir de 1915 el mismo Ministerio va controlando progresivamente la administración de la renta de licores y aguardientes; y en 1916 el Estado asume también directamente la renta de salinas, que también estaba arrendada.

En cuanto a la renta aduanera, el producto de la misma tampoco era percibido directamente por el Ministerio de Hacienda en virtud del contrato que el Gobierno tenía celebrado desde finales del siglo XIX con el Banco de Venezuela, mediante el cual aquél se comprometió a entregar a dicho Instituto bancario el producto de las rentas de la aduanas marítimas y terrestres, a lo cual se había también agregado el producto de la renta de papel sellado, registros, tierras baldías, almacenaje, minas, producto de los consulados y subvenciones por contratos especiales. Aun después de constituido el Banco Central de Venezuela, el Servicio de Tesorería lo siguió prestando el Banco de Venezuela como Banco auxiliar, mediante contrato aprobado por Ley. En todo caso, en materia aduanera, en 1915 se realizó una profunda reforma con el cambio del arancel de aduana sustituyéndose el sistema empírico tradicional por un conjunto de denominaciones científicas genéricas que permitieron una identificación más segura.

Debe señalarse, por otra parte, que la renta minera, escasa antes de 1925, a partir de ese año, por la explotación petrolera, se convirtió en el renglón más importante de renta interna comparado con los rubros tradicionales, llegando en ese año a aportar el 33 por ciento del total de la renta interna y el 14 por 100 de la renta global. Al final del período gomecista la renta minera llegó a proporcionar más de la mitad del total de la renta global, y Venezuela pasó a ser el segundo país productor y primer exportador de petróleo. Sin embargo, la ausencia de impuestos directos en el país (excepto el de sucesiones, de escaso rendimiento) y la liberalidad impositiva respecto de la industria petrolera, reflejadas, entre otros aspectos, en la exoneración de los derechos de importación de maquinaria y equipo, no permitieron que revirtiera al país en esa época mayor porcentaje de la riqueza petrolera, situación que llevó al ministro Gumersindo Torres a afirmar en 1931 que "había sido preferible no cobrar impuesto alguno de explotación en cambio del pago de los derechos de aduana exonerados."

A pesar de esta escasa participación del sector público en los beneficios de la riqueza petrolera producidas por las empresas concesionarias, los recursos provenientes de la industria a partir de los años veinte el siglo XX contribuyeron a la consolidación del Estado centralizado, el cual contaba entonces con mayores recursos fiscales y con una centralización en el Ministerio de Hacienda de la recaudación y fiscalización de las rentas públicas. La Hacienda pública, como concepto administrativo fiscal, con dirección y administración centralizada en despacho ministerial, contribuyó así a afianzar el Estado centralizado.

Pero la centralización fiscal y la estructuración de la Hacienda se debió también a la introducción definitiva en la Ley Orgánica de la Hacienda Pública de 1918 del principio de la Unidad del Tesoro y, por tanto, de la no afectación de rentas a gastos específicos. Este principio quizás fue el mecanismo que más contribuyo a la centralización fiscal del Estado; y aun cuando su concepto hoy es elemental, sin embargo en 1915 fue realmente revolucionario en relación a la situación precedente, que era la contraria.

En efecto, hasta 1915 rigió en Venezuela el sistema de "apartados" que consistía en destinar determinado ramo de rentas para cubrir con sus ingresos determinado ramo de gastos. Como ejemplos deben citarse el "fondo de abolición," derivado de la Ley de 1854 de abolición de la esclavitud, y que afectaba rentas, por ejemplo por destilación en alambiques, para destinarlas al pago de la indemnización que se debía a los antiguos propietarios de esclavos.

El Servicio de Instrucción Pública, creado en 1870, funcionó hasta 1915 mediante la afectación para el sostenimiento de las escuelas, del producto íntegro del impuesto nacional de estampillas, llamadas de escuela, que gravaba la circulación de títulos, a lo cual se agregó el producto del impuesto de estampillas de correo, de timbres y papel timbrado para cigarrillos y de derechos de registro.

El sistema de apartados, por ejemplo, afectó invariablemente determinadas rentas para atender las necesidades de crédito público, por lo que casi todos los empréstitos extranjeros suscritos desde 1823 contaron con cláusulas por las cuales se afectaban ramos de rentas para el pago del servicio de interés y amortización de los capitales. Por ejemplo, en el Protocolo de Washington de 1903, celebrado a raíz del bloqueo por armadas europeas a los puertos venezolanos ese año, se comprometió para su cumplimiento el 30 por ciento de las entradas aduaneras de los puertos de La Guaira y Puerto Cabello, llegándose a estipular que si el Gobierno dejaba de cumplir dicha obligación, la Administración de las Aduanas se pondría a cargo de "funcionarios belgas" hasta que las deudas quedaran satisfechas. Asimismo, en el Convenio de París de 1905, respecto de las deudas inglesas y alemanas, se afectó el 60 por 100 de los derechos de aduana que se produjeran en las otras aduanas del país para pagarlas.

Con el principio de la Unidad del Tesoro desapareció el sistema de apartados y se concentró en el Tesoro la totalidad de los ingresos para con ello cubrir la totalidad de los gastos, con lo cual el Estado asumió el control directo de las rentas. Con posterioridad la ruptura del principio de la Unidad del Tesoro en la Ley Orgánica de Hacienda de 1928 se permitió sólo mediante la creación de los Institutos autónomos, que pasaron a ser instrumentos de descentralización funcional claves en la organización de la Administración Pública.

La reforma de 1918, por otra parte, incidió en el Presupuesto, el cual comenzó a ser un programa de gastos y de ingresos destinados a cubrirlos. Con anterioridad, y como consecuencia del sistema de apartados, la Ley del Presupuesto se limitaba a repartir el monto probable de las contribuciones que se votaban primero, para luego votar los gastos, los cuales quedaban limitados por el total de los ingresos probables. La consolidación del sistema presupuestario fue otro signo de la centralización fiscal del Estado.

2. *La centralización administrativa: la Administración Pública.*

Por supuesto, el proceso de centralización política y fiscal mediante la asunción de competencias por el nivel federal, lo cual se reflejó en las sucesivas reformas constitucionales que ampliaron las materias que los Estados reservaron al Poder nacional, se materializó además en el establecimiento de un cada vez más poderoso aparato administrativo del Poder central integrado por los Ministerios como brazo efectivo del Estado centralizado, con lo cual puede decirse que se configuró efectivamente el objeto fundamental del derecho administrativo: la Administración Pública.

En efecto, cuando Cipriano Castro asumió el poder estaba vigente la Ley de Ministerios de 1898, en la cual se establecieron los Despachos de Relaciones Interiores, Relaciones Exteriores, Hacienda, Crédito Público, Guerra y Marina, Instrucción Pública, Fomento (Agricultura, Industria y Comercio) y de Obras Públicas y de Correo y Teléfonos. Esos nueve Ministerios en la Ley de 1913 se redujeron a los siete que habían salido de la Administración guzmancista: Relaciones Interiores, Relaciones Exteriores, Hacienda, Guerra y Marina, Fomento, Obras Públicas e Instrucción Pública, los cuales permanecieron en igual número a pesar de que la Ley de Ministerios se reformó en seis ocasiones hasta 1929 (1915, 1920, 1922, 1926, 1928 y 1929).

En esas reformas sucesivamente fueron ampliándose las competencias ministeriales en los más variados órdenes. Sin embargo, sólo fue en la reforma de 1931 cuando se creó un nuevo Ministerio, el de Salubridad y Agricultura y Cría, y sólo será en la reforma de 1936 cuando se crearon los Ministerios de Sanidad y Asistencia Social, de Agricultura y Cría y de Comunicaciones, llegándose a nueve Despachos Ministeriales. Posteriormente (hasta 1976, cuando se produjo una reforma ministerial importante con la creación de nuevos Ministerios) sólo se crearán el Ministerio del Trabajo (1945), el Ministerio de Justicia y el Ministerio de Minas e Hidrocarburos (1950).

Debe señalarse además que en 1910 se había creado la Secretaría General de la Presidencia de la República, que recogió la Ley de Ministerios de 1926, como órgano de asistencia al presidente para la conducción del Gobierno. El Estado centralizado que emergió de la dictadura gomecista, por tanto, contaba con una Administración pública poderosa que sucesivamente fue configurándose en torno a los Ministerios, en los cuales se había formado una nueva burocracia, alentada por la estabilidad del régimen y por los mayores recursos fiscales provenientes de las actividades petroleras. Esta centralización administrativa provocó además con las reformas de la Hacienda pública, la aparición por primera vez en nuestra estructura administrativa, como antes se dijo, de la que una "Administración descentralizada," con la creación en 1928 de dos Institutos autónomos: el Banco Agrícola y Pecuario y el Banco Obrero.

Después de 1935, sin duda, el proceso de centralismo administrativo en el nivel nacional se hará hasta la época contemporánea con estos instrumentos paradójicamente "descentralizados," pues será mediante los Institutos autónomos nacionales que el Poder nacional penetrará en todos los ámbitos nacionales avasallando las ya reducidas competencias estatales y municipales a costa, ciertamente, del progreso en muchos órdenes. Así, desde estas Instituciones nacionales, el Estado centralizado comenzó a prestar, por ejemplo, los servicios de electrificación, teléfonos, abastecimiento de aguas, recolección de aguas negras e incluso recolección de basura, y construirá, por ejemplo, viviendas populares y vías de comunicación.

3. *Centralización legislativa*

Por último, el proceso de consolidación del Estado centralizado en las primeras tres décadas del siglo XX se reflejó también en una importante obra de centralización legislativa, consecuencia, además, del progreso que tuvieron las ciencias jurídicas en el país bajo el Gobierno autocrático de Gómez. Este desarrollo y centralización legislativa tuvo dos vertientes: en el ámbito de la codificación general y en materia legislativa especial, lo que se configuró como el nódulo esencial del surgimiento del derecho administrativo.

En el campo de la codificación en materias civiles y penales, durante la consolidación del Estado centralizado se produjeron importantes reformas en los Códigos fundamentales, que, como se ha dicho, en el sistema federal del siglo XIX se había configurado como una disidencia del mismo, en virtud de que siempre la legislación civil, criminal y procesal fue nacional o federal y nunca de la competencia estatal. Así, durante las tres primeras décadas del siglo XX, en esta forma, el Código Civil se reformó en 1916 y 1922; el Código Penal en 1904, 1912, 1915 y 1926; el Código de Comercio en 1904 y 1919; el Código de Procedimiento Civil en 1904 y 1916, y el Código de Enjuiciamiento Criminal en 1904, 1911, 1915 y 1926. En esta tarea intervinieron los mejores juristas de la época, habiéndose producido en ese período un importante desarrollo del pensamiento jurídico, teniendo como resultado una influyente bibliografía y la aparición tanto en Caracas como en el interior de reputadas revistas jurídicas.

Como resultado de ese proceso, lo cierto es que la legislación penal vigente sigue siendo básicamente la concebida en el Código Penal de 1926, con ligeras reformas; el Código de Procedimiento Civil vigente hasta 1986 fue el de 1916; el Código de Comercio de 1919, que había refundido las Leyes de Bolsa de 1917, la Ley de Sociedades Cooperativas de 1917 y la Ley sobre Actividades de Sociedades Extranjeras en Venezuela de 1918, sólo sufrió ligeras reformas en 1956; y el Código de Enjuiciamiento Criminal de 1916 configuró el proceso penal hasta la promulgación del Código Orgánico Procesal Penal de 1998/2001. Sólo el Código Civil sufrirá modificaciones importantes después de 1935, en 1942 y recientemente en 1982, al igual que el Código de Procedimiento Civil, en 1985.

Pero en el campo de la legislación especial, el proceso de centralización legislativa en el Estado nacional fue más notorio y contrasta con la situación del sistema federal del siglo XIX, con lo cual se dio paso efectivamente a la consolidación del derecho administrativo en el país, mediante una legislación nacional que vino a sustituir a los viejos Códigos de Policía de cada Estado, que regularon su actividad administrativa y que como se dijo, fueron sin duda los antecedentes evidentes de la mayoría de los aspectos de la legislación especial del siglo XX.

Por ello, el proceso de centralización de competencias en el nivel federal se hizo a costa de las competencias de los Estados dándose inicio o consolidándose una legislación nacional, dictada en materias que antes estaban reguladas en los viejos Códigos de Policía de los Estados. En el período de Castro y Gómez, por tanto, surgió la legislación fundamental en todos los órdenes por el vaciamiento de competencias estatales, transfiriéndose además muchas de dichas competencias a los Distritos autónomos establecidos a partir de 1904. Esto se regularizó en la Constitución de 1925, dando origen, en consecuencia, a nuevas Ordenanzas de Policía, dictadas entonces a nivel de las Municipalidades, muchas de las cuales continúan en su concepción básica aún vigentes.

En materia de legislación especial administrativa, en todo caso, fue en las primeras décadas del siglo XX cuando se comenzaron a regular coherentemente los aspectos fundamentales de la vida del país como reflejo del centralismo. Así, dejando aparte los cuerpos normativos en materia de organización administrativa, militar, tributaria y fiscal, a los cuales hemos hecho referencia, en este período, entre las más importantes, se producen las siguientes legislaciones básicas, en las cuales están los antecedentes de muchas de las normas que están en la legislación vigente:

En materia de actividades crediticias, si bien las primeras regulaciones sobre Bancos dataron en 1860 (Ley de Bancos de Depósitos y Circulación), 1894 (Ley de Bancos Hipotecarios) y 1895 (Ley de Bancos), la Ley de Bancos se reformó en 1903, 1904, 1910, 1911, 1913, 1918, 1926 y 1935, dictándose además la Ley de Cédulas Hipotecarias en 1916. En 1928 se dictó, además, la primera Ley sobre Inspección y Vigilancia de las Empresas de Seguros.

La legislación relativa a la educación se sancionó en su concepción moderna en 1915 y 1924. Antes de 1915 existía el Código de Instrucción Pública de 1897 (con reformas en 1904, 1905, 1910 y 1912), pero en 1915 fue que se promulgaron, en sustitución del Código, la Ley Orgánica de Instrucción, la Ley de Instrucción Obligatoria, la Ley de Inspección Oficial de la Instrucción, la Ley de Instrucción Primaria Pública, la Ley de Instrucción Secundaria Pública, la Ley de Instrucción Especial, la Ley de Instrucción Normalista Pública, la Ley de Instrucción Superior y la Ley de Certificados y Títulos Oficiales, las cuales sufrió reformas importantes en 1926. Allí, sin duda, están los antecedentes, pero con una técnica legislativa superior, de la actual Ley Orgánica de Educación. En 1904, además, se creó la Academia Nacional de Medicina, en 1915 la Academia de Ciencias Políticas y Sociales y en 1917 la Academia de Ciencias Físicas, Matemáticas y Naturales.

En materia de sanidad, en 1912 se dictó la primera Ley de Sanidad Nacional, con reformas posteriores en 1919, 1920 y 1923, y que fue el antecedente de la muy importante Ley de 1942; además, en 1912 se dictó la Ley de Vacunas, en 1913 la Ley de Defensa Sanitaria Vegetal y Animal, en 1915 la Ley de Ejercicio de la Farmacia y en 1930 la Ley de Narcóticos.

En el campo laboral, en 1928 se dictó la primera Ley del Trabajo, reformada luego en 1936, en la cual está el antecedente inmediato de la actual legislación en la materia.

En el área de protección de los recursos naturales renovables, en 1910 se dictó la Ley de Bosques, y luego en 1915 la Ley de Montes y Aguas, con reformas en 1921. En 1931 se promulgó la Ley de Bosques y Aguas, reformada en 1935, antecedente inmediato de la Ley Forestal de Suelos y Aguas de 1966, pero con una técnica legislativa muy superior a la misma.

En el campo de los recursos naturales no renovables, el viejo Código de Minas, cuyo origen se sitúa en 1845, se sustituyó en 1915 por la Ley de Minas, que luego se reformó, sucesivamente en 1918, 1920, 1922, 1925, 1928, 1934 y 1936, conforme avanzó la explotación del subsuelo. Además, en 1920 se dictó la Ley de Hidrocarburos y demás minerales combustibles, que sustituyó los viejos Reglamentos de carbón, petróleo y sustancias similares de 1904, 1914 y 1918. Estas normas dieron origen, posteriormente, a la Ley de Hidrocarburos de 1936, reformada en 1938 y 1942. Esos cuerpos normativos estuvieron vigentes hasta 1999 y 2000, cuando se sancionaron las nuevas Ley Orgánica de Hidrocarburos y la Ley de Minas.

Por supuesto, en este período de principios del siglo XX, los avances de las comunicaciones dieron origen a nuevas necesidades de regulación legal, por lo que en 1920 se dictó la Ley de Aviación; y en 1915 se había comenzado a regular el tráfico por carreteras, que, concluyó luego en la Ley de Tránsito Terrestre de 1926. En 1912 se dictó la Ley de Concesiones Ferrocarrileras, substitutiva de una regulación dispersa del siglo XIX; en 1909 se dictó la Ley de Telégrafo y Teléfonos, sustituyendo las viejas leyes orgánicas del Telégrafo Nacional de 1899, y en 1921 se reguló la radiotelegrafía.

A los efectos del proceso de electrificación, en 1928 se dictó la Ley de Servidumbre de Conductores Eléctricos. En 1909 se promulga la Ley de Expropiación por Causa de Utilidad Pública y Social, substitutiva de viejos decretos legislativos del siglo XIX sobre restricciones a la propiedad; y para regular las obras públicas en ese mismo año se dictó el Decreto Reglamentario de Obras Públicas., que nunca se logró sustituir ni actualizar en el país. Estos instrumentos facilitaron el desarrollo de las comunicaciones mediante la construcción de carreteras, lo que condujo a la integración física del país.

Un último aspecto debe destacarse, en particular de la Constitución de 1925 en relación con el progreso jurídico y el desarrollo del derecho administrativo, fue la introducción del control judicial de la legalidad de los actos administrativos por la vía contencioso administrativa, al establecerse por primera vez, en su artículo 120, la posibilidad de que la Corte Federal y de Casación declarase "la nulidad de los Decretos o Reglamentos que dictare el Poder Ejecutivo para la ejecución de las leyes cuando alteren su espíritu, razón o propósito de ellas;" es decir, se previó la posibilidad de un recurso contencioso administrativo de anulación pero sólo contra actos administrativos generales o individuales dictados por el presidente de la República. Esta atribución de la Corte fue luego ampliada respecto de todos los actos administrativos a partir de la Constitución de 1931 (artículo 120, ordinal 12) cuando estuviesen viciados de ilegalidad o abuso de poder. Fue luego en la Constitución de 1961 que la atribución de la Corte Suprema de Justicia en materia contencioso administrativa de anulación se amplió, para evitar equívocos, para declarar la nulidad de los actos administrativos generales o individuales contrarios a derecho e incluso por desviación de poder (artículo 206), lo cual se recogió en la Constitución de 1999 (art. 259).

Sin embargo, en materia del entonces llamado contencioso administrativa de plena jurisdicción, desde la Constitución de 1881 (artículo 145) la Corte Suprema tenía atribución para "conocer de las controversias que resulten de los contratos o negociaciones que celebre el Poder Ejecutivo por sí solo o por medio de agentes."

En la Constitución de 1925, y a partir de ella, esta atribución fue precisada al atribuirse a la Corte Federal y de Casación la facultad de "conocer en juicio contencioso de todas las cuestiones sobre nulidad, caducidad, resolución, alcance, interpretación, cumplimiento y cualesquiera otra que se susciten entre la nación y los contratistas o concesionarios a consecuencia de contratos celebrados por el Ejecutivo Federal" (artículo 120, ordinal 13). En la Constitución de 1961, sin embargo, se eliminó toda referencia a esta competencia, pasando a ser regulada en la Ley Orgánica de la Corte Suprema de Justicia. También en materia del entonces llamado contencioso de plena jurisdicción, a partir de la Constitución de 1925, se atribuyó a la Corte Federal y de Casación, competencia para "conocer enjuicio contencioso y en los casos que determine la Ley, de las reclamaciones por daños y perjuicios que se propusieren contra la Nación, y de todas las demás acciones por sumas de dinero que se intenten contra ella" (artículo 120.15). En la Constitución de 1947, esta competencia se declaró como procedimiento contencioso administrativo (artículo 24 y 220.12), y sólo en la Constitución de 1961 fue que se le atribuyó competencia específica a los órganos de la jurisdicción contencioso administrativa para "condenar al pago de sumas de dinero y a la reparación de daños y perjuicios originados en responsabilidad de la Administración" (artículo 47 y 206 C. 1961; art. 259, C. 1999).

Con la regulación del control judicial de la actividad administrativa, sin duda, en aplicación del principio de legalidad el derecho administrativo comenzó a adquirir sustancia propia en el país.

IV. SOBRE EL ORIGEN DE LA ENSEÑANZA DEL DERECHO ADMINISTRATIVO A PARTIR DE 1909

Todo lo anterior, precisamente como consecuencia del inicio de la centralización política, administrativa y legislativa en Venezuela, no sólo entonces originó el derecho administrativo en el país, sino que la disciplina comenzó a enseñarse como asignatura específica en la Universidad Central de Venezuela, particularmente en Caracas,[27] con la creación por el Ejecutivo Nacional mediante Decreto de 4 de enero de ese año,[28] de la *Cátedra de Derecho Administrativo* luego convertida a partir de 1.924, en la *Cátedra de Derecho Administrativo y Leyes Especiales*.[29]

Ello explica que en 1912 hubieran aparecido en diversos números de la *Revista Universitaria,* el texto de las *Lecciones de Derecho Administrativo*

---

27 *V.* Allan R. Brewer-Carías, "Una pincelada histórica sobre el sistema de enseñanza del Derecho Administrativo," en Víctor Hernández Mendible (Coordinador), *Desafíos del Derecho Administrativo Contemporáneo (Conmemoración Internacional del Centenario de la Cátedra de Derecho Administrativo en Venezuela*, Tomo I, Ediciones Paredes, Caracas 2009, pp. 23-78

28 *V.* en *Recopilación de Leyes y Decretos de Venezuela,* Tomo XXXII-1909, Caracas 1913, p. N° 6, Decreto N° 10.475.

29 *V.* J. M. Hernández Ron, "Historia del Derecho Administrativo Venezolano" en *Revista del Colegio de Abogados del Distrito Federal,* Año II, N 6, Colegio de Abogados del Distrito Federal, Caracas julio de 1938, pp. 96 y 97. Este trabajo está reproducido en la obra *Textos Fundamentales del Derecho Administrativo (Cien años de la creación de la Cátedra de Derecho Administrativo de la Universidad Central de Venezuela)*, Academia de ciencias Políticas y Sociales, caracas 2010, pp. 39-81.

del profesor Federico Urbano,[30] primer titular de la Cátedra en la Universidad Central de Venezuela hasta 1.912,[31] en las cuales, además de estudiar lo que denominó la "Materia del Derecho Administrativo": que era la exposición de "todo lo que contribuya a hacer eficaces los derechos políticos de los ciudadanos y a satisfacer aquellas necesidades que se originan de la acción colectiva o del desenvolvimiento de las fuerzas -sociales, y que es necesario para la realización del fin racional del Estado"[32]; las fuentes del derecho administrativo,"[33] y las "Cualidades de la Administración," donde estudiaba la moralidad y la centralización, concluyendo que entre nosotros, era "imposible establecer la total centralización de la administración pública, por cuanto los Estados ejercen todo el poder que expresamente no han delegado al poder central en la carta fundamental"[34]; también estudiaba todo lo concerniente a la los órganos administrativos, el Poder Ejecutivo, el presidente, Ministros del Despacho y la organización de los Ministerios; así como la escasa legislación especial existente a la época relativa al Censo Electoral; a las Elecciones; a la Bandera, Escudo, Sello e Himno Nacionales; a; Orden Público; a los Cultos, y al Registro Público.

En el primer programa de la asignatura de derecho administrativo, contenida en el Programa general o *Sinopsis de las Asignaturas de Ciencias Políticas, de conformidad con el Reglamento de Exámenes Nacionales* de 1915,[35] sin embargo, ya se enumeraban las siguientes materias que se estudiaban en la disciplina agrupadas en 56 temas, así:

"1. Noción y origen del Estado; 2. Relaciones del Estado y del Individuo; 3. Concepto del Derecho Administrativo. Su definición; 4. El Derecho Administrativo como ciencia especial. Sus relaciones con las de-

---

30 *V.* en el número correspondiente a febrero de 1910, año III, p. 62 la nota del anuncio del inicio de dicha publicación. Vid. Asimismo los suplementos de los números de 1910 y 1912 de la *Revista Universitaria,* en la Biblioteca Rojas Astudillo, Caracas. El texto de la "Exposición del derecho administrativo venezolano" del profesor Urbano se reprodujo en la obra *Textos Fundamentales del Derecho Administrativo (Cien años de la creación de la Cátedra de Derecho Administrativo de la Universidad Central de Venezuela),* Academia de ciencias Políticas y Sociales, caracas 2010, pp. 7-37.

31 *V.* J.M. Hernández Ron, "Historia del Derecho Administrativo Venezolano" en *Revista del Colegio de Abogados del Distrito Federal,* Año II, N 6, Caracas, Colegio de Abogados del Distrito Federal, julio de 1938, pp. 93 y 114 y ss.

32 *V.* Federico Urbano, *Lecciones de Derecho Administrativo, Revista Universitaria,* Suplementos del año 1910, Caracas: Universidad Central de Venezuela, 1910, p. 13.

33 *V.* Federico Urbano, *Lecciones…, loc. cit.,* Suplementos del año 1910, p. 11.

34 *V.* Federico Urbano, *Lecciones… , loc. cit.,* Suplementos del año 1910, p. 16.

35 *V. Sinopsis de las Asignaturas de Ciencias Políticas, de conformidad con el Reglamento de Exámenes Nacionales,* Caracas, 1915, pp. 29 a 32.

más ciencias y en particular con el Derecho Constitucional; 5. Fuentes del Derecho Administrativo. Su codificación; 6. La Administración como Poder. Naturaleza de la Facultad administrativa en cuanto a los particulares; 7. Caracteres de la Administración como Poder. Principio de la separación de los Poderes, sus limitaciones y excepciones. Aplicación de este principio en materia administrativa; 8. Clasificación de los actos de la Administración como Poder, Potestades Administrativas; actos de Poder y acto de gestión. Importancia de esta última división; 9. Responsabilidad de la Administración Pública, su fundamento, sus límites y la manera de hacerla efectiva; 10. Diferentes sistemas de organización administrativa. De la división territorial del Estado como base de la organización administrativa; 11. De la diversidad y clases de órganos administrativos; y de la jerarquía administrativa y sus consecuencias; 12. De la Personalidad Moral del Estado: Nación, Estados Federales y Municipios. De la personalidad Moral de los Establecimientos Públicos. Definición de estos y su comparación con los establecimientos de utilidad pública; 13. De la Administración General o Central. presidente de la República, ministros y demás Funcionarios Nacionales. Del Consejo de Ministros o Gabinete; 14. De la Administración de los Estados. Atribuciones del Ejecutivo de los Estados Federales. Del Secretario General de dichos Estados; 15. Administración Local. El Municipio. Funciones de los Consejos Municipales; 16. Extraterritorialidad de la Autoridad Administrativa. Protección de los ciudadanos en el extranjero; 17. Organización de los diversos Ministerios; 18. Régimen Administrativo del Distrito Federal; 19. Régimen Administrativo de los Territorios Federales; 20. Noción jurídica de la función pública; 21. Responsabilidad de los Funcionarios Públicos en tesis general. Responsabilidad disciplinaria. Responsabilidad penal. Responsabilidad civil; 22. Responsabilidad de ciertos funcionarios públicos. Teoría de la responsabilidad de los funcionarios públicos aplicada a casos concretos. Presidente de la República y ministros del Despacho. Presidente s de los Estados. Gobernador del Distrito Federal. Gobernadores de los Territorios Federales. Jefes Civiles de Distritos. Cuerpo de Administración; 23. Divisiones de las funciones públicas en cuanto a su objeto o teoría de los Servicios Públicos. Servicios esenciales y servicios facultativos; 24. Clasificación de los servicios esenciales; 25. De los derechos políticos de los ciudadanos en relación con los servicios públicos. Las garantías individuales y la administración pública; 26. Servicios públicos relativos a la vida jurídica del Estado. Orden Público. Régimen Penitenciario; 27. Medidas de Orden Público, consideradas en relación con la propiedad individual, con la libertad de palabra, con la libertad de Imprenta, con la libertad de reunión; 28. Leyes de Policía. Leyes de Imprenta; 29. Servicios Públicos relativos a la vida física del Estado. Policía Sanitaria en general: Policía Sanitaria epidémica; 30. Servicios Públicos relativos a la vida moral del Estado. Régimen de los cultos, en relación con libertad de conciencia; 31. Servicios públicos relativos a la vida económica del Estado. Arbitrios rentísticos. Monopolios del Estado; 32. Medidas de higiene en relación con el derecho de propiedad con la libertad de industrias, y con el ejercicio del comercio. Reglamentación de ciertas profesiones; 33. Servicios Públicos relativos a los medios materiales del Estado. Dominio público, y dominio privado del Estado; 34. Divisiones del dominio público: Terrestre, Marítimo, Fluvial, caminos Públicos. Su mantenimiento y desarrollo. Vías férreas y demás de comunicación. Reglamento de Ferrocarriles. Reglamento de vehículos de tráfico en las Poblaciones; 35. Aguas marítimas, aguas terrestres y su régimen administrativo. Reglamentación de las diferentes clases de pesca; 36. Minas, tierras baldías y montes. Su régimen administrativo; 37. Dominio Privado del Estado. Su división: Nacional, de los Estados Federales y de los Municipios. Sus clases: dominio privado afectado a los servicios públicos y dominio privado no afectado. Acreencias del Estado. Deudas del Estado. Procedimiento y competencia para hacerlas efectivas. Limitación a la libre ejecución de los fallos condenatorios de la Administración Pública; 38. Administración del Dominio Privado del Estado; 39. Servicios relativos a los medios personales del Estado. Defensa. Nacional. Servicio Militar. Servicio Naval; 40. Negociaciones con Estados extranjeros. Tratados Públicos Internacionales; 41. Servicios Públicos relativos a los medios del Estado en relación con sus fines. La Hacienda Pública. Presupuestos y Contabilidad. Rentas y contribuciones. Obras Públicas; 42. El servicio de trabajos públicos en relación con la propiedad particular. Expropiación por causa de utilidad pública. Servidumbres legales de utilidad pública; 43. Servicios facultativos del Estado, Beneficencia Pública e Instituciones de previsión. Pensiones; 44. Servicios públicos facultativos en materia comercial. Cámara de Comercio; 45. Servicios públicos facultativos en materia económica. Bancos del Estado; 46. Servicios públicos facultativos en materia agrícola; 47. Servicios públicos facultativos en materia Intelectual. Institutos de Bellas Artes. Exposiciones; 48. Concesiones de privilegios. Su régimen. Ley de Patentes de Invención y de marcas de Fábrica y de Comercio. Relaciones con el derecho de propiedad individual y con la libertad de Industrias; 49. El Servicio de Instrucción Pública. Diversas clases de enseñanza; 50. El Servicio de Correos y Telégrafos. Su régimen Administrativo; 51. Control de los actos de la Administración. Diferentes clases de control. Control legislativo y control administrativo. La administración ante el Poder Legislativo. El Tribunal de Cuentas; 52. Tribunales de Hacienda y Tribunales llamados

Federales. Procedimiento ante unos y otros. Materias de su competencia; 53. Relaciones de la Administración con la Justicia de los Tribunales ordinarios; 54. Procedimientos especiales en materias administrativas reglamentadas por leyes propias; 55. Jurisdicción administrativa autónoma. Concepto de lo contencioso administrativo; 56. Sistemas de los Estados que carecen de jurisdicción administrativa autónoma. Sistema venezolano."

A partir de 1922 se encargó de la *Cátedra de Derecho Administrativo y Leyes Especiales*, el profesor Federico Álvarez Feo, quien realizó una obra de sistematización más acabada, que contrastaba en relación con la situación anterior, con indudable influencia de la doctrina francesa y especialmente de la obra de Bérthelémy,[36] la cual se reflejó en el Programa correspondiente a la asignatura de 1927,[37] de su trabajo publicado en la *Revista Astrea* bajo el título "Distribución de los Servicios Públicos entre las diversas entidades Administrativas Venezolanas,"[38] y del Curso que dictó en la Universidad Central de Venezuela entre 1920 y 1930.[39]

En el Programa antes indicado, se trataban las siguientes materias, reflejándose ya en su conformación, el impacto que ya tenían las leyes especiales administrativas que se habían recién dictado:

"I.   EL Derecho Administrativo

II. El Campo del Derecho Administrativo. 1. Limitación Teórica de los Servidos que debe prestar el Estado. 2. Descripción de los servicios esenciales de Venezuela. 3. Descripción de los servicios de carácter facultativo.

III. Principios generales de la Organización Administrativa. 1. Separación y reciproca independencia de los tres poderes. 2. Personalidad moral de las entidades administrativas. 3. Naturaleza jurídica de las

---

36   *V*. J. M. Hernández Ron, "Historia del Derecho Administrativo Venezolano" en *Revista del Colegio de Abogados del Distrito Federal*, Año II, N 6, Caracas, Colegio de Abogados del Distrito Federal, julio de 1938, p. 129.

37   *V*. en *Anales de la Universidad Central de Venezuela*, Año XV, Tomo XV, N° 4, octubre a diciembre 1927, Caracas 1927, pp. 301-306.

38   *V*. Federico Álvarez Feo, "Distribución de los Servicios Públicos entre las diversas entidades Administrativas venezolanas," en *Revista ASTREA*, Año III, N° 29 Ciudad Bolívar, mayo 1927, pp. 110-124.

39   *V*. Federico Álvarez Feo, "Curso de Derecho Administrativo," reproducido en la obra: *Textos Fundamentales del Derecho Administrativo (Cien años de la creación de la Cátedra de Derecho Administrativo de la Universidad Central de Venezuela)*, Academia de ciencias Políticas y Sociales, caracas 2010, pp. 85-362.

funciones públicas. 4. Nombramiento y remoción de Funcionarios públicos. 5. Responsabilidad civil por los perjuicios causados a los particulares en la ejecución de los servicios públicos. 6. Responsabilidad penal de los funcionarios públicos.

IV. Servicios Administrativos esenciales. 1. Primer servicio administrativo esencial: Organización del Estado, de las Entidades Administrativas subalterna y de los diversos organismos administrativos A. Organización General de la Unión Venezolana. B. Distribución de los servicios públicos entre las distintas entidades administrativas venezolanas. C. Organismos Administrativos subalternos de la Unión Venezolana. D. El Poder Municipal. E. La Estadística y el Censo. 2. Segundo Servicio público esencial: Mantener la seguridad exterior por medio del Ejército y de la armada. El Servicio Militar Obligatorio. 3. Tercer servicio público esencial: Mantener el orden público interno por medio de la policía. La policía, Armas y Explosivos. 4. Cuarto servicio público esencial: Velar por la salubridad pública. A. Nociones Fundamentales. B. Servicios destinados a mejorar las condiciones higiénicas generales. 5. Quinto servicio público esencial: La construcción y conservación de las vías de comunicación y demás obras de utilidad general. A. Las obras públicas. B. Las obras y construcciones privadas. C. La construcción de vías férreas. 6. Sexto servicio público esencial: La gestión de los bienes de propiedad pública. A. Las minas. B. Las minas de Hidrocarburos y demás minerales combustibles. C. Las tierras baldías. D. Las Salinas. E. Los Ostrales perlíferos. F. Las aguas del dominio público.

V. Los servicios públicos facultativos. 1. Servicios de carácter intelectual. A. Protección de la propiedad intelectual. B. Suministro de la instrucción por el Estado y supervigilancia de la instrucción suministrada por los particulares. C. Comprobación de los conocimientos adquiridos y expedición de Títulos y Certificados. D. Facilitar y perfeccionar la instrucción. 2. Servicios de carácter económico. A. Intervenir en el transporte de personas y mercancías por ferrocarriles. B. Intervención del Estado en el transporte de correspondencia postal, telegráfica y telefónica. C. Intervención del Estado en el transarte de personas y mercancías por vía aérea. D. Intervención del Estado en la navegación y el comercio marítimo lacustre y fluvial. E. Intervención del Estado en la protección, conservación de los bosques y aguas. F. Intervención y exportación de plumas de garza. G. El Registro Público Venezolano. H. Protección de los inventos mediante la concesión de patentes y privilegios. I. Intervención del Estado en la reglamentación del trabajo. J. Estímulo y protección del comercio. K. Organización del Comercio de Bancos y del crédito en general. L. Protección de las marcas de fábrica y de comercio. M. Establecimiento de un sistema uniforme de pesas y medidas. N. Establecimiento de un sistema uniforme de monedas. Ñ. Fomento del desarrollo económico del país por medio de la inmigración, de la colonización y del resguardo de indígenas. 3. Servicios de carácter moral. A. La asistencia pública. B. Intervención en materia de cultos. C. Creación y estímulo de instituciones de previsión Social. D. Estímulo y recompensa de las virtudes públicas por la concesión de honores y recompensas. E. Conservación y estímulos de los sentimientos patrióticos.

VI. Las contenciones administrativas en Venezuela."

De lo anterior resulta, por tanto, que en cuanto a los orígenes del derecho administrativo en Venezuela, el mismo sin duda se consolida luego del proceso de consolidación del Estrado nacional, mediante el proceso de centralización política, militar, fiscal, tributaria, administrativa y legislativa del Estado; proceso que se produjo en la primera mitad del siglo XX, que fue lo que provocó, además, el inicio del proceso formal de la enseñanza de la disciplina en la carrera de derecho (Ciencias Políticas y Sociales) de la Universidad Central de Venezuela.

New York, marzo 2015

SECCIÓN CUARTA

PANORAMA GENERAL AL
DERECHO ADMINISTRATIVO VENEZOLANO ^(*)

I. BASE CONSTITUCIONAL DEL DERECHO ADMINISTRATIVO

La regulación fundamental sobre la Administración Pública en Venezuela está en la propia Constitución de 1999[1], en la cual, en el *Capítulo I* relativo a "De las disposiciones generales," del *Título IV* sobre "El Poder Público" de la Constitución, se incorporó una *Sección Segunda* relativa específicamente a "De la Administración Pública," con tres artículos: el 141, que establece los principios de la Administración Pública; el 142, sobre la creación de entidades descentralizadas; y el 143, que consagra el derecho a la información administrativa y de acceso a los documentos oficiales. Dichas normas, por supuesto, se aplican a todo el universo de órganos que conforman la Administración Pública, y no sólo a los que ejercen el Poder Ejecutivo.

(*) Texto del trabajo sobre "Introducción General al derecho administrativo venezolano," publicado en *Revista Electrónica de Derecho Administrativo Venezolano*, Centro de Estudios de Derecho Público, Universidad Monteávila, Nº 1, Caracas enero- marzo 2014. pp. 17-137. Este estudio tiene su origen en el trabajo titulado "Un panorama del derecho administrativo en Venezuela" publicado lo en la obra colectiva: Santiago González-Varas Ibáñez (Coordinador), *El derecho administrativo Iberoamericano*, Ministerio de Administraciones Públicas (INAP)-Instituto de Investigación Urbana y Territorial, Granada, España 2005, pp. 745-791; 2ª Edición: *El derecho administrativo en Iberoamérica*, Instituto Nacional de Administración Pública, Madrid 2012, pp. 1473-1584.

1 La Constitución de 1999 originalmente publicada en *Gaceta Oficial* Nº 36.860 de 30 de diciembre de 1999 y republicada en la *Gaceta Oficial* Nº 5.453 Extraordinaria del 24 de marzo de 2000; fue objeto de una Enmienda Constitucional Nº 1 en 2009 publicada en *Gaceta Oficial* Nº 5.908 Extra. de 19–02–2009. *V.* sobre el régimen constitucional relativo a la Administración Pública en la Constitución, Allan R. Brewer–Carías, *La Constitución de 1999. Derecho Constitucional Venezolano*, Tomo I, Editorial Jurídica Venezolana, Caracas 2004, pp. 276 y ss.

1. *La connotación orgánica de la Administración*

En efecto, en Venezuela, conforme a la forma federal que siempre ha tenido el Estado, conforman la Administración Pública, ante todo, los órganos que ejercen el Poder Ejecutivo de las personas jurídicas estatales que integran la Federación, en sus tres niveles territoriales que son la República, los Estados y los Municipios. Estos órganos son los que en general se identifican en el lenguaje jurídico común como "el Poder Ejecutivo," que comprende a la Presidencia de la República y a los Ministerios a nivel nacional (Ejecutivo Nacional), a las Gobernaciones de los Estados en el nivel estadal (Ejecutivo Estadal) y a las Alcaldías (Ejecutivo Municipal) en el nivel municipal. Esos grupos de órganos conforman lo que se denomina en general, la "Administración Central," todos los cuales, sin embargo, de acuerdo con la Ley Orgánica de la Administración Pública de 2008, "en el ejercicio de sus funciones, los mismos deberán sujetarse a los lineamientos dictados conforme a la planificación centralizada."[2]

Pero también integran la Administración Pública, las entidades descentralizadas funcionalmente de cada una de las mencionadas personas estatales político–territoriales, que actúan siempre adscritas y bajo el control de tutela de los órganos ejecutivos de las mismas, sea que hayan sido constituidas mediante ley con forma jurídica de derecho público, como, por ejemplo, los institutos autónomos; o con forma jurídica de derecho privado, como por ejemplo las empresas o fundaciones del Estado. Estas entidades conforman lo que en general se denomina la "Administración Pública Descentralizada."

Pero una descripción como la anterior de la Administración Pública en sentido orgánico, sin duda, en Venezuela sería insuficiente, pues hay otros órganos de las personas jurídicas estatales político–territoriales que pueden considerarse como parte de la Administración Pública, y sin embargo no ejercen el Poder Ejecutivo. En consecuencia, si bien todos los órganos del Estado que ejercen el Poder Ejecutivo están integrados en la Administración Pública; sin embargo, no todos los órganos que conforman la Administración Pública ejercen el Poder Ejecutivo del Estado, pues hay órganos de la Administración Pública que no dependen jerárquicamente del presidente de la República, de los Gobernadores ni de los alcaldes, y que ejercen otros Poderes Públicos distintos del Poder Ejecutivo.

---

2   Esta Ley Orgánica, inicialmente sancionada en 2001, ha sido objeto de múltiples reformas, la última de las cuales en 2008 (Decreto Ley N° 6.217, *Gaceta Oficial* N° 5.890 Extra. de 31–7–2008.). *V.* en general sobre el régimen legal de la Administración Pública, Allan R. Brewer–Carías, Rafael J. Chavero Gazdik y Jesús María Alvarado Andrade, *Ley Orgánica de la Administración Pública. Decreto Ley N° 6217 de 15–07–2008*, Editorial Jurídica Venezolana, Caracas, 2008.

Concentrándonos en el nivel nacional del Estado, es decir, en la República, conforme a la penta división del Poder Público establecida en la Constitución (art. 136), el mismo a nivel nacional se divide en cinco ramas que son las tres clásicas de los Poderes Legislativo, Ejecutivo y Judicial, a los cuales se agregaron los Poderes Ciudadano y Electoral, a cargo todos, de órganos estatales autónomos e independientes entre sí. Por ello, además de aquéllos órganos que ejercen el Poder Ejecutivo, los órganos estatales que ejercen el Poder Ciudadano (el Ministerio Público o Fiscalía General de la República, la Contraloría General de la República y la Defensoría del Pueblo) [3] y los que ejercen el Poder Electoral (el Consejo Nacional Electoral y sus Juntas y Comisiones), [4] si bien son autónomos e independientes del Poder Ejecutivo Nacional y de los otros Poderes Públicos, sin embargo, también son órganos que forman parte de la Administración Pública de la República, aún cuando no sean parte de la "Administración Central."

Igualmente, también conforman a la Administración Pública de la República, los órganos de administración y gobierno del Poder Judicial que a partir de la Constitución de 1999 (al eliminarse en antiguo Consejo de la Judicatura) son dependientes del Tribunal Supremo de Justicia, en particular, la Dirección Ejecutiva de la Magistratura y sus diversas dependencias. [5]

Ahora bien, para regular específicamente a la Administración Pública Central de la República (que ejerce el Poder Ejecutivo Nacional) y a la Administración Pública Descentralizada Nacional, en 2001 se dictó la Ley Orgánica de la Administración Pública, cuyas normas, se decía, también eran aplicaban supletoriamente, a las Administraciones Públicas estadales y municipales, y "a los demás órganos del Poder Público" (art. 1) distintos al Poder Ejecutivo. Sin embargo, como muestra del proceso de centralización

---

3   Regulados en general en la Ley Orgánica del Poder Ciudadano (*Gaceta Oficial* N°
     37.310 de 25–10–2001), y en particular en la Ley Orgánica del Ministerio Público (*Gaceta Oficial* N° 38.647 de 19–03–2007), Ley Orgánica de la Defensoría del Pueblo (*Gaceta Oficial* N° 37.995 de 5–8–2004) y Ley Orgánica de la Contraloría General de la República y del Sistema Nacional de Control Fiscal (*Gaceta Oficial* N° 37.347 de 17–12–2001) *V.* en general, sobre el régimen legal del Poder Ciudadano, Allan R. Brewer–Carías *et al.*, *Ley Orgánica del Poder Ciudadano.(Ley Orgánica del Poder Ciudadano, Ley Orgánica de la Defensoría del Pueblo, Ley Orgánica del Ministerio Público, Ley Orgánica de la Contraloría General de la República)*, Editorial Jurídica Venezolana, Caracas 2005.

4   Regulados en la Ley Orgánica del Poder Electoral (*Gaceta Oficial* N° 37.573 de 19–11–2002).

5   Regulada en la Ley Orgánica del Tribunal Supremo de Justicia (*Gaceta Oficial* N° 39.483 de 9–8–2010. *V.* en general en Allan R. Brewer–Carías y Víctor Hernández Mendible, *Ley Orgánica del Tribunal Supremo de Justicia*, Editorial Jurídica Venezolana, Caracas, 2010.

que se ha desarrollado en el país desde 2000, la reforma de la Ley Orgánica de 2008 estableció directamente que sus normas "serán aplicables a la Administración Pública, incluidos los estados, distritos metropolitanos y municipios, quienes deberán desarrollar su contenido dentro del ámbito de sus respectivas competencias." (art. 2); disponiendo que sus normas de aplican "supletoriamente a los demás órganos y entes del Poder Público" distintos a los del Poder Ejecutivo.

Ahora bien, respecto de todo este complejo orgánico del Estado, que es la Administración Pública, la Constitución dispone que "está al servicio de los ciudadanos" (art. 141); lo que se reitera en el artículo 5º de la Ley Orgánica. En la Ley de 2001 en lugar de "ciudadanos," se había utilizado la palabra "particulares" pus en la Constitución "ciudadano" responde al concepto más restringido de ciudadanía relativo a los titulares de derechos políticos (art. 39); la cual en la reforma de 2008 se sustituyó por la palabra "personas," agregando que en su actuación, la Administración Pública está dirigida a la atención de los requerimientos de las personas y la satisfacción de sus necesidades," brindando especial atención a las de carácter social" (art. 5).

Por su parte, el artículo 3 de la Ley Orgánica agrega que el "principal objetivo" de la organización y funcionamiento de la Administración Pública, es hacer efectivos los principios, valores y normas consagrados en la Constitución y, en especial, garantizar a todas las personas, el goce y ejercicio de los derechos humanos;" lo que conforme se indica en el artículo 19 de la Constitución, implica "garantizar a todas las personas, conforme al principio de progresividad y sin discriminación alguna, el goce y ejercicio irrenunciable, indivisible e interdependiente de los derechos humanos." Por ello, el artículo 5 de la Ley Orgánica también precisa que la Administración Pública debe asegurar a todas las personas la efectividad de sus derechos cuando se relacionen con ella; y además, debe tener entre sus objetivos, la continua mejora de los procedimientos, servicios y prestaciones públicas, de acuerdo con las políticas que se dicten.

2. *La connotación material de la Administración*

Pero adicionalmente a la connotación orgánica, en el derecho administrativo venezolano, la expresión Administración Pública también tiene un sentido material, al identificarse el concepto también con unas *actividades* estatales realizadas con vistas a satisfacer el interés general del propio Estado o de la sociedad, generalmente por los órganos que la integran.

Estas actividades se caracterizan, ante todo, conforme al sistema de formación del derecho por grados que adopta la Constitución, porque son siempre de carácter sub–legal, pues se trata de actividades realizadas en ejecución directa e inmediata de la legislación y sólo indirecta y mediata de la Constitución.

Esta actividad administrativa, por otra parte, no sólo la cumplen los órganos de la Administración Pública en sentido orgánico antes identificados (órganos de las personas jurídicas estatales que ejercen el Poder Ejecutivo, el gobierno y administración del Poder Judicial, el Poder Ciudadano y el Poder Electoral); sino también, otros órganos del Estado como los que ejercen el Poder Legislativo (la Asamblea Nacional, los Consejos Legislativos de los Estados y los Concejos Municipales), o el Poder Judicial (el Tribunal Supremo de Justicia y demás Tribunales de la República) cuando ejercen la función administrativa (por ejemplo, administran su cuerpo de funcionarios o entran en relación con los particulares) o la función normativa de carácter sub–legal emitiendo, por ejemplo, actos reglamentarios. La actividad administrativa como objeto del derecho administrativo, por ello, está también esencialmente vinculada al ejercicio de las diversas funciones del Estado (normativa, de gobierno, administrativa, jurisdiccional y de control).

Además, la actividad administrativa que interesa al derecho administrativo muchas veces se realiza por particulares o por personas jurídicas de derecho privado, incluso, de carácter no estatal, pero que en virtud de la expresa previsión de ley ejercen prerrogativas del Poder Público. Así sucede, por ejemplo, con ciertos actos de las Universidades privadas o de las Federaciones deportivas, como serían los actos sancionatorios, en los casos regulados respectivamente en la Ley de Universidades o en la Ley del Deporte, y que son considerados como actos administrativos[6].

Finalmente, no toda la actividad que realizan algunos órganos que configuran la Administración Pública del Estado, como por ejemplo, la que realiza el presidente de la República, constituye actividad administrativa, sino, como se ha dicho, sólo las actividades que sean de carácter sub–legal. El Jefe del Ejecutivo Nacional y otros órganos del Estado, en efecto, además de realizar actividades en ejecución directa e inmediata de la legislación e indirecta y mediata de la Constitución, ejercen actividades que son formal y sustancialmente distintas de la anterior, realizadas en ejecución directa e inmediata de la Constitución como son las actividades de gobierno.[7] De ello,

---

6   *V.* Allan R. Brewer–Carías, *Estado de Derecho y Control Judicial*, Instituto Nacional de Administración Pública, Alcalá de Henares, Madrid 1987, pp. 498 y ss.

7   *V.* Allan R. Brewer–Carías, *La justicia constitucional,* Tomo VI de *Instituciones Políticas y Constitucionales,* Universidad Católica del Táchira–Editorial Jurídica Venezolana, Caracas–San Cristóbal 1996, pp. 199–226; y "Comentarios sobre la doctrina del acto de gobierno, del acto político, del acto de Estado y de las cuestiones políticas como motivo de inmunidad jurisdiccional de los Estados en sus Tribunales nacionales," en *Revista de*

resultan los actos de gobierno que si bien interesan al derecho administrativo, no se pueden considerar como formando parte de la actividad administrativa.[8]

3. *Administración Pública, derecho administrativo, personalidad jurídica*

Por otra parte, debe indicarse que si bien la Administración Pública, tanto en su connotación orgánica como en su sentido material, constituye el objeto por excelencia del derecho administrativo, no todo el derecho que regula a la Administración Pública, es decir, a los órganos estatales que la conforman o a las actividades administrativas, es derecho administrativo. En otros términos, en el mundo del derecho no existen sujetos de derecho o actividades respecto de los cuales pueda decirse que exclusivamente se rigen por una sola rama del derecho. Así como no se puede decir que las sociedades anónimas sean sujetos de derecho que sólo se regulan por el Código de Comercio, pues también están sometidas al Código Civil, al Código Penal y a todas las leyes de derecho administrativo que por ejemplo regulan diversos sectores de la economía (bancos, seguros, mercado de capitales, etc.); en igual sentido, los órganos de la Administración Pública, además de estar sometidos al derecho administrativo, también están sometidos al derecho civil y al derecho mercantil, por ejemplo.

Por lo demás, esos sujetos de derecho o personas jurídicas estatales que interesan al derecho administrativo, no tienen una configuración uniforme, pues pueden tener la forma de las personas jurídicas de derecho público o la forma jurídica de las personas jurídicas de derecho privado. Por ello, a los órganos de la Administración Pública, si bien regidos por el derecho administrativo, sin embargo, en una forma u otra siempre se les interaplica de manera variable, tanto un régimen de derecho público como un régimen de derecho privado[9]. El derecho administrativo, por supuesto, tiene siempre una

---

Derecho Público, Nº 26, Editorial Jurídica Venezolana, Caracas, abril–junio 1986, pp. 65–68.

8   Sobre el sistema jerarquizado o graduado del orden jurídico, creación de la denominada Escuela Vienesa, *V.* Hans Kelsen, *Teoría Pura del Derecho*, Buenos Aires 1981, p. 135 y ss.; Adolf Merkl, *Teoría General del Derecho Administrativo*, Madrid 1935, pp. 7–62. Sobre dicho sistema en el constitucionalismo venezolano, *V.* Allan R. Brewer–Carías, *Evolución Histórica del Estado, Tomo VI de Instituciones Políticas y Constitucionales,* Universidad Católica del Táchira, Editorial Jurídica Venezolana, Caracas–San Cristóbal 1996, pp. 107–117. *V.* igualmente en Allan R. Brewer–Carías, *Principios Fundamentales del Derecho Público (Constitucional y Administrativo),* Editorial Jurídica Venezolana. Caracas, 2005.

9   *V.* Allan R. Brewer–Carías, "La interaplicación del Derecho Público y del Derecho Privado a la Administración Pública y el proceso de huida y recuperación del Derecho

preponderancia en esta interaplicación, pero el mismo no comprende la totalidad de las normas que se aplican a los órganos de la Administración Pública del Estado ni a la actividad administrativa del mismo. En otras palabras, la Administración Pública se rige por el derecho administrativo, aun cuando en forma no exclusiva ni excluyente.

4. *Encuadramiento del derecho administrativo y sus fuentes*

En todo caso, de lo anterior resulta que, por supuesto, la definición de la Administración Pública como objeto del derecho administrativo sigue siendo esencial para la definición de esta rama del derecho, la cual consideramos que tiene que estar basada en la descripción de dicho objeto. Por ello, bien podría señalarse que el derecho administrativo es aquella rama del derecho público que regula los sujetos de derecho o personas jurídicas que conforman al Estado; la Administración Pública como complejo orgánico de esas personas jurídicas estatales, su organización y funcionamiento; el ejercicio de la función administrativa dentro de las funciones del Estado; la actividad administrativa, siempre de carácter sublegal realizadas por los órganos de las personas jurídicas estatales en ejercicio de las funciones normativas, jurisdiccional o administrativas, o la realizada por los particulares a quienes la ley ha autorizado para ello, su régimen y control; y las relaciones jurídicas que se establecen entre las personas jurídicas estatales o las que desarrollan la actividad administrativas, y los administrados, que moldea las formas de la actividad administrativa.

Con una definición como esta, por supuesto, no cabe hacer intento alguno de adoptar un criterio único para definir el derecho administrativo[10]. No se trata por tanto, ni de una definición orgánica, ni de una definición material, ni de una definición formal, pues no existe un criterio clave absoluto para definir el derecho administrativo ni su objeto: la Administración Pública. La definición debe elaborarse con la mezcla de los diversos crite-

---

Administrativo" en *Las formas de la actividad administrativa. II Jornadas Internacionales de Derecho Administrativo Allan Randolph Brewer–Carías, Caracas, 1996*, Fundación Estudios de Derecho Administrativo (FUNEDA), Caracas, 1996, pp. 23 a 73.

10   *V.* Allan R. Brewer–Carías, "El concepto de derecho administrativo en Venezuela" en *Revista de Administración Pública*, N° 100–102, Vol. I, Madrid, enero–diciembre 1983, pp. 685–704, y en *Estudios de Derecho Administrativo*, Universidad Colegio Mayor Nuestra Señora del Rosario, Bogotá, 1986, pp. 7–24. Con el título "Bases constitucionales del Derecho Administrativo en Venezuela" en *Revista de Derecho Público*, N° 16, Editorial Jurídica Venezolana, Caracas, octubre–diciembre 1983, pp. 5–20; y *El Derecho Público en Venezuela y Colombia, Archivo de Derecho Público y Ciencias de la Administración*, Vol. VII, 1984–1985, Instituto de Derecho Público, Facultad de Ciencias Jurídicas y Políticas, Universidad Central de Venezuela, Caracas, 1986, pp. 215–231.

rios, lo que además responde al contenido heterogéneo y mutable de la actividad administrativa del Estado.

En cuanto a la jerarquía de las fuentes del derecho aplicable a la Administración, la Ley Orgánica de la Administración Pública expresa formalmente el principio de legalidad vinculándolo a la competencia, así:

> *"Artículo 4°*. La Administración Pública se organiza y actúa de conformidad con el principio de legalidad, por el cual la asignación, distribución y ejercicio de sus competencias se sujeta a lo establecido en la Constitución de la República Bolivariana de Venezuela, las leyes y los actos administrativos de carácter normativo dictados formal y previamente conforme a la ley, en garantía y protección de las libertades públicas que consagra el régimen democrático, participativo y protagónico."

Se destaca de esta norma, como se dijo, tanto la indicación formal de la jerarquía de las fuentes del derecho: 1) la Constitución, 2) las leyes y 3) los actos administrativos normativos; como la referencia al principio teleológico de la sumisión a la ley, cuyo fin es la garantía y protección de las libertades públicas propias del régimen democrático. Las fuentes del derecho, además, para ser tales, deben haberse dictado formal y previamente a la actividad que se regule, lo que implica la proscripción de la retroactividad de la ley.

II. LA ORGANIZACIÓN ADMINISTRATIVA NACIONAL, ESTADAL Y MUNICIPAL

1. *Administración y federación*

Como se ha dicho, dada la forma federal del Estado en Venezuela, que conforme al artículo 4 de la Constitución se lo define como un "Estado federal descentralizado," hay tres niveles fundamentales de órganos que integran la Administración Pública y que ejercen el Poder Ejecutivo, por lo que se puede distinguir una Administración Pública Nacional cuyo Jefe es el presidente de la República; una Administración Pública Estadal,[11] cuyos Jefes, en cada uno de los 23 Estados de la Federación, son los Gobernadores; y una Administración Pública Municipal cuyos Jefes, en cada uno de los 338 Municipios del país, son los Alcaldes. Todos esos funcionarios son electos mediante sufragio universal, directo y secreto.

---

11   La palabra "estadal" es un venezolanismo jurídico, y se usa para identificar lo que concierne a los Estados.

Como se dijo, la Constitución y la Ley Orgánica de la Administración Pública contienen principios que se aplican a la Administración Pública de todos los niveles territoriales; y en cuanto a las regulaciones específicas, las mismas se encuentran establecidas en las leyes nacional y estadales y en las Ordenanzas municipales que se dicten por los respectivos órganos titulares de la potestad organizativa. Estos son los que de acuerdo con el artículo 15 de la Ley Orgánica de la Administración Pública pueden crear, modificar y suprimir dichos órganos.

Por tanto, la titularidad de la potestad organizativa sólo puede ser asignada por la Constitución o la ley.[12]

2. *Potestad organizativa, reserva legal y delegación legislativa*

En cuanto a la Constitución, esta atribuye a la Asamblea Nacional potestad organizativa respecto de la Administración Pública Nacional (art. 187,9), así como respecto de otros órganos del Poder Público Nacional como los del Poder Ciudadano (arts. 273, 290); y los del Poder Electoral (art. 292).

La Asamblea Nacional también tiene atribuida la titularidad de la potestad organizativa en materia de organización de los Municipios y demás entidades locales, con la obligación de establecer diferentes regímenes para dicha organización (art. 169).

La Constitución, por otra parte, en relación con la Administración Pública Nacional, estableció la reserva legal sólo en relación con la creación de los institutos autónomos (art. 142); pero en cuanto a la organización de la Administración Pública Nacional centralizada, asignó la potestad organizativa al presidente de la República, en Consejo de Ministros, "dentro de los principios y lineamientos" señalados en la Ley Orgánica (art. 236,20).

En efecto, de acuerdo con lo establecido en el artículo 236.20 de la Constitución, corresponde al presidente de la República en Consejo de Ministros, fijar el número, organización y competencia de los ministerios y otros organismos de la Administración Pública Nacional, así como también la organización y funcionamiento del Consejo de Ministros, dentro de los principios y lineamientos que señale la correspondiente ley orgánica.

Se varió, en esta forma, de manera sustancial, el sistema de la Constitución de 1961, que seguía la tradición constitucional iniciada desde el siglo XIX, y que rigidizaba la organización ministerial que sólo la ley podía determinar (art. 193).

---

12   *V.* Allan R. Brewer–Carías, *Principios del Régimen Jurídico de la Organización Administrativa Venezolana, cit.,* pp. 21 y ss.

En desarrollo de esta potestad organizativa de rango constitucional atribuida al presidente de la República en Consejo de Ministros, el artículo 58 de la Ley Orgánica le atribuye la facultad para fijar, mediante decreto, "el número, denominación, competencia y organización de los ministerios y otros órganos de la Administración Pública Nacional, con base en parámetros de adaptabilidad de las estructuras administrativas a las políticas públicas que desarrolla el Poder Ejecutivo Nacional y en los principios de organización y funcionamiento establecidos en la presente ley."

Conforme a esta atribución, el presidente de la República ha dictado numerosos decretos, sobre organización y funcionamiento de la Administración Pública Central, donde se regulan los Ministerios y se enumeran sus competencias. En dichos decretos se han establecido, además, la estructura organizativa básica de cada Ministerio, integrada por el Despacho del ministro y los Despachos de los viceministros; estando estos últimos integrados en orden jerárquico descendente así: Direcciones Generales, Direcciones de línea y Divisiones (arts. 16 y 17).

Cada Ministerio, en todo caso, debe estar regulado internamente por un Reglamento Orgánico dictado también por el Presidente en Consejo de Ministros, "previa propuesta del respectivo ministro" (art. 18), en el cual se debe determinar la estructura y las funciones de los viceministros y de las demás dependencias que integran cada Ministerio (art. 17).

Uno de los principios fundamentales de la organización administrativa es que los órganos de la Administración Pública deben estar jerárquicamente ordenados y relacionados de conformidad con la distribución vertical de atribuciones en niveles organizativos; estando los órganos de inferior jerarquía, sometidos a la dirección, supervisión y control de los órganos superiores de la Administración Pública con competencia en la materia respectiva (art. 28).

3. *Organización de la Administración Pública Nacional*

Como se dijo, la Ley Orgánica de la Administración Pública, básicamente regula la organización de la Administración Pública Nacional *ejecutiva* (art. 2), estableciendo en sus normas, la clasificación clásica general de la misma que distingue la Administración Pública Central del Poder Nacional (Título III) y de la Administración Pública Nacional Descentralizada funcionalmente (Capítulo II, Título IV). Para ello, la ley Orgánica distingue, entre los órganos y los entes. Así, conforme al artículo 15 de la misma, se entiende como "órganos, las unidades administrativas de la República, de los estados, de los distritos metropolitanos y de los municipios a los que se les atribuyan funciones que tengan efectos jurídicos, o cuya actuación tenga carácter regulatorio; y se entiende que tiene "el carácter de ente, toda organización administrativa descentralizada funcionalmente con personalidad jurídica propia; sujeta al control, evaluación y seguimiento de sus actuaciones por parte de sus órganos rectores, de adscripción y de la Comisión Central de Planificación."

A esta distinción clásica, se agregó en la reforma de la ley Orgánica de 2008, formalizando una práctica desordenada de organización, una nueva organización en la Administración Pública nacional denominada "misiones," la cual se define como "aquellas creadas con la finalidad de satisfacer las necesidades fundamentales y urgentes de la población" (art. 15), y las cuales se han establecido con las más variadas formas jurídicas, sin orden ni concierto, excluidas en muchos casos de la aplicación de las normas de la ley que en general se dirigen a los órganos y entes.[13]

A. *Administración Central*

En cuanto a la organización de la Administración Pública Nacional Central, el artículo 45 de la LOAP distingue dos tipos de *órganos superiores* de la misma: los órganos superiores de dirección y los órganos superiores de consulta, los cuales ejercen el Poder Ejecutivo en los términos del artículo 225 de la Constitución.

La Ley Orgánica enumera como órganos superiores de dirección de la Administración Pública Central a los siguientes: el presidente de la República, el vicepresidente Ejecutivo, el Consejo de Ministros, los ministros y los viceministros. En cuanto a los órganos superiores de consulta de la Administración Pública Central, el artículo 45 de la LOAP enumera los siguientes: la Procuraduría General de la República, el Consejo de Estado, el Consejo de Defensa de la Nación, los gabinetes sectoriales y los gabinetes ministeriales, los cuales también ejercen el Poder Ejecutivo (art. 225 C).

B. *Administración descentralizada*

Además de los principios relativos a la organización de la Administración Pública central nacional, la LOAP establece el régimen general de la organización de la administración pública descentralizada tanto nacional, como estadal y municipal; mediante la creación de personas jurídicas (entes) a las cuales se transfiere la titularidad de determinadas competencias y la responsabilidad de ejecutarlas (arts. 29 y 32 LOAP). Conforme a lo indicado

---

13   *V.* Allan R. Brewer–Carías, "El sentido de la reforma de la Ley Orgánica de la Administración Pública," *Revista de Derecho Público. Estudios sobre los decretos leyes 2008*, Nº 115, (julio–septiembre 2008), Editorial Jurídica Venezolana, Caracas 2008, pp. 155–162.

en el artículo 29 de la LOAP, esta descentralización funcional puede realizarse mediante la creación de personas jurídicas con forma de derecho público o con forma de derecho privado.[14] En cuanto a los entes descentralizados funcionalmente con forma de derecho público, dice la misma norma, están conformados por aquellas "personas jurídicas creadas y regidas por normas de derecho público y que podrán tener atribuido el ejercicio de potestades públicas;" y en cuanto a los entes descentralizados funcionalmente con forma de derecho privado, están conformados por "las personas jurídicas constituidas de acuerdo a las normas del derecho privado y podrán adoptar o no la forma empresarial de acuerdo a los fines y objetivos para los cuales fueron creados y en atención a si la fuente fundamental de sus recursos proviene de su propia actividad o de los aportes públicos, respectivamente."

Entre las primeras, a las cuales como se indicó, se puede atribuir el ejercicio de potestades públicas, está la figura de los institutos públicos (que tradicionalmente se habían denominado como "institutos autónomos," término que la Constitución conservó, art. 142), los cuales se definen en el artículo 95 de la LOAP, como las "personas jurídicas de derecho público de naturaleza fundacional," creadas por ley nacional, estadal u ordenanza municipal, dotadas de patrimonio propio, con las competencias determinadas en estas.[15] La reforma de la Ley Orgánica de 2008, eliminó la tradicional indicación de que el patrimonio de estos entes descentralizados también era "independiente de la República, de los estados, de los distritos metropolitanos y de los municipios, según sea el caso."

Sin embargo, las formas jurídicas de derecho público estatales no se agotan en los institutos públicos, los cuales sin embargo son los únicos que regula la Ley Orgánica, pues también los establecimientos públicos corporativos, como las universidades nacionales y los Colegios profesionales y aquellas personas jurídicas de derecho público específicas, como el Banco Central de Venezuela (art. 318, Constitución), son formas jurídicas de derecho público estatales para la descentralización funcional.

La creación de los institutos públicos sólo puede realizarse mediante ley, conforme lo establece el artículo 142 de la Constitución, a cuyo efecto, el artículo 97 de la LOAP dispone lo que la ley nacional, estadal u ordenanza que cree un instituto autónomo debe contener.

En cuanto a las formas jurídicas de derecho privado de la Administración Pública descentralizada funcionalmente, la LOAP regula detalladamen-

---

14 *V.* Allan R. Brewer–Carías, *Principios del Régimen Jurídico de la Organización Administrativa... cit.,* pp. 115 y ss.

15 *V.* Jesús Caballero Ortiz, *Los Institutos Autónomos,* Caracas 1985.

te a empresas del Estado, a las fundaciones del Estado y a las asociaciones y sociedades civiles del Estado (arts. 102–116). En particular, en cuanto a las empresas del Estado en el artículo 102 de la LOAP, en lo que sin duda fue un error o dislate, pues sería contradictorio con lo previsto en el artículo 29, las definió como "personas jurídicas de derecho público constituidas de acuerdo a las normas de derecho privado"(sic) sin indicar que se tratan de sociedades mercantiles, en las cuales la República, los estados, los distritos metropolitanos y los municipios, o alguno de los entes descentralizados funcionalmente regulados en la Ley Orgánica, solos o conjuntamente, tengan una participación mayor al 50% del capital social.[16] La Ley Orgánica, en consecuencia autoriza a las personas jurídicas político territoriales para constituir estas empresas, se presume como "sociedades anónimas" incluso "con un único accionista," al hacer mención a "derechos societarios" y a la titularidad de "acciones" (art. 105).

A los efectos del control de tutela y de gestión, las entidades descentralizadas nacionales deben estar adscritas a los órganos de la administración pública central nacional, es decir, básicamente a los ministerios respectivos (Arts. 117–118 LOAP).

4. *La "Administración Pública" del Estado Comunal, paralela a la del Estado Constitucional*

Debe destacarse, por otra parte, la creación en 2010 de una "Administración Pública" paralela a la que se regula en la Ley Orgánica de la Administración Pública, establecida no sólo fuera de su ámbito normativo sino del ámbito regulatorio de la propia Constitución donde se regula al Estado Constitucional cuyos órganos ejercen el Poder Público en la antes señalada penta división del Poder; y es la que conforma la "Administración Pública del Estado Comunal," conformada por una serie de órganos que ejercen un "Poder Popular." Ello se ha establecido en un conjunto de las Leyes Orgánicas dictadas en diciembre de 2010, referidas al Poder Popular, a las Comunas, al Sistema Económico Comunal, a la Planificación Pública y Comunal y a la Contraloría Social,[17] que completaron la normativa iniciada con las Leyes Orgánicas de los Consejos Comunales[18] y del Consejo Federal de Gobierno,[19] la reforma de la Ley Orgánica del Poder Público Municipal,[20] y las

---

16   *V.* Allan R. Brewer–Carías, *Régimen de las Empresas Públicas en Venezuela,* Caracas 1981.

17   Todas publicadas en *Gaceta Oficial* N° 6.011 Extra. de 21–12–2010.

18   Inicialmente sancionada en 2006, fue reformada en 2009. *V.* Ley Orgánica de los Consejos Comunales (*Gaceta Oficial* N° 39.335 de 28–12–2009).

19   *V.* en *Gaceta Oficial* N° 5.963 Extra. de 22–02–2010.

reformas de las Leyes de los Consejos Estadales de Planificación y Coordinación de Políticas Públicas, y de los Consejos Locales de Planificación Pública.[21]

Mediante ese conjunto normativo, se ha creado una Administración Pública de un "Estado Comunal," denominado también como "socialista," conformado por las Comunas y los Consejos Comunales, que se han establecido en paralelo a los Municipios y demás entidades locales, con funcionarios que no son electos mediante sufragio, y dispuestos para progresivamente vaciar a estos últimos de competencias y recursos. Otros órganos y entidades creadas han sido las diversas organizaciones socio productivas de un Sistema Económico Comunal, al margen no sólo del derecho mercantil, sino al derecho de las empresas públicas.[22]

III. EL PROCEDIMIENTO ADMINISTRATIVO

La actividad administrativa, ejercida o no por los órganos de las personas jurídicas estatales que conforman la Administración Pública, en todo caso, conforme al principio de legalidad, debe ejercerse por los órganos competentes, ciñéndose a lo establecido en la Constitución y en las leyes, y en particular, conforme al procedimiento legalmente establecido. Las actuaciones realizadas por órganos incompetentes, o sin observancia del procedimiento legalmente prescrito, por tanto, constituyen vías de hecho y vician los actos dictados de nulidad absoluta.

El principio de la legalidad, además, se erige en la Constitución como un principio en el cual se fundamenta la Administración Pública, definiéndoselo como "el sometimiento pleno a la ley y al derecho" (art. 141), y además, destacándose como una de las misiones fundamentales de los órganos del Poder Ciudadano, el velar por "la aplicación del principio de la legalidad en toda la actividad administrativa del Estado" (art. 274).

Ahora bien, uno de los principales signos formales del afianzamiento del principio de la legalidad, ha sido precisamente el sometimiento de la actuación de la Administración Pública a normas procedimentales que aseguren a los administrados un trato justo, basado en la buena fe y en la con-

---

20   *V.* en *Gaceta Oficial* N° 6.015 Extra. de 28–12–2010.

21   Ambas publicadas en *Gaceta Oficial* N° 6.017 Extra. de 30–12–2010.

22   *V.* Allan R. Brewer–Carías, Claudia Nikken, Luis A. Herrera Orellana, Jesús María Alvarado Andrade, José Ignacio Hernández y Adriana Vigilanza, *Leyes Orgánicas sobre el Poder Popular y el Estado Comunal (Los Consejos Comunales, Las Comunas, La Sociedad Socialista Y El Sistema Económico Comunal),* Editorial Jurídica Venezolana, Caracas 2011.

fianza legítima, mediante la previsión de un procedimiento formalmente regulado, en el cual se garantice el derecho a la defensa y, en general, el debido procedimiento administrativo. A tal efecto, Venezuela no ha escapado a la tendencia general que se puede observar en América Latina[23] siguiendo el modelo español de 1958,[24] de la codificación del procedimiento administrativo; habiéndose sancionado en 1982, la Ley Orgánica de Procedimientos Administrativos,[25] cuyas disposiciones se han complementado, además, con las de la propia Ley Orgánica de La Administración Pública antes mencionada y de la Ley de Simplificación de Trámites Administrativos de 1999.[26] Estas últimas dictadas para racionalizar las tramitaciones que realizan los particulares ante la Administración Pública; mejorar su eficiencia, pertinencia y utilidad, a fin de lograr mayor celeridad y funcionalidad en las mismas; reducir los gastos operativos; obtener ahorros presupuestarios; cubrir insuficiencias de carácter fiscal y mejorar las relaciones de la Administración Pública con los ciudadanos.

Por otra parte, en cuanto a los principios del procedimiento administrativo, debe destacarse que es el artículo 141 de la Constitución el que dispone que la Administración Pública se fundamenta en "los principios de honestidad, participación, celeridad, eficacia, eficiencia, transparencia, rendición de cuentas y responsabilidad en el ejercicio de la función pública, con sometimiento pleno a la ley y al derecho;" principios que repite el artículo 12 de la Ley Orgánica de la Administración Pública al precisar que la actividad de la Administración Pública se desarrollará con base en "los principios de economía, celeridad, simplicidad administrativa, eficacia, objetividad, imparcialidad, honestidad, transparencia, buena fe y confianza." Asimismo, dispone la Ley que dicha actividad se debe efectuar dentro de parámetros de racionalidad técnica y jurídica, lo que ya se configura como un límite a la discrecionalidad.

---

23   *V.* Allan R. Brewer–Carías, *Principios del procedimiento Administrativo en América Latina*, Universidad del Rosario, Editorial Legis, Bogotá, 2003.

24   *V.* Allan R. Brewer–Carías, *Principios del Procedimiento Administrativo*, Editorial Civitas, Madrid, 1990.

25   *V.* la Ley Orgánica de Procedimientos Administrativos en *Gaceta Oficial* N° 2.818 *Extraordinaria* de 1–7–81. *V.* además, en Allan R. Brewer–Carías *et al.*, *Ley Orgánica de Procedimientos Administrativos*, Editorial Jurídica Venezolana, 12 edición, Caracas 2001, pp. 175 y ss.; y Allan R. Brewer–Carías, *El derecho administrativo y la Ley Orgánica de Procedimientos Administrativos*, Editorial Jurídica Venezolana, Caracas 1982.

26   *V. Gaceta Oficial* N° 36.845 de 7–12–99. *V.* además en Allan R. Brewer–Carías *et al.*, *Ley Orgánica de Procedimiento Administrativos, cit.*, pp. 199 y ss.

Tales principios, con anterioridad también se habían definido en la Ley Orgánica de Procedimientos Administrativos de 1982, en cuyo artículo 30 se enumeran los de "economía, eficacia, celeridad e imparcialidad." Este conjunto de principios expresados formalmente en la Constitución y las leyes, sin duda, constituyen un arsenal de instrumentos para la protección de los administrados frente a la Administración Pública que, sin duda, alimenta el ámbito del control que los órganos de la jurisdicción contencioso administrativa puedan ejercer sobre la actividad administrativa.

Con la Ley Orgánica de Procedimientos Administrativos, por tanto, se consolidó la formalización o juridificación del derecho administrativo, al positivizarse lo que anteriormente había venido construyendo la jurisprudencia, con gran esfuerzo y lentamente, sobre la base de identificar principios generales de la disciplina.[27] En esa forma, a partir de la entrada en vigencia de la Ley Orgánica se hizo más seguro la posibilidad del control judicial efectivo de la actividad de la Administración Pública, habiéndose erigido dicha Ley en la fuente del derecho administrativo formal más importante, con base en la cual la jurisprudencia ha continuado enriqueciendo nuestra disciplina, como fuente complementaria o accesoria.

La Ley Orgánica de Procedimientos Administrativos, siguiendo la orientación de las leyes similares de América Latina, establece una regulación detallada de los actos administrativos, estableciendo el proceso de su formación, los requisitos de validez, de carácter formal y de orden sustantivo, en particular, la competencia y la motivación de los mismos, su expresión formal expresa o tácita (silencio administrativo), el principio de su irrevocabilidad cuando creen o declaren derechos a favor de particulares, los vicios de nulidad que pueden afectarlos, y que sin embargo permiten su revisión en cualquier momento, aún de oficio, y los recursos para su reconsideración o su revisión jerárquica.

IV. EL ACTO ADMINISTRATIVO Y LOS RECURSOS EN VÍA ADMINISTRATIVA

Como se ha dicho, una de las regulaciones medulares de la Ley Orgánica de Procedimientos Administrativos, por supuesto, y siguiendo la orientación de todas las leyes similares dictadas en América Latina conforme al modelo de la Ley española de 1958, es la relativa a los actos administrativos, su formación, sus efectos, su ejecución y su control interno mediante los

---

27   *V.* por ejemplo, Allan R. Brewer–Carías, *Las Instituciones Fundamentales del derecho administrativo y la Jurisprudencia venezolanas*, Universidad Central de Venezuela, Caracas 1964.

recursos administrativos.[28] En esta materia, las principales regulaciones de la Ley Orgánica se refieren a la previsión de un lapso para la adopción de las decisiones, lo que permite poder accionar contra la carencia administrativa; la regulación de los trámites procedimentales, garantizándose el derecho a la defensa (acceso al expediente; pruebas; notificaciones; recursos); los vicios de nulidad absoluta de los actos administrativos (vicios de orden público o de pleno derecho), como la incompetencia manifiesta, la ausencia absoluta y total de procedimiento, o los vicios en el objeto; y las regulaciones sobre la ejecución forzosa de los actos administrativos, mediante multas. En Venezuela, salvo mediante dichas multas pecuniarias, la Administración Pública no puede sin embargo afectar el patrimonio de los administrados, sino acudiendo a la vía judicial.

Pero al igual que en la generalidad de los países iberoamericanos, el tema medular respecto de los actos administrativos, por supuesto, y particularmente a los efectos de asegurar su control judicial por los órganos de la jurisdicción contencioso–administrativa, es el de su definición, o más propiamente, el de su caracterización particularmente entre los diversos actos estatales.

Conforme al antes mencionado principio que tiene rango constitucional en Venezuela, de la formación del derecho por grados partiendo de la Constitución, puede decirse que toda la actividad administrativa es, ante todo, desde el punto de vista formal, una actividad que siempre es de carácter sublegal, es decir, de ejecución directa e inmediata de la legislación (así las leyes reglamentarias correspondientes no se hayan dictado) y de ejecución indirecta y mediata de la Constitución. Por supuesto, también las actividades judiciales son siempre de carácter sublegal, siendo la diferencia entre una y otra de carácter orgánico, en el sentido que las actividades judiciales siempre las realizan órganos autónomos e independientes en ejecución de la función jurisdiccional, como lo son los órganos que ejercen el Poder Judicial.

Ahora bien, conforme a lo anteriormente expuesto, tanto desde el punto de vista formal como orgánico, esas actividades administrativas pueden distinguirse de las otras actividades estatales, en particular de las legislativas, de gobierno y judiciales.

En efecto, la actividad legislativa está conformada por los actos legislativos, que son las leyes (arts. 187,1 y 203) y los actos parlamentarios sin forma de ley (actos privativos e *interna corporis*) (art. 187). Las leyes, incluso, son formalmente definidas en la Constitución, como los actos sanciona-

---

28   *V.* Allan R. Brewer–Carías, *El derecho administrativo y la Ley Orgánica de Procedimientos Administrativos*, Editorial Jurídica Venezolana, Caracas, 1982, pp. 133. y ss.

dos por la Asamblea Nacional como cuerpo legislador (Art. 203). También pueden considerarse como actos legislativos los decretos leyes o decretos con fuerza de ley, dictados por el presidente de la República previa autorización por una ley habilitante (arts. 203; 236, 8). Todos estos actos legislativos son actos de ejecución directa e inmediata de la Constitución, incluso en los casos de los decretos ley; y su definición es tanto orgánica como formal: orgánica, pues se definen según el órgano que los dicta; y formal, por la graduación que tienen en el ordenamiento jurídico, de ser actos dictados en ejecución directa e inmediata de la Constitución o de rango de ley. Todos estos actos estatales están sometidos al control judicial constitucional que corresponde a la Jurisdicción Constitucional (Sala Constitucional del Tribunal Supremo de Justicia).

Los actos del gobierno, por su parte, como se dijo, son los actos dictados por el presidente de la República en ejercicio sólo de atribuciones constitucionales, y que por ello, no pueden estar regulados o limitados por la Asamblea Nacional mediante leyes. Es el caso, por ejemplo, del nombramiento del vicepresidente Ejecutivo, de la concesión de indultos, de la convocatoria de la Asamblea Nacional a sesiones extraordinarias, y de la disolución de la Asamblea Nacional (Art. 236,3,9,19,21). Los actos de gobierno también son actos de ejecución directa e inmediata de la Constitución, y su definición es tanto orgánica como formal: orgánica, pues se definen según el órgano que los dicta; y formal, por la graduación que tienen en el ordenamiento jurídico, de ser actos dictados en ejecución directa e inmediata de la Constitución. Por ello están sometidos al control judicial constitucional por parte de la Jurisdicción Constitucional (Sala Constitucional del Tribunal Supremo de Justicia).

Los actos judiciales y más propiamente, las sentencias, también se definen por el elemento orgánico y el formal: son actos que sólo pueden emanar de los Tribunales, y tienen unos efectos precisos de verdad legal definidos en el ordenamiento y derivados del valor de cosa juzgada. Se trata, siempre, de actos de carácter sublegal, es decir, dictados en ejecución directa e inmediata de la ley e indirecta y mediata de la Constitución, correspondiendo su control a los propios tribunales, incluyendo el control de casación ante las Salas de Casación del Tribunal Supremo de Justicia.

En la definición de los actos legislativos, de gobierno y judiciales, por lo tanto, hay una identificación entre órgano y acto, además de criterios formales derivados de la formación del derecho por grados, y no necesariamente se definen según criterios materiales o derivados de la función que se ejerce al dictarlos. Por ejemplo, los actos legislativos pueden no tener contenido normativo; y pueden haberse dictado en ejercicio de funciones administrativas o de gobierno; y los actos de gobierno, pueden en cambio tener contenido normativo.

En cambio, en la definición de la actividad administrativa y, en particular, de los actos administrativos, los criterios anteriores no se pueden aplicar en forma lineal, pues estos no se pueden identificar ni orgánica ni funcionalmente: son dictados por los cinco grupos de órganos estatales que ejercen el Poder Público, y se pueden dictar en ejercicio de todas las funciones estatales. Así, tan acto administrativo es un reglamento dictado por cualquier órgano de la Administración Pública o por los Tribunales en ejercicio de la función normativa, como un acto de ejecución presupuestaria o de personal dictado por los órganos de la Administración Pública, los Tribunales o la Asamblea Nacional en ejercicio de la función administrativa; o un acto dictado por los órganos de la Administración Pública en ejercicio de la función jurisdiccional, al decidir una solicitud o un recurso administrativo.

La definición del acto administrativo, por tanto, en contraste con los otros actos estatales, requiere de una mezcla de criterios, dado el carácter heterogéneo de los mismos:[29] Se emplea el criterio orgánico, al identificar como actos administrativos los actos emanados de la Administración Pública como complejo orgánico en ejercicio de las funciones normativa, jurisdiccional o administrativa del Estado. Se utiliza el criterio material, al identificar como actos administrativos los actos dictados por los Tribunales en ejercicio de las funciones administrativa y normativa, los actos dictados por la Asamblea Nacional en ejercicio de funciones administrativas, e incluso, los dictados por entidades privadas autorizadas por ley en ejercicio de funciones normativas y administrativas; y en todo caso, conforme al criterio formal, siempre que se trate de actos de carácter sub–legal, es decir, dictados en ejecución directa e inmediata de la legislación e indirecta y mediata de la Constitución, razón por la cual están sometidos al control judicial por parte de la jurisdicción Contencioso Administrativa (Art. 259, Constitución).

En todo caso, respecto de los actos administrativos, rige el principio de la autotutela, en el sentido de que la Administración Pública puede revisar sus propios actos, corregir errores materiales e incluso revocarlos, siempre que no hayan creado o declarado derechos a favor de particulares. Los vicios de nulidad absoluta de los actos administrativos, taxativamente enumerados en la Ley Orgánica de Procedimientos Administrativos (Art. 19.: por ejemplo, incompetencia manifiesta, ausencia absoluta de procedimiento, vicio en

---

29   *V.* en general, Allan R. Brewer–Carías, "El problema de la definición del derecho administrativo" en *Libro Homenaje al profesor Eloy Lares Martínez,* Tomo I, Universidad Central de Venezuela, Caracas 1984, pp. 25–78.

el objeto), sin embargo, conforme a la propia ley Orgánica (Art. 83), pueden motivar su revisión en cualquier tiempo, incluso de oficio, siempre garantizándose el debido procedimiento administrativo.

Además, los administrados pueden requerir el control de la legalidad y de la oportunidad de los mismos ante la propia Administración Pública mediante el ejercicio de los recursos administrativos tradicionales, es decir, del recurso jerárquico (o de apelación ante el superior jerárquico), del recurso de reconsideración (que se ejerce ante la misma autoridad que dictó el acto) y del recurso de revisión (ante el superior jerárquico por hechos sobrevenidos) regulados todos en la Ley Orgánica de Procedimientos Administrativos. Estos recursos administrativos permiten a los interesados exigir el control de la legalidad de los actos dentro de la propia Administración, además de que les permite exigir un control y revisión de la oportunidad de los actos cuestionados. Es decir, en el ámbito administrativo puede decirse que además de la garantía de la legalidad, existe la garantía del control de la oportunidad o inoportunidad de una actuación administrativa.

Por último, en relación con los actos administrativos, además de aquéllos con efectos particulares, están los que tienen efectos generales, es decir, contenido normativo. Entre estos últimos, están los Reglamentos que en Venezuela son actos administrativos.

En relación con los reglamentos rige, por supuesto, el principio de la reserva legal establecido en la Constitución, como consecuencia del cual, el artículo 87 de la Ley Orgánica de la Administración Pública dispone que los reglamentos no pueden regular materias objeto de reserva de ley, ni infringir normas con dicho rango. Además, sin perjuicio de su función de desarrollo o colaboración con respecto a la ley, los reglamentos no pueden tipificar delitos, faltas o infracciones administrativas, establecer penas o sanciones, así como tributos, cánones u otras cargas o prestaciones personales o patrimoniales de carácter público.

Además, conforme al artículo 88 de la LOAP, la elaboración de los reglamentos de leyes debe ajustarse obligatoriamente al siguiente procedimiento:

"1. La iniciación del procedimiento de elaboración de un reglamento se debe llevar a cabo por el ministerio competente según la materia, mediante la elaboración del correspondiente proyecto, al que se debe acompañar un informe técnico y un informe sobre su impacto o incidencia presupuestaria.

2. A lo largo del proceso de elaboración se debe recabar, además de los informes, los dictámenes correspondientes y cuantos estudios y

consultas se estimen convenientes para garantizar la eficacia y la legalidad del texto.

3. Elaborado el texto se debe someter a consulta pública para garantizar el derecho de participación de las personas, de conformidad con lo dispuesto en los artículos 138 y siguientes de la propia Ley Orgánica. Durante el proceso de consulta las personas, directamente o a través de las comunidades organizadas, pueden presentar propuestas y formular opiniones sobre la gestión de los órganos y entes de la Administración Pública, así como participar en la elaboración de los instrumentos de contenido normativo (art. 138).

4. Aprobado el reglamento por el presidente de la República en Consejo de Ministros, entrará en vigencia con su publicación en la Gaceta Oficial de la República, salvo que el mismo disponga otra cosa."

Lo importante de este régimen de consulta pública, es que la ley orgánica es que conforme al artículo 140 de la misma Ley Orgánica, se prohíbe a los órganos o entes públicos aprobar normas o remitir a otra instancia proyectos normativos que no sean sometidos a consulta pública, sancionándose como nulas de nulidad absoluta, las normas que sean aprobadas por los órganos o entes públicos o propuestas por éstos a otras instancias sin que hayan sido consultadas según el procedimiento establecido (Art. 140).

V. LOS CONTRATOS DEL ESTADO Y EL CONTRATO ADMINISTRATIVO

1. *Los contratos de interés público*

En materia de contratos del Estado, en la Constitución de 1999, como en tantas otras materias, puede decirse que se consolidó un importante proceso de constitucionalización del derecho administrativo de los contratos públicos.[30] En dicho texto, en efecto, en relación con los contratos públicos o contratos de la Administración, se regulan los contratos celebrados por las personas jurídicas *estatales*; denominándolos como "contratos de interés público," expresión equivalente en general a la de contratos públicos, del Estado o estatales.[31]

---

30 *V.* Allan R. Brewer–Carías, "Algunos aspectos del proceso de constitucionalización del Derecho administrativo en Venezuela," en *V Jornadas internacionales de Derecho Administrativo Allan Randolph Brewer Carías, Los requisitos y vicios de los actos administrativos,* FUNEDA, Caracas, 2000, pp. 21 a 37.

31 . *V.* Allan R. Brewer–Carías, *Contratos Administrativos,* Editorial Jurídica Venezolana, Caracas, 1992, pp. 28 y ss.

En efecto, en la sección cuarta relativa a "De los contratos de interés público" del Capítulo I "Disposiciones fundamentales" del Título IV "Del Poder Público" de la Constitución, se regula el régimen de los mismos, de manera que la denominación genérica comprende tres especies de contratos, de acuerdo con el sistema constitucional de distribución vertical del Poder Público: contratos de interés público *nacional*, contratos de interés público *estadal* y contratos de interés público *municipal* (art. 150), los cuales son los suscritos, respectivamente, por los tres órdenes de personas jurídicas estatales mencionadas (la República, los Estados y los Municipios), las cuales, en general, ejercen el Poder Público en sus tres niveles territoriales, respectivamente.

En consecuencia, todos los contratos tanto de interés nacional, como de interés estadal o municipal, son, por supuesto, contratos de "interés público" (artículo 150, 151) en el mismo sentido que la noción de Poder Público (Título IV de la Constitución) comprende al Poder Nacional, a los Poderes de los Estados y al Poder Municipal.[32]

En consecuencia, un contrato de interés público nacional, es aquél que interesa al ámbito nacional (en contraposición al ámbito estadal o municipal), porque ha sido celebrado por una persona jurídica estatal nacional, de derecho público (la República o un instituto público) o de derecho privado (empresa del Estado). Por tanto, no serán contratos de interés público *nacional* aquéllos que son de interés público estadal o municipal, celebrados por personas jurídicas estatales de los Estados o de los Municipios, incluyendo los institutos públicos y empresas del Estado de esas entidades político–territoriales.[33]

2. *La superada noción de "contratos administrativos"*

La noción de "contrato administrativo," en cambio, no tiene rango constitucional en Venezuela y legalmente sólo se había utilizado hasta 2010, en la Ley Orgánica del Tribunal Supremo de Justicia a los efectos de atribuir

---

32   *V.* Allan R. Brewer–Carías, *El Poder Público: Nacional, Estadal y Municipal*, Tomo II, *Instituciones Políticas y Constitucionales*, Universidad católica del Táchira, Editorial Jurídica Venezolana, Caracas–San Cristóbal, 1996, pp. 11 y ss.

33   *V.* en general, Jesús Caballero Ortiz, "Los contratos administrativos, los contratos de interés público y los contratos de interés nacional en la Constitución de 1999," en *Estudios de Derecho Administrativo: Libro Homenaje a la Universidad Central de Venezuela*, Volumen I, Imprenta Nacional, Caracas, 2001, pp. 139–154; Allan R. Brewer–Carías, "Los contratos de interés público nacional y su aprobación legislativa" en *Revista de Derecho Público*, Nº 11, Caracas, 1982, pp. 40 a 54; Allan R. Brewer–Carías, *Contratos Administrativos*, Caracas, 1992, pp. 28 a 36; Allan R. Brewer–Carías, *Debate Constituyente (Aportes a la Asamblea nacional Constituyente)*, Tomo II, *op. cit.*, p. 173.

competencia al órgano de mayor jerarquía de la Jurisdicción Contencioso Administrativa (la Sala Político Administrativa del Tribunal Supremo) para conocer de las controversias relativas a los mismos. En ausencia de una ley general sobre contratos del Estado o sobre contratos administrativos, ello originó en el pasado, por supuesto, una intensa actividad jurisprudencial y doctrinal tendiente a identificar dichos contratos administrativos, los cuales en definitiva se enmarcaron por su objeto vinculado a la prestación de un servicio público o a las obras públicas o por la inclusión en los mismos de las llamadas cláusulas exorbitantes del derecho común.

El problema central, en esta materia para la determinación de qué debía entenderse por contrato administrativo, había girado en torno a la distinción entre contratos administrativos y contratos de derecho privado de la Administración; la cual si bien parecía haberse superado definitivamente en Venezuela, fue desde 1976 en la derogada Ley Orgánica de la Corte Suprema de Justicia al haber atribuido expresa y exclusivamente a la Sala Político–Administrativa de la Corte Suprema de Justicia (Art. 42, Ord. 14) la competencia referida en materia de "contratos administrativos."

A pesar de dicha norma y de su equivalente en la también derogada Ley Orgánica del Tribunal Supremo de Justicia de 2004[34] (Art. 5, párrafo 1º,25), sin embargo, estimamos que la distinción no tenía sustantividad firme, ya que no había ni puede haber contratos de derecho privado de la Administración, regidos exclusivamente por el derecho privado, que excluyan el conocimiento de los mismos a la jurisdicción contencioso–administrativa.[35] En realidad, todos los contratos que celebra la Administración están sometidos en una forma u otra al derecho público y a todos se les aplica también el derecho privado, teniendo según su objeto, un régimen preponderante de derecho público o de derecho privado;[36] por lo que estimábamos que la dis-

---

34   *V.* Ley Orgánica del Tribunal Supremo de Justicia (*Gaceta Oficial* Nº 37.042 de 19–05– 2004. *V.* en general en Allan R. Brewer–Carías, *Ley Orgánica del Tribunal Supremo de Justicia,* Editorial Jurídica Venezolana, Caracas, 2004.

35.   *V.* Allan R. Brewer–Carías, «La evolución del concepto de contrato administrativo» en *El Derecho Administrativo en América Latina, Curso Internacional,* Colegio Mayor de Nuestra Señora del Rosario, Bogotá 1978, pp. 143–167; *Jurisprudencia Argentina,* Nº 5.076, Buenos Aires, 13–12–1978, pp. 1–12; *Libro Homenaje al Profesor Antonio Moles Caubet,* Tomo I, Facultad de Ciencias Jurídicas y Políticas, Universidad Central de Venezuela, Caracas, 1981, pp. 41–69; y Allan R. Brewer–Carías, *Estudios de Derecho Administrativo,* Bogotá, 1986, pp. 61–90; y «Evoluçao do conceito do contrato administrativo» en *Revista de Direito Publico* Nº 51–52, Sao Paulo, julio–diciembre 1979, pp. 5–19.

36.   *V.* Allan R. Brewer–Carías, *Contratos Administrativos,* Caracas, 1992, pp. 46 y ss.; y "La interaplicación del derecho público y del derecho privado a la Administración Pública y el proceso de huida y recuperación del derecho administrativo" en *Las Formas*

tinción no tenía fundamento alguno, y menos cuando en Venezuela nunca ha habido dualidad de jurisdicciones (judicial y administrativa) que fue lo que en Francia fue el verdadero sustento de la distinción.[37]

Así como no puede haber acto unilateral dictado por los funcionarios públicos que no sea un acto administrativo, tampoco existen contratos celebrados por la Administración que no estén sometidos en alguna forma al derecho público, por lo que la terminología empleada en las ahora derogadas Leyes Orgánicas de la Corte Suprema de 1976 y del Tribunal Supremo de 2004, en realidad, a lo que habían conducido era a confusiones, contradicciones y dilaciones. Por ello pronto, no había demanda que se intentase en relación a contratos celebrados por la Administración en la cual no se plantease el problema de la competencia: si la demanda se intentaba ante la jurisdicción ordinaria, se alegaba la naturaleza administrativa del contrato; en cambio, si se intentaba ante el Tribunal Supremo de Justicia, se alegaba el carácter de derecho privado" del contrato.

Todo ello y la discusión sobre los contratos administrativos como categoría específica en los contratos del Estado puede decirse que desapareció, a eliminarse de la Ley Orgánica del Tribunal Supremo de 2010 la noción misma de contrato administrativo y no incluirse la misma en la ley Orgánica de la Jurisdicción Contencioso Administrativa de ese mismo año[38] para la delimitación de la competencia judicial; y además, al no haberse empleado la terminología en la Ley sobre Contrataciones Públicas de 2008, reformada en 2010.[39] Esta, en efecto, habla de contratos del Estado o contratos públicos, y en cuanto a la atribución de competencia entre los diversos tribunales de la Jurisdicción Contencioso Administrativa para conocer de controversias sobre contratos suscritos por entes públicos, la Ley Orgánica de la misma no establece distinción alguna entre contratos administrativos y otros que podrían no serlo, de manera que todas las demandas sobre contratos públicos son del conocimiento de los tribunales de la jurisdicción contencioso administrativas.

---

de la Actividad Administrativa. II Jornadas Internacionales de Derecho Administrativo Allan Randolph Brewer–Carías, Fundación de Estudios de Derecho Administrativo, Caracas, 1996, pp. 59 y ss.

37. *V.* Jesús Caballero Ortíz, "Deben subsistir los contratos administrativos en una futura legislación?," en *El Derecho Público a comienzos del siglo XXI. Estudios homenaje al Profesor Allan R. Brewer–Carías,* Tomo II, Instituto de Derecho Público, UCV, Editorial Civitas Ediciones, Madrid, 2003, pp. 1773 y ss.

38 *V.* Ley Orgánica de la Jurisdicción Contencioso Administrativa (*Gaceta Oficial* 39.451 de 22–6–2010).

39 *V.* Ley de Contrataciones Públicas en *Gaceta Oficial* Nº 39.503 de 6–9–2010.

Por otra parte, debe recordarse que en la determinación de cuándo se estaba en presencia de un contrato administrativo o no, ello dependía en mucho del interés circunstancial de la Administración, pues además de que todo contrato que celebre tienen algún interés público envuelto o se celebra vinculado a un servicio público, las llamadas cláusulas exorbitantes del derecho común que caracterizan a los contratos administrativos, no necesitan estar expresas en el texto del contrato, sino que son inherentes a las potestades de la Administración y se presumen en los contratos estatales. Dependía, por tanto, del recurso que hiciera la Administración en un momento dado a estas cláusulas (por ejemplo, para rescindir el contrato), para que el contrato se calificara o no de administrativo, lo que hacía insegura la distinción. De allí, incluso las dudas y variaciones jurisprudenciales, particularmente con relación a contratos municipales de compra–venta de inmuebles municipales, que llevó a la antigua Corte Suprema a considerarlos algunas veces como contratos administrativos[40] y otras veces como contratos de derecho privado.[41]

3.   *El régimen constitucional sobre los contratos públicos*

En todo caso, la Constitución establece un conjunto de regulaciones relativas a todos los contratos del Estado, y que, por supuesto, se aplicaban también a los llamados contratos administrativos.

En cuanto a las incompatibilidades o prohibiciones, por ejemplo, la Constitución establece una prohibición general a los funcionarios públicos, más genéricamente, a quienes estén al servicio de los órganos de las personas estatales, de celebrar contrato alguno con ellas (art. 145). Además, el artículo 190 de la Constitución prohíbe a los diputados a la Asamblea Nacional ser propietarios, administradores o directores de empresas que contraten con personas jurídicas estatales.

Por otra parte, la Constitución de 1999 regula en algunas normas específicas la posibilidad de contratos de interés público inter–gubernamentales o interadministrativos, es decir, celebrados ente personas jurídicas estatales. Los primeros serían aquéllos que se celebran entre la República y los Estados o Municipios, o entre éstos, y que, por lo general, derivan de los procesos de descentralización política y, en particular, de transferencia de competencias entre los entes territoriales.

---

40.   Sentencia de 11–08–83, *Revista de Derecho Público*, N° 16, Editorial Jurídica Venezolana, Caracas, 1983, p. 164.
41.   Sentencia de 26–06–80, *Revista de Derecho Público*, N° 4, Editorial Jurídica Venezolana, Caracas, 1980, p. 146.

En efecto, el artículo 157 de la Constitución establece que la Asamblea Nacional, por mayoría de sus integrantes, puede atribuir a los Municipios o a los Estados determinadas materias de la competencia nacional, a fin de promover la descentralización. Con fundamento en una norma similar que estaba en la Constitución de 1961, en 1989 se dictó la Ley Orgánica de Descentralización, Delimitación y Transferencia de Competencias del Poder Público,[42] en la cual se regularon los contratos inter–gubernamentales que se debían celebrar entre la República y los Estados, precisamente, para el desarrollo de procesos de transferencia de competencias nacionales hacia los Estados y de asunción por éstos de las mismas.

La Constitución de 1999 regula, ahora, además, la posibilidad de que los Estados descentralicen y transfieran los servicios y competencias que gestionen a los Municipios, siempre que los mismos estén en capacidad de prestarlos, así como la administración de los respectivos recursos dentro de las áreas de competencias concurrentes entre ambos niveles territoriales del Poder Público (art. 165). Ello también puede dar origen a contratos intergubernamentales de orden local para materializar las transferencias y regular la gestión de las mismas.

Además, entre estos contratos de interés público intergubernamentales están los acuerdos de mancomunidad municipal, mediante los cuales los Municipios se pueden asociar para la realización de una actividad en común (art. 170). También están los contratos de interés público interterritoriales, es decir, aquéllos suscritos por los Municipios entre sí o entre la República y los Municipios o los Estados y los Municipios para fines de interés público. En tal sentido, el artículo 170 de la Constitución establece que los Municipios pueden "acordar entre sí o con los demás entes públicos territoriales, la creación de modalidades asociativas inter–gubernamentales para fines de interés público relativos a materias de su competencia." De ello deriva la posibilidad de contratos de interés público de carácter asociativo, Inter–gubernamentales.

Debe señalarse, por último, en relación con estos contratos intergubernamentales e interadministrativos, que la Constitución regula la competencia de la jurisdicción contencioso–administrativa para conocer de controversias derivadas de la ejecución de los mismos, así como las controversias administrativas que se susciten entre la República, algún Estado, Municipio u otro ente público, cuando la otra parte sea alguna de esas mismas entidades, co-

---

42   *V.* en *Gaceta Oficial* Extra. Nº 4.153 de 28–12–1989. *V.* además, en Allan R. Brewer-Carías *et al., Leyes y Reglamentos para la descentralización política de la Federación*, Colección Textos Legislativos, Nº 11, Editorial Jurídica Venezolana, Caracas 1990.

mo las que pueden resultar de un contrato intergubernamental. Estas controversias deben ser resueltas por el Tribunal Supremo de Justicia en Sala Político–Administrativa (art. 266,4). La Constitución, además, autoriza al legislador para atribuir la competencia jurisdiccional para resolver las controversias administrativas cuando se trate de controversias entre Municipios de un mismo Estado, a otros tribunales, por supuesto, de la jurisdicción contencioso administrativa (art. 259).

Otro específico de la constitucionalización del régimen de los contratos estatales se refiere al régimen del dominio público y de los servicios públicos, en el sentido de que la propia Constitución prevé el régimen de concesiones para la explotación de los bienes que sean "recursos naturales propiedad de la Nación," las cuales pueden ser otorgadas con exclusividad o sin ella, por tiempo determinado, y asegurando, siempre, la existencia de contraprestaciones o contrapartidas adecuadas al interés público" (art. 113). En cuanto a las concesiones mineras, en particular, se dispone en el artículo 156,16 de la Constitución que "el Ejecutivo Nacional no podrá otorgar concesiones mineras por tiempo indefinido"[43]. Todas estas concesiones, por supuesto, son contratos estatales. Por lo que se refiere a los servicios públicos, en los casos en los que se los regula de manera de permitir la actuación de los particulares sólo mediante concesión, como sucede en los casos de servicios públicos municipales o domiciliarios, rige el mismo principio constitucional antes indicado relativo a las concesiones establecido en el artículo 113.

La Constitución regula, además, otros contratos de interés público estadal y municipal al establecer los principios para que los Estados y los Municipios descentralicen y transfieran "a las comunidades y grupos vecinales organizados" los servicios que éstos gestionen, previa demostración de su capacidad para prestarlo (art. 184). A tal efecto, los Estados y Municipios deben promover la transferencia de servicios en materia de salud, educación, vivienda, deporte, cultura, programas sociales, ambiente, mantenimiento de áreas industriales, mantenimiento y conservación de áreas urbanas, prevención y protección vecinal, construcción de obras y prestación de servicios públicos. En todos estos casos, para lograr esos objetivos los Estados y Municipios pueden establecer convenios, es decir, celebrar contratos de interés público estadal o municipal con las comunidades y grupos vecinales organizados, cuyos contenidos deben estar orientados por los principios de interdependencia, coordinación, cooperación y corresponsabilidad (art. 184,1).

---

43 . *V.* Allan R. Brewer–Carías, "Prologo" sobre "El régimen constitucional aplicable a las concesiones de obras y servicios públicos," en Alfredo Romero Mendoza *et al.*, *Régimen Legal de las Concesiones Públicas,* Caracas 2000, pp. 9 a 16.

4. *Las cláusulas obligatorias en los contratos públicos*

Por otra parte, siguiendo la orientación de la Constitución de 1961, la Constitución de 1999 ha establecido la incorporación obligatoria y tácita en todos los contratos de interés público, de una serie de cláusulas, entre las cuales destacan las de inmunidad de jurisdicción y la llamada cláusula "Calvo;" y a ciertos de ellos, una cláusula de protección ambiental. Además, regula las cláusulas de temporalidad en las concesiones administrativas de explotación de recursos naturales, de servicios públicos y de carácter minero.

En cuanto a la cláusula de inmunidad de jurisdicción, el artículo 151 de la Constitución establece el principio de la inmunidad relativa en el sentido de que:

"En los contratos de interés público, si no fuere improcedente de acuerdo con la naturaleza de los mismos, se considerará incorporada, aun cuando no estuviera expresa, una cláusula según la cual las dudas y controversias que puedan suscitarse sobre dichos contratos y que no llegaren a ser resueltas amigablemente por las partes contratantes, serán decididas por los Tribunales competentes de la República, de conformidad con sus leyes."

Se trata, realmente, de una cláusula obligatoria en el sentido de que todo contrato que suscriba una persona jurídica estatal en los tres niveles territoriales del Poder Público e, incluso, en los niveles de descentralización funcional, deben contener esta cláusula cuyo objeto es, primero, asegurar que la interpretación, aplicación y ejecución de esos contratos debe someterse a la ley venezolana; y segundo, que las controversias y dudas que de ellos surjan deben también someterse al conocimiento de los tribunales venezolanos.[44]

En todo caso, en el citado artículo 151 de la Constitución de 1999, el régimen de la inmunidad jurisdiccional previsto se aparta del carácter absoluto tradicional que tenía en el siglo XIX, establecido originalmente en la Constitución de 1892 (art. 147), y como se ha dicho, encaja dentro de la llamada "inmunidad relativa de jurisdicción."[45] Por ello, la norma prescribe que la

---

44   *V.* por ejemploAlfredo Morles H., "La inmunidad de Jurisdicción y las operaciones de Crédito Público" en *Estudios sobre la Constitución, Libro Homenaje a Rafael Caldera,* tomo III, Caracas, 1979, pp. 1.701 y ss.

45   Sobre la inclusión de esta cláusula en la Constitución de 1999, *V.* Allan R. Brewer–Carías, *Debate Constituyente (Aportes a la Asamblea Nacional Constituyente),* Tomo I, Fundación de Derecho Público, Caracas 1999, pp. 209 a 233; y *Debate Constituyente (Aportes a la Asamblea Nacional Constituyente),* Tomo II, Fundación de Derecho Público, Caracas 1999, pp. 174 y 175.

cláusula debe estar presente en todos los contratos de la Administración "si no fuere improcedente de acuerdo con la naturaleza de los mismos," lo que convierte la cláusula en una de inmunidad relativa de jurisdicción.[46] Esta relatividad de la inmunidad de jurisdicción deriva, en todo caso, de la naturaleza de la actividad del Estado o sus entes públicos regulada en el contrato, más que en su finalidad, que siempre es pública, admitiéndose la excepción al principio de la inmunidad basada por ejemplo, en el carácter comercial de las actividades que realice un Estado, sobre todo en el ámbito de las contrataciones internacionales. Con esta cláusula, en particular, encontró fundamento constitucional la posibilidad del arbitraje internacional conforme a la Ley de Promoción y Protección de Inversiones de 1999,[47] a la Ley Orgánica sobre promoción de la inversión privada bajo el régimen de concesiones de 1999,[48] y con arreglo en los múltiples Tratados Bilaterales de protección de Inversiones suscritos por la República, básicamente en el marco del Convenio sobre arreglo de diferencias relativas a inversiones entre Estados y Nacionales de otros Estados (CIADI).[49]

Por supuesto, para la determinación de la naturaleza de los contratos no se pueden dar fórmulas universales. Por ejemplo, se han planteado discusiones sobre la naturaleza de tales contratos en materia de empréstitos públicos, tanto en el derecho financiero como en el derecho internacional. En todo caso, utilizando la vieja distinción entre actos de autoridad y actos de gestión, nadie podría afirmar que un contrato de empréstito público no sea un acto de autoridad ni un contrato de interés público. Por ello, dicho criterio no puede utilizarse para determinar la relatividad de la inmunidad de jurisdicción, pues la solución al problema no se puede basar en la consideración de si el Estado suscribe el contrato haciendo uso de su soberanía o de sus poderes públicos, o si son o no contratos de la Administración; sino en la naturaleza de las operaciones. En el caso de los empréstitos, sin duda, el juez llamado a conocer de un problema judicial en relación a ellos, debe conocer, en realidad, de cuestiones mercantiles y comerciales. Por eso, y con base en la excepción prevista en la Constitución, los contratos de empréstito no contienen las cláusulas de inmunidad de jurisdicción y, por tanto, están sometidos en su ejecución, la cual, además, en general, se produce fuera del país, a las

---

46   *V.* Allan R. Brewer–Carías, *Contratos Administrativos, cit.,* pp. 130 a 137.

47   *V.* Ley de Promoción y Protección de Inversiones, Decreto–Ley Nº 356 (*Gaceta Oficial* Extra. Nº 5.390 de 22–10–1999).

48   *V.* Ley Orgánica sobre promoción de la inversión privada bajo el régimen de concesiones, en *Gaceta Oficial* Extra. Nº 5.394 de 25–10–1999.

49   *V. Ley Aprobatoria del Convenio sobre arreglo de diferencias relativas a inversiones entre Estados y Nacionales de otros Estados* (*Gaceta Oficial* Nº 35.685 de 03–04–1995).

leyes y tribunales donde se realiza la operación e, incluso, a tribunales arbítrales.

La segunda cláusula de carácter obligatorio, de rango constitucional regulada en el artículo 151 de la Constitución, reprodujo exactamente el texto del artículo 127 de la Constitución de 1961, y es la llamada cláusula "Calvo," que implica que en los contratos de interés público también se debe considerar incorporada una cláusula que establece que por "ningún motivo" ni causa, la ejecución de los mismos "puede dar origen a reclamaciones extranjeras."[50] El origen de esta cláusula se remonta a la Constitución de 1893 en la cual, al regularse los contratos de interés público, se señaló que los mismos en ningún caso podían ser motivo de reclamaciones internacionales. Esta cláusula establece, por tanto, la improcedencia de reclamaciones diplomáticas de Estados extranjeros contra el Estado venezolano, actuando aquellos Estados por cuenta de súbditos extranjeros, y parte del supuesto de que los extranjeros en el territorio del Estado venezolano se hallan en las mismas condiciones que los nacionales, por lo que si tienen alguna reclamación que formular cuando se puedan considerar lesionados, deben acudir únicamente a los tribunales nacionales. El objeto de la cláusula, en definitiva, es impedir que las divergencias que puedan surgir entre partes en un contrato estatal, en el cual una parte fuera un ciudadano extranjero, pudieran ser consideradas como de naturaleza internacional.

Con relación a las concesiones administrativas, como contratos estatales, también puede identificarse en el ordenamiento constitucional venezolano, otra cláusula de carácter obligatorio y que tiene su fundamento en el citado artículo 113 de la Constitución, que regula las concesiones para la explotación de recursos naturales propiedad de la Nación o para la prestación de servicios de naturaleza pública, las cuales sólo pueden otorgarse "por tiempo determinado." En el mismo sentido, el artículo 156,16 de la Constitución prohíbe el otorgamiento de "concesiones mineras por tiempo indefinido." Es evidente, por tanto, de acuerdo con estas normas, la posibilidad de que el Estado otorgue con carácter de exclusividad, concesiones para la explotación de bienes públicos o la prestación de servicios públicos por tiempo limitado. La temporalidad, así, puede considerarse como una característica de todas las concesiones por lo que las leyes especiales que las regulan prevén, en general, lapsos variables, pero siempre precisos, de duración de las mismas.

En este sentido, por ejemplo, las concesiones de servicios públicos municipales, de acuerdo con la Ley Orgánica de Régimen Municipal, sólo pue-

---

50   *V.* Allan R. Brewer–Carías, *Contratos Administrativos, cit.,* pp. 137 y ss.

den tener un plazo máximo de 20 años;[51] y las concesiones para el aprovechamiento de las aguas, conforme a la Ley de Aguas deben tener una duración máxima de 20 años.[52] Asimismo, las concesiones de obras y servicios públicos previstas en la Ley Orgánica sobre Promoción de la Inversión Privada bajo el Régimen de Concesiones,[53] deben tener una duración máxima de 50 años. Por último, en cuanto a las concesiones mineras, la duración de las mismas de acuerdo a la Ley de Minas, es de 20 años prorrogable (art 25).[54]

Por otra parte, el artículo 129 de la Constitución exige la inclusión en los contratos que celebre la República (contratos de interés público nacional celebrados por la República), de una cláusula de protección ambiental[55] en los siguientes términos:

" En los contratos que la República celebre con personas naturales o jurídicas, nacionales o extranjeras, o en los permisos que se otorguen, que afecten los recursos naturales, se considerará incluida aún cuando no estuviere expresa, la obligación de conservar el equilibrio ecológico de permitir el acceso a la tecnología y la transferencia de la misma en condiciones mutuamente convenidas y de restablecer el ambiente a su estado natural si éste resultara alterado, en los términos que fije la ley."

Se debe destacar de esta norma, que se trata de una cláusula de protección ambiental constitucionalmente obligatoria sólo respecto de los contratos de interés público *nacional*, que celebre la República. En consecuencia, puede considerarse que no es obligatoria en los contratos de interés público estadal ni municipal, que celebren, por ejemplo, los Estados y Municipios; así como tampoco sería constitucionalmente obligatoria en los contratos de interés público nacional que celebren otras personas jurídicas estatales distintas a la República, como los institutos autónomos o empresas del Estado nacionales.

---

51   *V.* Ley Orgánica del Poder Público Municipal (*Gaceta Oficial* N° 6.015 Extra. de 28–12–2010).

52   *V.* Ley de Aguas (*Gaceta Oficial* N° 38.595 de 02–01–2007).

53   *V.* Ley Orgánica sobre promoción de la inversión privada bajo el régimen de concesiones, en *Gaceta Oficial* Extra. N° 5.394 de 25–10–1999

54   *V. Ley de Minas*, Decreto-Ley N° 295 (*Gaceta Oficial* Extra. N° 5.382 de 28–09–1999).

55   *V.*, en general, Alberto Blanco–Uribe Quintero, "La tutela ambiental como derecho-deber del Constituyente. Base constitucional y principios rectores del derecho ambiental," en *Revista de Derecho Constitucional,* N° 6 (enero-diciembre), Editorial Sherwood, Caracas, 2002, pp. 31–64.

5. *La aprobación y/o autorización legislativa en materia de contratos públicos*

En cuanto a la aprobación legislativa de los contratos de interés público nacional, la Constitución de 1999, a propuesta nuestra[56], cambió radicalmente la previsión del artículo 126 de la Constitución de 1961, que materialmente sometía *todos* los contratos de interés público nacional a la aprobación legislativa, salvo las excepciones (contratos normales en el desarrollo de la Administración Pública y aquellos para los cuales la ley no establecía la aprobación legislativa) lo que terminó convirtiéndose en la regla. Por ello, el artículo 150 de la Constitución de 1999, siguiendo la orientación mencionada de la práctica legislativa e interpretativa, ahora se limita a señalar que "la celebración de los contratos de interés público nacional requerirá la aprobación de la Asamblea Nacional sólo *en los casos que determine la ley*." En consecuencia, sólo cuando mediante ley se determine expresamente que un contrato de interés público nacional debe someterse a la aprobación de la Asamblea, ello se convierte en un requisito de eficacia del contrato (art. 182,9). Es el caso, por ejemplo, de los contratos para la formación de empresas mixtas para la explotación petrolera,[57] que es una industria que fue nacionalizada desde 1975.

Sin embargo, la Constitución exige la autorización obligatoria por parte de la Asamblea Nacional, (art. 150; 187,9) respecto de los contratos de interés público (no sólo nacional, sino estadal o municipal) en los cuales sea parte la República, los Estados o Municipios o los entes descentralizados de los res niveles territoriales, que se celebren con Estados o entidades oficiales extranjeras o con sociedades no domiciliadas en Venezuela, así como respecto de los traspasos de esos contratos a dichas entidades.

6. *El régimen legal de los contratos públicos*

En 2008 se sancionó por primera vez en el país, una Ley de Contrataciones Públicas, la cual ha sido reformada en 2010.[58] La misma, sin embargo, y a pesar de su denominación no regula universalmente la "contratación pública," es decir, toda la actividad contractual del Estado (los contratos del Estado o los contratos públicos) a cargo de las personas jurídicas estatales, tal y como sucede, por ejemplo, en términos generales, en España, sucesi-

---

56   *V.* Allan R. Brewer–Carías, *Debate Constituyente (Aportes a la Asamblea nacional Constituyente)*, Tomo II, *op. cit.*, pp. 175 a 177.

57   *V.* Ley Orgánica de Hidrocarburos (*Gaceta Oficial* N° 38.493 de 4–8–2006).

58   *V.* Ley de Contrataciones Públicas, Decreto Ley N° 5.929 de 11–03–2008 en *Gaceta Oficial* N° 38.895 de 25–03–2008. *V.* el texto de la reforma de 2010 en *Gaceta Oficial* N° 39.503 de 6–9–2010.

vamente con la Ley de Contratos del Estado (1965), la Ley de Contratos de las Administraciones Públicas (1995) o la Ley de Contratos del Sector Público (2007); y en Colombia, con la Ley de Contratos del Estado (1993).

La Ley, en efecto, no se configuró como cuerpo normativo general, destinado a regular todos los contratos del Estado celebrados por todas las personas jurídicas estatales, sino que se ha limitado su alcance, y está destinada, básicamente, a regular el procedimiento de selección de contratistas (licitación) y sólo respecto de ciertos (no todos) los contratos públicos. Por ello, la única Ley precedente que se derogó expresamente con la nueva Ley fue la vieja Ley de Licitaciones,[59] por lo que en su parte medular, sigue siendo un cuerpo normativo destinado a regular el régimen de selección de contratistas (arts. 36 a 92) en ciertos contratos públicos. Sin embargo, a las tradicionales previsiones de la Ley de Licitaciones sobre selección de contratistas, la nueva Ley agregó, un nuevo Título general sobre la "Contratación" (art. 93 a 131), con normas que deben regir respecto de todos los contratos del Estado que caen dentro del ámbito de aplicación que son solamente los destinados a la "adquisición de bienes, prestación de servicios y ejecución de obras" (art. 1), suscritos por personas jurídicas estadales, a las cuales la Ley ha agregado a los Consejos Comunales. Pero incluso, respecto de los contratos sometidos a la normativa legal, la propia Ley excluye a aquellos celebrados "en el marco del cumplimiento de acuerdos internacionales de cooperación entre la República Bolivariana de Venezuela y otros Estados, incluyendo la contratación con empresas mixtas constituidas en el marco de estos convenios" (art. 4); y respecto de las previsiones específicas en materia de "selección de contratistas," la ley excluye a los contratos para la prestación de servicios profesionales y laborales; para la prestación de servicios financieros; para la adquisición y arrendamiento de bienes inmuebles; para la adquisición de obras artísticas, literarias o científicas; para "las alianzas comerciales y estratégicas" para la adquisición de bienes y prestación de servicios entre personas naturales o jurídicas y los órganos o entes contratantes; para los servicios básicos indispensables para el funcionamiento del órgano o ente contratante; y para la adquisición de bienes, la prestación de servicios y la ejecución de obras, encomendadas a los órganos o entes de la administración pública (art. 5).

Con estas exclusiones y ámbito reducido, se trata en todo caso, como se dijo, de una Ley reguladora básicamente del proceso de selección de contra-

---

59   Decreto Ley Nº 1555 de fecha 13 de noviembre de 2001, *Gaceta Oficial* Nº 5556 de 13–11–2001. *V.* sobre dicha Ley los comentarios que hicimos en Allan R. Brewer–Carías, "El régimen de selección de contratistas en la Administración Pública y la Ley de Licitaciones" en *Revista de Derecho Público*, Nº 42, Editorial Jurídica Venezolana, Caracas, abril–junio 1990, pp. 5–25.

tistas, con normas generales respecto, entre otros aspectos, los poderes de la Administración para controlar los contratos (art. 95), en especial, respecto de los contratos de obra (arts. 112–115); los poderes de modificación de los contratos y el régimen de variación de precios y ajustes contractuales (arts. 106–111); el régimen de la nulidad de los mismos (art. 99), las garantías de cumplimiento, (arts. 99–102), y el régimen de los anticipos (arts. 103–105); el régimen de los pagos (arts. 116–119), el régimen de la terminación de los contratos (arts. 120–127), y las causas de rescisión unilateral de los contratos (arts. 127–129); y finalmente, el régimen sancionatorio (arts. 130–131).

VI. EL DERECHO ADMINISTRATIVO SANCIONADOR

La más importante de las garantías constitucionales, además del acceso a la justicia y el derecho a la tutela judicial efectiva, es que la justicia y en general, la función jurisdiccional se ejerza e imparta de acuerdo con las normas establecidas en la Constitución y las leyes, es decir, en el curso de un debido proceso, cuyos principios conforme se establece expresamente en la misma Constitución, se aplican no sólo en las actuaciones judiciales sino administrativas. Ello tiene, en consecuencia, una importante repercusión en relación con la potestad sancionadora de la Administración, la cual necesariamente está sometida a las garantías del debido proceso.

Estas garantías al debido proceso[60], además, se han regulado detalladamente en el artículo 49, y han sido analizadas extensamente por el Tribunal Supremo de Justicia, calificándoselas como una "garantía suprema dentro de un Estado de Derecho"[61], de manera que "cualquiera sea la vía escogida para la defensa de los derechos o intereses legítimos, las leyes procesales deben garantizar la existencia de un procedimiento que asegure el derecho de defensa de la parte y la posibilidad de una tutela judicial efectiva"[62].

---

60   *V.* en general, Antonieta Garrido de Cárdenas, "La naturaleza del debido proceso en la Constitución de la República Bolivariana de Venezuela de 1999," en *Revista de Derecho Constitucional,* N° 5 (julio–diciembre), Editorial Sherwood, Caracas, 2001, pp. 89–116; Antonieta Garrido de Cárdenas, "El debido proceso como derecho fundamental en la Constitución de 1999 y sus medios de protección," en *Bases y principios del sistema constitucional venezolano (Ponencias del VII Congreso Venezolano de Derecho Constitucional realizado en San Cristóbal del 21 al 23 de Noviembre de 2001),* Volumen I, pp. 127–144.

61   *V.* sentencia N° 123 de la Sala Constitucional (Caso: *Sergio J. Meléndez*) de 17 de marzo de 2000, en *Revista de Derecho Público*, N° 81, (enero–marzo), Editorial Jurídica Venezolana, Caracas 2000, p. 143.

62   *V.* sentencia de la sala Constitucional N° 97 de 15 de marzo de 2000 (Caso: *Agropecuaria Los Tres Rebeldes* en *Revista de Derecho Público*, N° 81, (enero–marzo), Editorial Jurídica Venezolana, Caracas 2000, p. 148.

En particular, en relación con el procedimiento sancionatorio, la jurisprudencia ha precisado las siguientes garantías derivadas del debido proceso: el derecho a que la decisión se adopte por el órgano competente (en materia judicial, el Juez natural: numeral 4 del artículo 49); el derecho a la presunción de inocencia (numeral 2 del artículo 49); el derecho a la defensa y a ser informado de los cargos formulados (numeral 1 del artículo 49); el derecho a ser oído (numeral 3 del artículo 49); el derecho a un procedimiento sin dilaciones indebidas (numeral 8 del artículo 49); el derecho a utilizar los medios de prueba pertinentes para su defensa (numeral 1 del artículo 49); el derecho a no confesarse culpable y no declarar contra sí misma (numeral 5 del artículo 49); y el derecho a la tutela efectiva de los derechos e intereses del procesado (artículo 26 de la Constitución)[63].

Aplicados los principios del artículo 49 de la Constitución a los procedimientos administrativos sancionatorios, resulta entonces el siguiente régimen:

El ordinal 1° del artículo 49 comienza por establecer no sólo el derecho a la *defensa,* sino a la *asistencia jurídica* (de abogado) los que considera como derechos inviolables en *todo estado y grado* de la investigación y del procedimiento. Adicionalmente, precisa que toda persona tiene derecho a ser notificada de los cargos por los cuales se la investiga, de *acceder a las pruebas* y de *disponer del tiempo* y de los medios adecuados para ejercer su *defensa.*

En particular, en relación con el derecho a la defensa el mismo ha sido amplio y tradicionalmente analizado por la jurisprudencia destacándose, por ejemplo, que

En cuanto al procedimiento de determinación e imposición de sanciones por ilícitos tributarios, el derecho a la defensa se concreta en el derecho de los sujetos pasivos de la relación tributaria a ser debidamente notificados de cualquier acto administrativo que afecten sus derechos subjetivos o sus intereses particulares legítimos y directos; en la oportunidad que tiene el administrado para formular los descargos que le permita desvirtuar lo imputado por la Administración en el acta fiscal debidamente notificada; en el derecho del contribuyente o responsable para promover y controlar, en tiempo oportuno, la producción de cualquier prueba razonable y legalmente pertinente, antes de que la Administración adopte la decisión final sobre el fondo del asunto debatido; en el derecho a tener el libre acceso al expediente administrativo; en el derecho a conocer oportunamente las razones de hecho y de derecho que fundamentan el acto administrativo determinativo o sancionato-

---

63   *V.* sentencia N° 224 de 24–02–2000, *idem*, pp. 136 y ss.

rio, lo cual le permitirá accionar ante los organismos competentes; y en poder impugnar en la vía administrativa o judicial un acto administrativo emitido por la Administración tributaria, que afecte, en cualquier forma, sus derechos como contribuyente o responsables[64].

Por otra parte, ha sido por la prevalencia del derecho a la defensa que la Sala Constitucional, siguiendo la doctrina constitucional establecida por la antigua Corte Suprema de Justicia[65], ha desaplicado normas que consagran el principio *solve et repete*, como condición para acceder a la justicia contencioso–administrativa, por considerarlo inconstitucional[66].

En la Constitución de 1999, además, en forma explícita se estableció el principio de que "Toda persona se presume inocente mientras no se pruebe lo contrario" (ordinal 2° del artículo 49), conforme al cual "una persona acusada de una infracción, no puede ser considerada culpable hasta que así lo declare una decisión condenatoria precedida de un procedimiento suficiente para procurar su dimanación. El particular tiene entonces derecho a ser presumido inocente, lo que equivale a que su eventual condena sea precedida por "una actividad probatoria suficiente con la participación del acusado y con un adecuado razonamiento del nexo causal entre la norma y la situación concreta, sin que base la mera sospecha o conjetura"[67].

El ordinal 3° del artículo 49, regula, además, el derecho de toda persona a ser oída en cualquier clase de proceso, con las debidas garantías y dentro del plazo razonable determinado legalmente, por el órgano administrativo competente e imparcial establecido con anterioridad. Este derecho comprende por supuesto, el derecho de formular alegatos y presentar pruebas en el procedimiento.

De acuerdo con el mismo artículo 49,1 de la Constitución, como parte del debido procedimiento se establece la garantía fundamental en materia

---

64 *V.* la sentencia N° 3682 de 19 de diciembre de 1999, de la Sala Político Administrativa de la antigua Corte Suprema de Justicia en *Revista de Derecho Público,* N° 79–80, Editorial Jurídica Venezolana, Caracas 1999.

65 *V.* en Allan R. Brewer–Carías, *La justicia contencioso–administrativa,* Tomo VII, *Instituciones Políticas y Constitucionales, cit.,* pp. 196 y ss.

66 *V.* la sentencia de la Sala Constitucional N° 321 de 22 de febrero de 2002 (Caso: *Papeles Nacionales Flamingo, C.A. vs. Dirección de Hacienda del Municipio Guácara del Estado Carabobo)* en *Revista de Derecho Público,* N° 89–92, Editorial Jurídica Venezolana, Caracas 2002.

67 *V.* sentencia de la Corte Primera de lo Contencioso Administrativo N° 315 de 19 de marzo de 2001, en *Revista de Derecho Público,* N° 85–88, Editorial Jurídica Venezolana, Caracas 2001, pp. 103 y ss.

probatoria, conforme a la cual se consideran como nulas *las pruebas* obtenidas mediante violación del debido proceso.

El mismo artículo 49,1 de la Constitución, también como manifestación del derecho a la defensa consagra el derecho de toda persona declarada culpable a recurrir de la decisión sancionatoria, con lo que se regula el derecho a la doble instancia que consiste en la efectiva posibilidad de revisión de las decisiones dictadas con ocasión de un procedimiento, esto es, de someter una la decisión al conocimiento posterior de un órgano de mayor jerarquía en la pirámide organizativa de la Administración. Con esta disposición, adquiere rango constitucional el derecho al recurso jerárquico en los procedimientos administrativos.

El ordinal 6º del artículo 49 recoge el principio tradicional de que ninguna persona puede ser sancionada por actos u omisiones que no fueren previstos como delitos, faltas o infracciones en leyes preexistentes; principio que por supuesto es aplicable a los procedimientos sancionatorios.

Además, en materia sancionatoria también tiene rango constitucional el principio *non bis in idem* que recoge el ordinal 7º del artículo 49 de la Constitución, al establecer que ninguna persona puede ser sometida a un procedimiento sancionatorio por los mismos hechos en virtud de los cuales hubiese sido sancionado anteriormente.

VII. LA DISCRECIONALIDAD ADMINISTRATIVA

La discrecionalidad se da, como lo ha señalado la jurisprudencia venezolana, cuando el ordenamiento jurídico le otorga al funcionario cierta libertad para elegir entre uno y otro curso de acción, para hacer una u otra cosa, o hacerla de una u otra manera, apreciando la oportunidad o conveniencia de la medida a tomarse[68]. En los casos de ejercicio de poderes discrecionales, es la ley la que permite a la Administración apreciar la oportunidad o conveniencia del acto según los intereses públicos, sin predeterminar cuál es la situación de hecho. En esos casos, la Administración tiene la elección, sea de las circunstancias ante las cuales dictará el acto, sea del acto que se dictará ante una situación de hecho, por lo que es posible afirmar que "la potestad

---

68   *V.* Allan R. Brewer–Carías, "Los límites a la actividad discrecional de las autoridades administrativas," en *Ponencias Venezolanas al VII Congreso Internacional de Derecho Comparado* (*Uppsala, agosto 1966*), publicaciones del Instituto de Derecho Privado, Facultad de Derecho, Universidad Central de Venezuela, Caracas 1966, pp. 255–279; en *Revista de la Facultad de Derecho*, Nº 2, Universidad Católica Andrés Bello, Caracas 1966, pp. 9–35; y en *Jurisprudencia de la Corte Suprema 1930–1974 y Estudios de Derecho Administrativo, Tomo I: El Ordenamiento Constitucional y Funcional del Estado*, Caracas 1975, pp. 15–41.

discrecional es más una libertad de elección entre alternativas igualmente justas"[69].

Por ello, en algunas de las leyes de procedimientos administrativos se ha regulado el ejercicio de la potestad discrecional, entendida como la posibilidad que da la ley al funcionario de adoptar decisiones según su apreciación de la oportunidad y conveniencia, pudiendo normalmente adoptar varias decisiones que de acuerdo a la apreciación de los hechos y a la finalidad de la norma, todas, si se aplican, podrían ser igualmente justas.

En todo caso, si algo ha caracterizado al derecho administrativo en las últimas décadas en todos los países iberoamericanos, es el proceso de redefinición del ámbito de la discrecionalidad y de limitación de la misma. Este puede decirse que es el signo común del derecho administrativo y, en particular, de las leyes de procedimiento administrativo.

El esfuerzo de la doctrina y de la jurisprudencia de las últimas décadas ha consistido, entonces, en deslastrar a los funcionarios de ciertas áreas de actuación que antes se consideraban como parte del poder discrecional y que, progresivamente, se han ido eliminando de dicho ámbito, como es el caso de la utilización de "conceptos jurídicos indeterminados" en la atribución de competencias. Como lo precisó la Sala Político–Administrativa de la antigua Corte Suprema de Justicia de Venezuela, al distinguir los conceptos jurídicos indeterminados, de las llamadas potestades discrecionales:

> "Mientras éstas dejan al funcionario la posibilidad de escoger según su criterio una entre varias soluciones justas, no sucede lo mismo cuando se trata de la aplicación de un concepto jurídico indeterminado. Se caracterizan estos últimos por ser conceptos que resulta difícil delimitar con precisión en su enunciado, pero cuya aplicación no admite sino una sola solución justa y correcta, que no es otra que aquélla que se conforme con el espíritu, propósito y razón de la norma. La aplicación del concepto jurídico indeterminado por la Administración Pública constituye una actividad reglada y por consiguiente sujeta al control de legalidad por parte del órgano jurisdiccional competente"[70].

Por otra parte, en la Ley Orgánica de Procedimientos Administrativos debe destacarse el esfuerzo por establecer límites a la discrecionalidad, en el artículo 12 al disponer que "Aún cuando una disposición legal o reglamentaria deje alguna medida o providencia a juicio de la autoridad competente,

---

69   Corte Primera de lo Contencioso Administrativo, sentencia de 1–6–2001.

70   *V.* sentencia Nº 100 de 19–05–83 en *Revista de de Derecho Público,* Nº 34, Editorial Jurídica Venezolana, Caracas, 1988, p. 69.

dicha medida o providencia deberá mantener la debida proporcionalidad y adecuación con el supuesto de hecho y con los fines de la norma, y cumplir los trámites, requisitos y formalidades necesarios para su validez y eficacia."

En todo caso, con enunciados de esta naturaleza en una ley de procedimiento administrativo, sin duda el juez contencioso administrativo dispone de efectivas herramientas para controlar la legalidad de la actuación de la Administración, más allá de los aspectos formales de tal actuación.

VIII. EL CONTROL JUDICIAL DE LA ADMINISTRACIÓN

1. *El control judicial de la constitucionalidad y legalidad de los actos estatales*

Conforme al sistema establecido en la Constitución venezolana, todos los actos estatales están sometidos al derecho y todos son controlables judicialmente por razones de constitucionalidad o de legalidad. Aquí está la consecuencia de la consagración del principio de la legalidad y la garantía del Estado de derecho.

Este sistema de control judicial de las actuaciones del Estado puede decirse además, que es de carácter universal y cerrado, en el sentido que ninguno de los actos estatales puede escapar al control del Tribunal Supremo de Justicia y de los demás Tribunales que controlan la constitucionalidad y la legalidad de los mismos; control que se ejerce, en general, además de a través de la Jurisdicción Ordinaria, a través de la Jurisdicción Constitucional, de la Jurisdicción Contencioso Administrativa y de la Jurisdicción Contencioso Electoral.[71]

En efecto, los actos estatales dictados en ejecución directa e inmediata de la Constitución, es decir, las leyes, los actos parlamentarios sin forma de ley, los actos ejecutivos de rango y valor de ley (decretos–leyes), y los actos de gobierno están sometidos exclusivamente al control de la constitucionalidad que está a cargo de la Jurisdicción Constitucional que corresponde a la Sala Constitucional del Tribunal Supremo de Justicia.

En cuanto a las sentencias, estas están sometidas al control judicial ordinario mediante las apelaciones y, en materia de legalidad, al recurso de extraordinario de casación ante las Salas de Casación Civil, de Casación Social y de Casación Penal del Tribunal Supremo de Justicia.

---

71. *V.* Allan R. Brewer–Carías, *Justicia contencioso administrativa,* Tomo VII, *Instituciones Políticas y Constitucionales*, Universidad Católica del Táchira, Editorial Jurídica Venezolana, Caracas–San Cristóbal, 1997.

Y en cuanto a los actos administrativos, al ser de carácter sublegal, como ya se ha dicho, están sometidos al control judicial tanto por parte de la Jurisdicción Contencioso–Administrativo como de la Jurisdicción Contencioso Electoral. La primera la integran la Sala Político–Administrativa del Tribunal Supremo de Justicia y los demás tribunales que se han establecido por la ley; y la segunda, la integra básicamente la Sala Electoral del mismo Tribunal Supremo de Justicia, a los efectos específicos del control de legalidad e inconstitucionalidad de los actos administrativos dictados por los órganos que ejercen el Poder Electoral (Consejo Nacional Electoral, sus Comisiones y órganos subalternos).

Lo importante a señalar sobre este control contencioso administrativo es que el mismo se realiza en relación con *todos* los actos administrativos, pudiendo los tribunales competentes declarar su nulidad, así sean actos administrativos emanados no sólo de los órganos de la Administración Pública, sino de los órganos legislativos, de los tribunales, e incluso de entidades privadas.

2. *La jurisdicción contencioso administrativa*

La jurisdicción contencioso–administrativa, por otra parte, se constitucionalizó en Venezuela desde 1961, en una norma que ahora está contenida en el artículo 259 de la Constitución de 1999[72], cuyo texto es el siguiente:

"La jurisdicción contencioso–administrativa corresponde al Tribunal Supremo de Justicia y a los demás tribunales que determina la ley. Los órganos de la jurisdicción contencioso–administrativa son competentes para anular los actos administrativos generales o individuales contrarios a derecho, incluso por desviación de poder; condenar al pago de sumas de dinero y a la reparación de daños y perjuicios originados en responsabilidad de la Administración; conocer de reclamos por la prestación de servicios públicos y disponer lo necesario para el restablecimiento de las situaciones jurídicas subjetivas lesionadas por la actividad administrativa."

Ha sido precisamente con base en esta norma constitucional que la jurisprudencia de la antigua Corte Suprema de Justicia fue elaborando las bases del sistema contencioso administrativo en el país,[73] las cuales desarrolla-

---

72. *V.* en general Allan R. Brewer–Carías, *Ley Orgánica del Tribunal Supremo de Justicia. Procesos y procedimientos constitucionales y contencioso–administrativos*, Editorial Jurídica venezolana, Caracas 2004.

73. En cuanto a la jurisprudencia, *V.* en Allan R. Brewer–Carías, *Jurisprudencia de la Corte Suprema 1930–74 y Estudios de Derecho Administrativo,* Tomo V, *La Jurisdicción*

das por la doctrina nacional,[74] condujeron en 1976 a la sanción de la Ley Orgánica de la Corte Suprema de Justicia,[75] en cuyas normas se reguló el procedimiento contencioso– administrativo ante la sala Político Administrativa de dicha Corte. En las Disposiciones Transitorias de esa Ley, además, se reguló la organización de la jurisdicción contencioso– administrativo, con indicación de los diversos tribunales que la integraban, además de la Sala Político Administrativa de la antigua Corte Suprema: la Corte Primera de lo Contencioso Administrativo (en 2004 se creó una Corte Segunda) y ocho Tribunales Superiores Contencioso–Administrativos ubicados en las diversas regiones del país.

En mayo de 2004 se sancionó la nueva Ley Orgánica del Tribunal Supremo de Justicia,[76] en la cual y a pesar de las imperfecciones de sus nuevas Disposiciones Transitorias que afectaron la base legal fundamental de la

---

Contencioso–Administrativa, Vol. 1 y 2, Instituto de Derecho Público, Facultad de Derecho, Universidad Central de Venezuela, Caracas, 1978; Allan R. Brewer–Carías y Luis Ortiz Álvarez, *Las grandes decisiones de la jurisprudencia Contencioso–Administrativa,* Caracas, 1996; y Luis Ortiz–Álvarez, *Jurisprudencia de medidas cautelares en el contencioso–administrativo (1980–1994),* Editorial Jurídica Venezolana, Caracas, 1995.

74. *V.* Allan R. Brewer–Carías, *Estado de Derecho y Control Judicial,* Madrid, 1985, pp. 281 y ss.; Allan R. Brewer–Carías, *Contencioso Administrativo,* Tomo VII, *Instituciones Políticas y Constitucionales,* Caracas–San Cristóbal, 1997; Antonio Canova González, *Reflexiones para la reforma del sistema contencioso administrativo venezolano,* Editorial Sherwood, Caracas, 1998; Víctor Hernández–Mendible, *Tutela judicial cautelar en el contencioso administrativo,* Vadell Hermanos editores, Caracas, 1998. *V.* además, las siguientes obras colectivas: *El Control Jurisdiccional de los Poderes Públicos en Venezuela,* Instituto de Derecho Público, Facultad de Ciencias Jurídicas y Políticas, Universidad Central de Venezuela, Caracas, 1979; *Contencioso Administrativo en Venezuela,* Editorial Jurídica Venezolana, tercera edición, Caracas, 1993; *Derecho Procesal Administrativo,* Vadell Hermanos editores, Caracas, 1997; *8ª Jornadas "J.M. Domínguez Escovar" (Enero 1983), Tendencias de la jurisprudencia venezolana en materia contencioso–administrativa,* Facultad de Ciencias Jurídicas y Políticas, U.C.V., Corte Suprema de Justicia; Instituto de Estudios Jurídicos del Estado Lara, Tip. Pregón, Caracas, 1983; *Contencioso Administrativo, I Jornadas de Derecho Administrativo Allan Randolph Brewer–Carías,* Funeda, Caracas, 1995; *XVIII Jornadas "J.M. Domínguez Escovar, Avances jurisprudenciales del contencioso–administrativo en Venezuela,* 2 Tomos, Instituto de Estudios Jurídicos del Estado Lara, Diario de Tribunales Editores, S.R.L. Barquisimeto, 1993.

75. Ley Orgánica de la Corte Suprema de Justicia del 30 de julio de 1976 en *Gaceta Oficial* N° 1.893, Extraordinaria del 30–07–76. *V.* Allan R. Brewer–Carías y Josefina Calcaño de Temeltas, *Ley Orgánica de la Corte Suprema de Justicia,* Editorial Jurídica Venezolana, Caracas 1989.

76. *V.* la Ley Orgánica del Tribunal Supremo de Justicia (LOTSJ), *Gaceta Oficial,* N° 37942 de 20–05–2004. *V.* Allan R. Brewer–Carías, *Ley Orgánica del Tribunal Supremo de Justicia,* Editorial Jurídica Venezolana, Caracas 2004.

organización de la Jurisdicción, se volvieron a regular los principios del procedimiento contencioso administrativo (Arts. 18 a 21) siguiendo literalmente lo que establecía la derogada Ley Orgánica de la Corte Suprema; conservándose además, la organización de la Jurisdicción transitoriamente hasta que se dictase la Ley especializada sobre lo contencioso administrativo.

Esa ley especializada que se dictó en 2010, es la Ley Orgánica de la Jurisdicción Contencioso Administrativa,[77] en la cual, conforme a la orientación constitucional, se configura a la jurisdicción contencioso administrativa como una jurisdicción especial integrada al Poder Judicial. En Venezuela, por tanto, el derecho administrativo no construyó con base en la distinción entre las competencias de la jurisdicción judicial y una jurisdicción administrativa, que siguiendo la orientación del derecho administrativo francés, se siguió por ejemplo en Colombia. En Venezuela, al contrario, la tradición ha sido la existencia de una competencia especializada de determinados tribunales para conocer de litigios en los cuales interviene la Administración, pero integrados en el Poder Judicial.[78] En esos tribunales, por otra parte, se materializa el derecho de las personas a la tutela judicial efectiva[79] frente a las acciones de la Administración, a través del desarrollo de un conjunto de procesos contencioso administrativos.

3. *Los diversos procesos contencioso administrativos en la Ley de 2010*

De acuerdo con la Ley Orgánica de la Jurisdicción Contencioso Administrativa, en efecto, el sistema de los procesos contencioso administrativos resulta directamente del conjunto de atribuciones que se asignan en la misma a los diversos órganos de la Jurisdicción Contencioso Administrativa, que son la Sala Político Administrativa del Tribunal Supremo, en su cúspide de

---

77   *V.* la Ley Orgánica de la Jurisdicción Contencioso Administrativa (*Gaceta Oficial* 39.451 de 22–6–2010). *V.* sobre la ley, Allan R. Brewer–Carías y Víctor Hernández Mendible, *Ley de la Jurisdicción Contencioso Administrativa*, Editorial Jurídica Venezolana, Caracas 2010.

78   Martín Pérez Guevara, "Prólogo," en Allan R. Brewer–Carías, Jurisprudencia de la Corte Suprema 1930–74 y Estudios de Derecho Administrativo, Tomo II. Ordenamiento Orgánico y Tributario del Estado, Instituto de Derecho Público, Facultad de Derecho, Universidad Central de Venezuela, Caracas, 1976, pp. 1–10.

79   *V.* en general, Ingrid Cancelado Ruíz, "La tutela judicial efectiva y la ejecución de sentencias condenatorias de la Administración Pública a la luz de la Constitución de 1999," en *Revista de Derecho Constitucional,* Nº 4 (enero–junio), Editorial Sherwood, Caracas, 2001, pp. 75–139; Rafael G. Prado Moncada, "De nuevo sobre el derecho a la tutela judicial efectiva (Avances normativos a raíz de la Constitución de 1999)," en *Revista de Derecho Administrativo,* Nº 9 (mayo–agosto), Editorial Sherwood, Caracas, 2000, pp. 93–119.

la organización judicial contencioso administrativa, y en orden descendente, los Juzgados Nacionales de la Jurisdicción Contencioso Administrativa, los Juzgados Superiores Estadales de la Jurisdicción Contencioso Administrativos y los Juzgados Municipales de la Jurisdicción Contencioso Administrativos.

Las competencias judiciales establecidas en los artículos 23, 24, 25 y 26, dan origen a los siguientes procesos contencioso administrativos: (i) el proceso contencioso administrativo de las demandas patrimoniales;[80] (ii) el proceso contencioso administrativo de las demandas contra las vías de hecho;[81] (iii) el proceso contencioso administrativo en materia de prestación servicios públicos;[82] (iv) el proceso contencioso administrativo de anulación de actos administrativos;[83] (v) el proceso contencioso administrativo contra las carencias administrativas; (vi) el proceso contencioso administrativo de las controversias administrativas; y (vii) el proceso contencioso administrativo de la interpretación de las leyes.

Debe señalarse además, que en la Ley Orgánica se atribuyó competencia en el artículo 24.6 a los Juzgados Nacionales de la Jurisdicción Contencioso Administrativa para conocer de "los juicios de expropiación intentados por la República, en primera instancia," con la apelación para ante la Sala Político Administrativa del Tribunal Supremo, y cuyo procedimiento se regula en la Ley de Expropiación por causa de utilidad pública o social de 2002.[84]

A. *Los procesos contencioso administrativos de las demandas patrimoniales*

En primer lugar, están los procesos contencioso administrativos de las demandas patrimoniales contra entes públicos o que estos puedan intentar, a

---

80   *V.* Miguel Ángel Torrealba Sánchez, "Las demandas de contenido patrimonial en la Ley Orgánica de la Jurisdicción Contencioso Administrativa," en *Comentarios a la Ley Orgánica de la Jurisdicción Contencioso Administrativa,* Vol. II, FUNEDA, Caracas, 2011, pp. 299–340.

81   *V.* Miguel Ángel Torrealba Sánchez, *La vía de hecho en Venezuela,* FUNEDA, Caracas, 2011.

82   *V.* Jorge Kiriakidis, "Notas en torno al Procedimiento Breve en la Ley Orgánica de la Jurisdicción Contencioso Administrativa," *Comentarios a la Ley Orgánica de la Jurisdicción Contencioso Administrativa,* Vol. II, FUNEDA, Caracas, 2011, pp. 167–193.

83   *V.* en general la obra colectiva, *Comentarios a la Ley Orgánica de la Jurisdicción Contencioso Administrativa,* Vol. I y II, FUNEDA, Caracas, 2010 y 2011, respectivamente.

84   *V.* en *Gaceta Oficial* Nº 37.475 de 01–07–02. Véanse los comentarios sobre esta ley en Allan R. Brewer–Carías, Gustavo Linares Benzo, Dolores Aguerrevere Valero y Caterina Balasso Tejera, *Ley de Expropiación por Causa de Utilidad Pública o Interés Social,* Editorial Jurídica Venezolana, Caracas 2002.

cuyo efecto, el artículo 23 atribuye a la Sala Político Administrativa del Tribunal Supremo, competencia para conocer de:

"1. Las demandas que se ejerzan contra la República, los estados, los municipios, o algún instituto autónomo, ente público, empresa, o cualquier otra forma de asociación, en la cual la República, los estados, los municipios u otros de los entes mencionados tengan participación decisiva, si su cuantía excede de setenta mil unidades tributarias (70.000 U.T.), cuando su conocimiento no esté atribuido a otro tribunal en razón de su especialidad.

2. Las demandas que ejerzan la República, los estados, los municipios, o algún instituto autónomo, ente público, empresa, o cualquier otra forma de asociación, en la cual la República, los estados, los municipios o cualquiera de los entes mencionados tengan participación decisiva, si su cuantía excede de setenta mil unidades tributarias (70.000 U.T.), cuando su conocimiento no esté atribuido a otro tribunal en razón de su especialidad.

10. Las demandas que se interpongan con motivo de la adquisición, goce, ejercicio o pérdida de la nacionalidad o de los derechos que de ella derivan.

11. Las demandas que se ejerzan con ocasión del uso del espectro radioeléctrico.

12. Las demandas que le atribuyan la Constitución de la República o las leyes especiales, o que le correspondan conforme a éstas, en su condición de máxima instancia de la Jurisdicción Contencioso Administrativa.

13. Las demás demandas derivadas de la actividad administrativa desplegada por las altas autoridades de los órganos que ejercen el Poder Público, no atribuidas a otro tribunal.

23. Conocer y decidir las pretensiones, acciones o recursos interpuestos, en el caso de retiro, permanencia, estabilidad o conceptos derivados de empleo público del personal con grado de oficiales de la Fuerza Armada Nacional Bolivariana."

Por su parte el artículo 24 de la Ley Orgánica asigna a los Juzgados Nacionales de la Jurisdicción Contencioso Administrativa, competencia para conocer de:

"1. Las demandas que se ejerzan contra la República, los estados, los municipios, o algún instituto autónomo, ente público, empresa o cualquier otra forma de asociación, en la cual la República, los estados, los municipios u otros de los entes mencionados tengan participación decisiva, si su cuantía excede de treinta mil unidades tributarias (30.000 U.T.) y no supera setenta mil unidades tributarias (70.000 U.T.), cuando su conocimiento no esté atribuido expresamente a otro tribunal, en razón de su especialidad.

2. Las demandas que ejerzan la República, los estados, los municipios, o algún instituto autónomo, ente público, empresa o cualquier otra forma de asociación, en la cual la República, los estados, los municipios u otros de los entes mencionados tengan participación decisiva, si su cuantía excede de las treinta mil unidades tributarias (30.000 U.T.) y no supera setenta mil unidades tributarias (70.000 U.T.), cuando su conocimiento no esté atribuido a otro tribunal en razón de su especialidad.

8. Las demandas derivadas de la actividad administrativa contraria al ordenamiento jurídico desplegada por las autoridades de los órganos que ejercen el Poder Público, cuyo control no haya sido atribuido a la Sala Político–Administrativa o a los Juzgados Superiores Estadales de la Jurisdicción Contencioso Administrativa."

Conforme al artículo 25 de la Ley Orgánica, a los Juzgados Superiores Estadales de la Jurisdicción Contencioso Administrativa se les asigna competencia para conocer de:

"1. Las demandas que se ejerzan contra la República, los estados, los municipios, o algún instituto autónomo, ente público, empresa o cualquier otra forma de asociación, en la cual la República, los estados, los municipios u otros de los entes mencionados tengan participación decisiva, si su cuantía no excede de treinta mil unidades tributarias (30.000 U.T.), cuando su conocimiento no esté atribuido a otro tribunal en razón de su especialidad.

2. Las demandas que ejerzan la República, los estados, los municipios, o algún instituto autónomo, ente público, empresa o cualquier otra forma de asociación, en la cual la República, los estados, los municipios u otros de los entes mencionados tengan participación decisiva, si su cuantía no excede de treinta mil unidades tributarias (30.000 U.T.), cuando su conocimiento no esté atribuido a otro tribunal en razón de su especialidad.

8. Las demandas derivadas de la actividad administrativa contraria al ordenamiento jurídico de los órganos del Poder Público estadal, municipal o local."

Una de las innovaciones de la Ley Orgánica de 2010 en la conformación del proceso contencioso administrativo de las demandas de contenido patrimonial, como antes se ha dicho, como lo propusimos en 2004,[85] fue haber eliminado la referencia a demandas que pudieran derivarse de "contratos administrativos," que en el pasado había condicionado la distribución de competencias judiciales en la materia, atribuyéndose a los órganos de la misma todas las cuestiones concernientes a los contratos de la Administración, cualquiera que sea su naturaleza, según la cuantía. La Ley 2010, por tanto, ha regulado la competencia en materia de demandas de contenido patrimonial, independientemente de que sean derivadas de responsabilidad contractual o extracontractual, y la misma ha sido sólo distribuida entre los diversos Juzgados según la cuantía. Por tanto, conflictos derivados de la ejecución de contratos del Estado, contratos públicos o contratos administrativos corresponden según la cuantía a los diversos tribunales de la jurisdicción.

B. *Los procesos contencioso administrativos de las demandas contra las vías de hecho administrativas*

En segundo lugar, está el proceso contencioso administrativo de las demandas contra las vías de hecho administrativas, a cuyo efecto, el artículo 23.4 asigna a la Sala Político Administrativa del Tribunal Supremo, competencia para conocer de "las reclamaciones contra las vías de hecho atribuidas a las altas autoridades antes enumeradas."

Por su parte el artículo 24.4 de la Ley Orgánica asigna a los Juzgados Nacionales de la Jurisdicción Contencioso Administrativa, competencia para conocer de "Las reclamaciones contra las vías de hecho atribuidas a las autoridades a las que se refiere el numeral anterior."

Y conforme al artículo 25.5 de la Ley Orgánica, a los Juzgados Superiores Estadales de la Jurisdicción Contencioso Administrativa se les asigna competencia para conocer de "las reclamaciones contra las vías de hecho atribuidas a autoridades estadales o municipales de su jurisdicción."

C. *Los procesos contencioso administrativos de las demandas relativas a los servicios públicos*

En tercer lugar, está el proceso contencioso administrativo de las demandas de los servicios públicos a las cuales se refiere el artículo 259 de la Constitución. Conforme al cual la Ley Orgánica, que creó como innovación

---

85   *V.* Allan R. Brewer–Carías, *Ley Orgánica del Tribunal Supremo de Justicia*, Editorial Jurídica Venezolana, Caracas, 2004, p. 219.

fundamental en la organización de la Jurisdicción Contencioso Administrativa a los Juzgados de Municipio de la Jurisdicción Contencioso Administrativa, de carácter unipersonal (art. 21), les asignó la específica competencia de conocer de las demandas que interpongan los usuarios o usuarias o las organizaciones públicas o privadas que los representen, por la prestación de servicios públicos (art. 21,1).[86]

Debe destacarse que en realidad, la única innovación de la Constitución de 1999 en materia contencioso administrativa en relación con lo que estaba regulado en la Constitución de 1961 (Art. 206), fue el agregado, en el artículo 259, dentro de las competencias de los órganos de la jurisdicción contencioso administrativa, del conocimiento de los "reclamos por la prestación de servicios públicos." La LOTSJ de 2004 no reguló el procedimiento en este caso, y se limitó a establecer la competencia de la Sala Político Administrativa para conocer y decidir, en segunda instancia, las apelaciones y demás acciones o recursos contra las sentencias dictadas por los Tribunales Contencioso Administrativos, cuando su conocimiento no estuviere atribuido a otro tribunal, que decidan sobre las acciones de reclamos por la prestación de servicios públicos nacionales (Art. 5, 37).

La LOJCA 2010 ahora ha atribuido a los órganos de la Jurisdicción competencia en materia de reclamos por la prestación de los servicios públicos y el restablecimiento de las situaciones jurídicas subjetivas lesionadas por los prestadores de los mismos (art. 9,5), atribuyendo ahora el conocimiento de la materia exclusivamente a los Juzgados de Municipio de la Jurisdicción Contencioso Administrativa, como competencia única, conocer de "las demandas que interpongan los usuarios o usuarias o las organizaciones públicas o privadas que los representen, por la prestación de servicios públicos" (art. 26,1).

D. *Los procesos contencioso administrativos de anulación de los actos administrativos*

En cuarto lugar, está el proceso contencioso administrativo de anulación, a cuyo efecto el artículo 23 asigna a la Sala Político Administrativa, competencia para conocer de:

"5. Las demandas de nulidad contra los actos administrativos de efectos generales o particulares dictados por el presidente de la Repú-

---

86   Se dispuso sin embargo en la Disposición Transitoria Sexta de la Ley Orgánica, que hasta tanto entren en funcionamiento estos Juzgados de Municipio de la Jurisdicción Contencioso Administrativa, los Juzgados de Municipio existentes son los que deben conocer de esta competencia.

blica, el vicepresidente Ejecutivo de la República, los ministros, así como por las máximas autoridades de los demás organismos de rango constitucional, si su competencia no está atribuida a otro tribunal.

6. Las demandas de nulidad que se ejerzan contra un acto administrativo de efectos particulares y al mismo tiempo el acto normativo sub–legal que le sirve de fundamento, siempre que el conocimiento de este último corresponda a la Sala Político–Administrativa."

El artículo 24 de la Ley, por su parte, asigna competencia a los Juzgados Nacionales de la Jurisdicción Contencioso Administrativa para conocer de:

"5. Las demandas de nulidad de los actos administrativos de efectos generales o particulares dictados por autoridades distintas a las mencionadas en el numeral 5 del artículo 23 de esta Ley y en el numeral 3 del artículo 25 de esta Ley, cuyo conocimiento no esté atribuido a otro tribunal en razón de la materia."

El artículo 25 de la Ley Orgánica, además, asigna a los Juzgados Superiores Estadales de la Jurisdicción Contencioso Administrativa competencia para conocer de:

"3. Las demandas de nulidad contra los actos administrativos de efectos generales o particulares, dictados por las autoridades estadales o municipales de su jurisdicción, con excepción de las acciones de nulidad ejercidas contra las decisiones administrativas dictadas por la Administración del trabajo en materia de inamovilidad, con ocasión de una relación laboral regulada por la Ley Orgánica del Trabajo.

6. Las demandas de nulidad contra los actos administrativos de efectos particulares concernientes a la función pública, conforme a lo dispuesto en la ley."

En cuanto al procedimiento en los casos de demandas de nulidad de los actos administrativos, deben destacarse varios aspectos específicos que resultan de las disposiciones de la Ley Orgánica de 2010.

En primer lugar, está el tema de la legitimación activa en los procesos de nulidad de los actos administrativos respecto de los cuales la Ley Orgánica de 2010 omitió toda regulación, lo que implica que el interés para recurrir debe estar condicionado básicamente por los efectos producidos por los actos impugnados. En cuanto a los actos administrativos de efectos generales, la legitimación para impugnarlos y para hacerse parte en los juicios, en nuestro criterio debe corresponder a cualquiera que alegue un simple interés en la anulación o en el mantenimiento del acto impugnado, por lo que consideramos que el carácter popular de la acción contra los actos administrativos de efectos generales no ha variado.

En cuanto a la impugnación de los actos administrativos de efectos particulares, debe recordarse que tradicionalmente se había establecido para la admisibilidad de las acciones, que el recurrente tuviese un interés personal, legítimo y directo[87] en la impugnación. Se consideraba, así, que tratándose de actos individuales o de efectos particulares, en principio, en el proceso sólo podían "actuar los sujetos a quienes directamente afecta el acto administrativo,"[88] es decir, "los que tuvieran un interés legítimo en su anulación."[89] Esta noción de interés personal, legítimo y directo, fue precisada con acuciosidad por la Corte Primera de lo Contencioso–Administrativa en su sentencia del 13 de octubre de 1988 (Caso: *Cememosa*), al clarificar que por interés legítimo "debe entenderse como la existencia de una tutela legal sobre la pretensión del actor;" que *el interés sea personal* "alude a la de que el actor haga valer en su nombre o en el de un sujeto o comunidad a los cuales representa, su pretensión; "y que el interés sea directo, se refiere a "que el efecto del acto recaiga sobre el actor" y que "el acto esté destinado al actor." En fin la exigencia apunta a que "el impugnante sea el afectado, el que recibe los efectos inmediatos de la decisión sobre su esfera de intereses."[90]

Esta exigencia, sin embargo, comenzó a variar en 2000, mediante sentencia de la Sala Político Administrativa del Tribunal Supremo, en efecto, N° 873 de 13 de abril de 2000 (Caso: *Banco FIVENEZ vs. Junta de Emergencia Financiera*), en la cual consideró que con la Constitución de 1999, había "quedado tácitamente derogado el criterio legitimador exigido en la Ley Orgánica de la Corte Suprema de Justicia, pues dicho criterio resulta incompatible con los principios que establece la nueva Constitución (Disposición Derogatoria única de la Constitución de 1999), al menos en lo que respecta a la exigencia de que el interés legitimador sea personal y directo." La Sala concluyó entonces indicando que "el interés para recurrir que exige la nueva

---

87 *V.* Allan R. Brewer–Carías, "Aspectos de la legitimación activa en los recursos contencioso–administrativos contra los actos administrativos de efectos particulares," en *Revista de Derecho Público,* N° 16, Editorial Jurídica Venezolana, Caracas, 1983, pp. 227–233.

88 *V.* en *Gaceta Forense,* N° 27, pp. 127–132. *V.* además en Allan R. Brewer–Carías, *Jurisprudencia de la Corte Suprema,* Tomo V, Vol. I, *cit.,* p. 293.

89 *V. Gaceta Oficial* N° 14.72 Extra, de 11–06–71.

90 *V. Revista de Derecho Público,* N° 82, Editorial Jurídica Venezolana, Caracas, 2000, pp. 445 ss.

Constitución, obviamente, sigue siendo "legítimo," ya que el ordenamiento jurídico no puede proteger intereses ilegítimos." Sin embargo, por lo que respecta al interés directo, la Sala lo consideró sin aplicación por lo que el recurrente en estos procesos de nulidad, "cuando el particular pueda obtener de la impugnación del acto administrativo una ventaja o evitar un perjuicio, aunque no exista una relación inmediata entre la situación derivada o creada por el acto administrativo" debe admitirse la impugnación al ser "titular de un 'interés indirecto', lo cual lo legitima para ejercer el recurso contencioso administrativo." Consideró la Sala, en consecuencia, que es suficiente para impugnar tanto actos de efectos particulares como actos de efectos generales, "que se tenga un interés conforme con el ordenamiento jurídico, aunque dicho interés no sea personal y directo." Además, señaló la Sala que en lo que respecta a la exigencia de que el interés sea "personal," que "la nueva Constitución permite el acceso a la justicia para la defensa de los intereses "difusos" y "colectivos," concluyendo entonces que "el concepto de interés previsto en la nueva Constitución abarca los intereses estrictamente personales así como los intereses comunes de cuya satisfacción depende la de todos y cada uno de los que componen la sociedad." Terminó la Sala Político Administrativa aclarando que, en todo caso, "no puede confundirse la legitimación por simple interés legítimo que exige la nueva Constitución con la denominada acción popular" en cuyo caso "al particular deberá admitírsele la interposición del recurso con independencia de que pueda ostentar un derecho o interés lesionado."[91]

Pero a pesar de este criterio jurisprudencial de 2000, la Ley Orgánica de 2004 repitió en su texto la norma de la derogada Ley Orgánica de 1976 (norma que había sido considerada tácitamente derogada por la Constitución por la Sala Político Administrativa del Tribunal Supremo), exigiéndose el interés personal, legítimo y directo como condición de legitimidad para interponer el recurso contencioso de anulación contra los actos administrativos de efectos particulares (Art. 21, párrafo 9°); razón por la cual continuó siendo, hasta 2010, la condición básica de la legitimación para intentar demandas de nulidad de actos administrativos de efectos particulares o para hacerse parte en los juicios. A partir de 2010, sin embargo, como se dijo, ni la Ley Orgánica de la Jurisdicción Contencioso Administrativa, ni la Ley Orgánica del Tribunal Supremo de Justicia de 2010 establecen condición alguna de interés del recurrente para intentar acciones contencioso administrativas contra actos de efectos particulares, por lo que será la jurisprudencia la que irá delineando la legitimación.

---

91   *V.* en *Revista de Derecho Público,* N° 82, Editorial Jurídica Venezolana, Caracas, 2002, pp. 582–583

Otro aspecto que debe mencionarse en relación con el proceso contencioso de anulación de los actos administrativos, tal como se regula en los artículos 76 a 96 de la Ley Orgánica de 2010, es que las normas de procedimiento que en ellos se establece solo se refieren a las demandas en las cuales sólo se solicite la nulidad de un acto administrativo. Sin embargo, en muchos casos, la demanda de nulidad de los actos administrativos no se agota con la sola pretensión de anulación de los mismos, sino que la demanda de anulación puede estar acompañada de otras pretensiones procesales de contenido patrimonial conforme se establece en el artículo 259 de la Constitución. En estos últimos casos, sin embargo, la Ley Orgánica no estableció procedimiento específico, por lo que además de aplicarse el procedimiento previsto para las demandas de nulidad, con las notificaciones y emplazamientos, en nuestro criterio debe efectuarse la citación del ente demandado, por ejemplo, en cabeza del Procurador General, como representante de la República.

Debe mencionarse que con la Ley Orgánica, como se ha dicho, quedó totalmente rota la tradicional dicotomía del contencioso de anulación, por un lado, y del contencioso de los derechos, por el otro,[92] de manera que en el contencioso de los actos administrativos, además de la anulación del acto, la pretensión del recurrente y la decisión del juez puede ser de condena a la Administración al pago de sumas de dinero, de reparación de daños y perjuicios y de restablecimiento de las situaciones jurídicas subjetivas lesionadas por el acto anulado. Esas pretensiones pueden tener su origen básicamente en la responsabilidad de la Administración derivada del acto administrativo ilegal. Para estos fines, en todo caso, la legitimación del recurrente tiene que ser algo más que "el simple interés legítimo" del cual hablaba la Sala Político Administrativa, como antes se ha dicho, y tendrá que ser propia de además, un interés personal y directo, cuando no un derecho subjetivo.[93]

Por último, en esta materia de los procesos contencioso administrativos de anulación, debe mencionarse que conforme al artículo 8 de la Ley Orgánica de 2010, además de los actos administrativos de efectos generales y particulares, también pueden ser objeto de control judicial las "actuaciones bilaterales," lo que apunta, sin duda, a los contratos públicos. Esto se había establecido en la derogada Ley Orgánica de 2004, que expresamente preveía la posibilidad de la impugnación por ilegalidad o inconstitucionalidad de los

---

92 Véanse los comentarios de A. Moles Caubet sobre lo que llamó "el contencioso mixto," en '"Rasgos generales de la jurisdicción contencioso administrativa" en Instituto de Derecho Público, *El control jurisdiccional de los Poderes Públicos en Venezuela,* Caracas, 1979, pp. 67–77; Nelson Rodríguez García, *El sistema contencioso–administrativo venezolano y la jurisdicción contencioso–administrativa*, Valencia, 1982, pp. 76–77.

93 *Idem,* pp. 74–75.

contratos o acuerdos celebrados por la Administración cuando afectasen los intereses particulares o generales, legítimos, directos, colectivos o difusos de los ciudadanos, atribuyéndose la legitimidad a personas extrañas a la relación contractual (Art. 21, párrafo 2°). La Ley Orgánica de 2010, sin embargo, en esta materia, tampoco reguló procedimiento contencioso específico alguno.

E. *Los procesos contencioso administrativos contra las carencias administrativas*

El quinto lugar, está el proceso contencioso administrativo que regula la Ley Orgánica es el establecido contra la carencia administrativa, a cuyo efecto, el artículo 23 asigna a la Sala Político Administrativa, competencia para conocer de:

> "3. La abstención o la negativa del presidente de la República, del vicepresidente Ejecutivo de la República, de los Ministros, así como de las máximas autoridades de los demás órganos de rango constitucional, a cumplir los actos a que estén obligados por las leyes."

Por su parte el artículo 24 de la Ley Orgánica le asigna a los Juzgados Nacionales de la Jurisdicción Contencioso Administrativa, competencia para conocer de:

> "3. La abstención o la negativa de las autoridades distintas a las mencionadas en el numeral 3 del artículo 23 de esta Ley y en el numeral 4 del artículo 25 de esta Ley."

Y conforme al artículo 25 de la Ley Orgánica, los Juzgados Superiores Estadales de la Jurisdicción Contencioso Administrativa son competentes para conocer de:

> "4. La abstención o la negativa de las autoridades estadales o municipales a cumplir los actos a que estén obligadas por las leyes."

F. *Los procesos contencioso administrativos de las controversias administrativas*

El sexto proceso contencioso administrativo previsto en la Ley es el proceso contencioso administrativo de las controversias administrativas, a cuyo efecto, el artículo 23 asigna a la Sala Político Administrativa, competencia para conocer de:

> "7. Las controversias administrativas entre la República, los estados, los municipios u otro ente público, cuando la otra parte sea una de

esas mismas entidades, a menos que se trate de controversias entre municipios de un mismo estado.

8. Las controversias administrativas entre autoridades de un mismo órgano o ente, o entre distintos órganos o entes que ejerzan el Poder Público, que se susciten por el ejercicio de una competencia atribuida por la ley."

Y conforme al artículo 25 de la Ley Orgánica, los Juzgados Superiores Estadales de la Jurisdicción Contencioso Administrativa son competentes para conocer de:

"9. Las controversias administrativas entre municipios de un mismo estado por el ejercicio de una competencia directa e inmediata en ejecución de la ley."

G. *Los procesos contencioso administrativos de interpretación de las leyes*

El séptimo proceso contencioso administrativo es el de interpretación de las leyes, a cuyo efecto el artículo 23.21 asigna a la Sala Político Administrativa, con exclusividad, competencia para conocer de "los recursos de interpretación de leyes de contenido administrativo."

Se precisó, en esta forma, frente a la competencia general de todas las Salas para interpretar las leyes, que lo que corresponde a la Sala Político Administrativa en exclusividad es sólo la interpretación de las leyes de "contenido administrativo."

4. *Acciones y demandas contencioso administrativas y los procedimientos*

A los efectos del desarrollo de estos procesos, conforme a la Ley Orgánica, se han puesto a disposición de que quienes ejerzan los puedan iniciar, como lo hemos señalado en otro lugar,[94] las siguientes siete de acciones contencioso–administrativos: en primer lugar, las demandas de contenido patrimonial contra los entes públicos; en segundo lugar, las demandas en relación con la prestación de servicios públicos; en tercer lugar, las contra las vías de

---

94 *V.* Allan R. Brewer–Carías, "Introducción General al Régimen de la Jurisdicción Contencioso Administrativa," en Allan R. Brewer–Carías y Víctor Hernández Mendible, *Ley Orgánica de la Jurisdicción Contencioso Administrativa,* Editorial Jurídica Venezolana, Caracas 2010, pp. 9–151. *V.* además, Allan R. Brewer–Carías, "Los diversos tipos de acciones y recursos contencioso–administrativos en Venezuela," en *Revista de Derecho Público,* Nº 25, Editorial Jurídica Venezolana, Caracas, 1986, pp. 6 ss.

hecho administrativas; en cuarto lugar, las demandas contra las conductas omisivas de la Administración; en quinto lugar, las demandas de nulidad de los actos administrativos; en sexto lugar, las demandas de interpretación de leyes administrativas, y en séptimo lugar, las demandas para la solución de las controversias administrativas.

Por otra parte, la Ley Orgánica de 2010 estableció en relación a todos estos procesos, un conjunto de normas procesales comunes a todas las demandas, dividiendo arbitrariamente los procedimientos que deben seguirse en los procesos, sólo en tres tipos:

Primero, el procedimiento aplicable al proceso contencioso administrativo de las demandas de contenido patrimonial;

Segundo, un procedimiento denominado "breve," aplicable (i) al proceso contencioso administrativos de las demandas de contenido no patrimonial o indemnizatorio y en especial, las ejercidas con ocasión de la omisión, demora o deficiente prestación a los servicios públicos; (ii) al proceso contencioso administrativos de las demandas contra las vías de hecho; y (iii) al proceso contencioso administrativos de las demandas contra la abstención o carencia de la Administración; y

Tercero, un procedimiento común aplicable (i) el proceso contencioso administrativos anulación de los actos administrativos; (ii) al proceso contencioso administrativos para la interpretación de leyes; y (iii) al proceso contencioso administrativos para la solución de controversias administrativas.

Esta división de los procedimientos contencioso administrativos, como hemos dicho, fue hecha en forma arbitraria, sin explicación alguna de la agrupación de procesos, mezclando así en un procedimiento, procesos que nada tienen en común. No se entiende, por ejemplo, porqué a los procesos contencioso administrativos contra la carencia o abstención administrativas no se aplicó, por ejemplo, el mismo procedimiento establecido para los procesos contencioso administrativos de anulación de actos administrativos; o porqué a los procesos contencioso administrativos de demandas contra vías de hecho, no se aplicó el mismo procedimiento establecido para los procesos contencioso administrativos de las demandas de contenido patrimonial.

5. *La protección contencioso administrativa de los intereses colectivos y difusos*

Una de las innovaciones importantes en materia de tutela judicial efectiva frente a la Administración fue la consagración del derecho de acceso a la justicia con expresa mención de la protección judicial de los intereses colectivos y difusos,[95] y no sólo de los intereses subjetivos y particulares. Los intereses difusos han sido caracterizados por la Sala Constitucional del Tribunal Supremo como los que conciernen a la calidad de la vida (condiciones básicas de existencia) de toda la comunidad o sociedad, que se difunden entre todos los individuos de la comunidad. Este *derecho o interés difuso*, ha agregado la Sala Constitucional, "debido a que la lesión que lo infringe es general (a la población o a extensos sectores de ella), vincula a personas que no se conocen entre sí, que individualmente pueden carecer de nexo o relaciones jurídicas entre ellas, que en principio son indeterminadas, unidas sólo por la misma situación de daño o peligro en que se encuentran como miembros de una sociedad, y por el derecho que en todos nace de que se les proteja la calidad de la vida, tutelada por la Constitución." Por tanto, es la afectación o lesión común de la calidad de vida, que atañe a cualquier componente de la población o de la sociedad como tal, independientemente de las relaciones jurídicas que puedan tener con otros de esos indeterminados miembros, lo que lo caracteriza.

Los daños al ambiente o a los consumidores, son así, por ejemplo, daños que afectan intereses difusos, así ocurra en una determinada localidad, pues tienen efectos expansivos que perjudican a los habitantes de grandes sectores del país y hasta del mundo, y responden a la prestación indeterminada de protección al ambiente o de los consumidores. Esa lesión a la población, que afecta con mayor o menor grado a todo el mundo, que es captado por la sociedad conforme al grado de conciencia del grupo social, es diferente a la lesión que se localiza concretamente en un grupo, determinable como tal, aunque no cuantificado o individualizado, como serían los habitantes de una zona del país afectados por una construcción ilegal que genera problemas de servicios públicos en la zona. Estos intereses concretos, focalizados, son en

---

95   *V.* en general, José L. Villegas Moreno, "Los intereses difusos y colectivos en la Constitución de 1999," en *Revista de Derecho Constitucional*, N° 2 (enero–junio). Editorial Sherwood, Caracas, 2000, pp. 253–269; Ana E. Araujo García, "El principio de la tutela judicial efectiva y los intereses colectivos y difusos," en *El Derecho Público a comienzos del siglo XXI. Estudios homenaje al Profesor Allan R. Brewer–Carías,* Tomo III, Instituto de Derecho Público, Universidad Central de Venezuela, Editorial Civitas, Madrid 2003, pp. 2703–2717; Ana Elvira Araujo, "El principio de la tutela judicial efectiva y los intereses colectivos y difusos," *Revista de derecho del Tribunal Supremo de Justicia,* N° 4, Caracas, 2002, pp. 1 a 29; Mariolga Quintero Tirado, "Aspectos de una tutela judicial ambiental efectiva," en *Nuevos estudios de derecho procesal, Libro Homenaje a José Andrés Fuenmayor,* Vol. II, Tribunal Supremo de Justicia, Colección Libros Homenaje, N° 8, Caracas, 2002 pp. 189 a 236; Flor M. Ávila Hernández, "La tutela de los intereses colectivos y difusos en la Constitución venezolana de 1999," en *El Derecho Público a comienzos del siglo XXI. Estudios homenaje al Profesor Allan R. Brewer–Carías,* Tomo III, *op. cit.,* pp. 2719–2742.

cambio, los *colectivos*, referidos a un sector poblacional determinado (aunque no cuantificado) e identificable, aunque individualmente, dentro del conjunto de personas existe o puede existir un vínculo jurídico que los une entre ellos. De ello dedujo la Sala Constitucional que "Son los *difusos* los de mayor cobertura, donde el bien lesionado es más generalizado, ya que atañe a la población en extenso, y que al contrario de los *derechos e intereses colectivos*, surgen de una prestación de objeto indeterminado; mientras que en los *colectivos*, la prestación puede ser concreta, pero exigible por personas no individualizables." Los intereses difusos por ejemplo, se refieren a los daños al ambiente; en cambio, es un interés colectivo "El interés de los vecinos de una urbanización, o un barrio, que se ve desmejorado en sus servicios públicos por una construcción, por ejemplo, también responde a un bien jurídico suprapersonal, pero es determinable, localizable en grupos específicos, y ese es el interés que permite la acción colectiva"[96].

Si bien la Constitución atribuye expresamente al Defensor del Pueblo la atribución de amparar y proteger los derechos e intereses legítimos, colectivos y difusos de las personas contra las arbitrariedades, desviaciones de poder y errores cometidos en la prestación de los servicios públicos, interponiendo cuando fuere procedente las acciones necesarias para exigir al Estado el resarcimiento a los administrados de los daños y perjuicios que les sean ocasionados con motivo del funcionamiento de los servicios públicos (art. 281,2), la legitimación activa para proteger esos derechos e intereses colectivos y difusos no está reservada en exclusiva a dicho funcionario.

Cualquier persona legitimada para intentar una acción contencioso-administrativa puede invocar la representación de intereses difusos o colectivos, siempre que "el que acciona lo haga en base no sólo a su derecho o interés individual, sino en función del derecho o interés común o de incidencia colectiva;" que "la razón de la demanda (o del amparo interpuesto) sea la lesión general a la calidad de vida de todos los habitantes del país o de sectores de él, ya que la situación jurídica de todos los componentes de la sociedad o de sus grupos o sectores, ha quedado lesionada al desmejorarse su calidad común de vida;" y "que exista un vínculo, así no sea jurídico, entre quien demanda en interés general de la sociedad o de un sector de ella (inte-

---

96   *V.* sentencia de la Sala Constitucional Nº 656 de 30–06–2000, Caso: *Defensor del Pueblo vs. Comisión Legislativa Nacional.* Citada en la sentencia de la Sala Constitucional Nº 279 de 19-2-2002 (Caso: *Ministerio Publico vs. Colegio de Médicos del Distrito Capital*) como Caso: *Dilia Parra Guillén,* en *Revista de Derecho Público,* Nº 89–92, Editorial Jurídica Venezolana, Caracas 2002.

rés social común), nacido del daño o peligro en que se encuentra la colectividad (como tal)[97].

6. *El recurso al arbitraje en materia de contratos públicos*

La Constitución, por otra parte, en su artículo 258 remite a la Ley para promover el arbitraje, la conciliación, la mediación y cualesquiera otros medios alternativos para la solución de conflictos.[98] En lo que se refiere al arbitraje, en materia administrativa ello está aceptado, tal como se regula en el ámbito interno en la Ley de Arbitraje Comercial,[99] y en el ámbito internacional, siempre que conforme a la naturaleza del objeto del contrato, por ejemplo por su carácter comercial, pueda establecerse la cláusula arbitral conforme al artículo 151 de la Constitución,[100] conforme se ha analizado anteriormente.

IX. OTRAS TÉCNICAS DE CONTROL DE LA ADMINISTRACIÓN

Además del control judicial de la Administración Pública, la Constitución establece el control parlamentario y el control fiscal.

1. *El control político sobre la Administración*

En cuanto al primero, se atribuye a la Asamblea Nacional y a sus Comisiones, a cuyo efecto, el artículo 222 de la Constitución, dispone que la Asamblea Nacional puede ejercer su función de control mediante los siguientes mecanismos: las interpelaciones, las investigaciones, las preguntas, las autorizaciones y las aprobaciones parlamentarias previstas en la Constitución y en la ley y cualquier otro mecanismo que establezcan las leyes y su reglamento. En ejercicio del control parlamentario, la Asamblea pueda de-

---

97 *V.* sentencia Nº 1048 de 17–08–2000 (Caso: *William Ojeda vs. Consejo Nacional Electoral*), en *Revista de Derecho Público*, Nº 83, (julio–septiembre), Editorial Jurídica Venezolana, Caracas 2000, pp. 325 y ss.

98 Sobre el arbitraje como medio alternativo de justicia *V.* la sentencia de la Sala Constitucional del Tribunal Supremo Nº 186 de 14–02–2001, en *Revista de Derecho Público*, Nº 85–88, Editorial Jurídica Venezolana, Caracas, 2001, pp. 253 y ss.

99 Artículo 4 de la *Ley de Arbitraje Comercial* (*Gaceta Oficial* Nº 36. 430 de 07–04–1998). *V.*, Allan R. Brewer–Carías, "El arbitraje y los contratos de interés nacional," en *Seminario sobre la Ley de Arbitraje Comercial*, Academia de Ciencias Políticas y Sociales, Caracas 1999, pp. 169–186.

100 *V.* Allan R. Brewer–Carías, "Algunos comentarios a la Ley de Promoción y Protección de Inversiones: Contratos Públicos y Jurisdicción," en Irene Valera (Coord.), *Arbitraje comercial interno e internacional. Reflexiones teóricas y experiencias prácticas*, Academia de Ciencias Políticas y Sociales, Caracas 1999, pp. 279–288.

clarar la responsabilidad política de los funcionarios públicos[101] y solicitar al Poder Ciudadano que intente las acciones a que haya lugar para hacer efectiva tal responsabilidad.

Por otra parte, tanto la Asamblea como sus Comisiones pueden realizar las investigaciones que juzguen convenientes en las materias de su competencia, de conformidad con el reglamento (art. 223).

Por último, debe destacarse que conforme al artículo 224, el ejercicio de la facultad de investigación no afecta las atribuciones de los demás poderes públicos. Sin embargo, en cuanto a los jueces, estos están obligados a evacuar las pruebas para las cuales reciban comisión de la Asamblea Nacional y de sus Comisiones.[102]

De acuerdo con el artículo 223 de la Constitución, todos los funcionarios públicos están obligados, bajo las sanciones que establezcan las leyes, a comparecer ante dichas Comisiones y a suministrarles las informaciones y documentos que requieran para el cumplimiento de sus funciones. Esta obligación comprende también a los particulares; quedando a salvo los derechos y garantías que la Constitución consagra.

A los efectos de asegurar la aplicación de esta norma constitucional en 2001 se dictó la Ley Sobre el Régimen para la Comparecencia de Funcionarios y Funcionarias Públicos y los o las Particulares ante la Asamblea Nacional o sus Comisiones[103], con el objeto, precisamente, de establecer las normas que rigen la comparecencia de funcionarios públicos y los particulares ante la Asamblea Nacional o sus Comisiones, así como las sanciones por el incumplimiento a las mismas. Dicha Ley dispone que la Asamblea Nacional, o sus Comisiones, en el ejercicio de sus atribuciones constitucionales puede acordar, conforme a su Reglamento, la comparecencia ante la plenaria, o ante sus Comisiones, de todos los funcionarios públicos, así como de los particulares "preservando los derechos fundamentales, garantías y principios constitucionales, a los fines del cumplimiento efectivo de las funciones de control y de investigación parlamentaria que sobre el Gobierno nacional,

---

101 *V.* sobre esto Allan R. Brewer–Carías "Aspectos del control político sobre la Administración Pública" en *Revista de Control Fiscal,* N° 101, Contraloría General de la República, Caracas, 1981, pp. 107 a 130.

102 *V.* Allan R. Brewer–Carías, "Los poderes de investigación de los cuerpos legislativos y sus limitaciones, con particular referencia a los asuntos secretos," *Revista de Derecho Público,* N° 10, Editorial Jurídica Venezolana, Caracas, 1982, pp. 25 a 42.

103 *V.* Ley Sobre el Régimen para la Comparecencia de Funcionarios y Funcionarias Públicos y los o las Particulares ante la Asamblea Nacional o sus Comisiones (Ley N° 30), en *Gaceta Oficial* N° 37.252 del 2 de agosto de 2001.

estadal y municipal, y sobre la administración descentralizada, le correspondan" (art. 3).

Cuando con motivo de la comparecencia de un funcionario público, persona natural o representantes de personas jurídicas, se determinen fundados indicios que hagan presumir la existencia de ilícitos administrativos que comprometan el patrimonio público, conforme se establece en el artículo 19 de la Ley, "las actuaciones de la Asamblea Nacional o de la Comisión respectiva constituyen medios de prueba vinculantes, para que la Contraloría General de la República abra la averiguación correspondiente sobre la responsabilidad administrativa de las personas involucradas." Si en esos casos se determinan fundados indicios de la comisión de ilícitos penales, también dispone el artículo 20 de la Ley que "las Actas de las comparecencias constituyen actuaciones preliminares similares a las exigidas en la fase preparatoria del juicio penal" las cuales adminiculadas deben ser pasadas al Ministerio Público para que ejerza la acción correspondiente contra las personas involucradas.

2. *El control fiscal de la Administración*

Pero además del control parlamentario, la Administración Pública está sometida al control fiscal por parte de la Contraloría General de la República que es uno de los órganos del Poder Ciudadano; y que conforme al artículo 287 de la Constitución, es el órgano de control, vigilancia y fiscalización de los ingresos, gastos, bienes públicos y bienes nacionales, así como de las operaciones relativas a los mismos. Goza de autonomía funcional, administrativa y organizativa, y orienta su actuación a las funciones de inspección de los organismos y entidades sujetas a su control[104]. En 2001 se ha sancionado la Ley N° 59, sobre Ley Orgánica de la Contraloría General de la República y del Sistema Nacional de Control Fiscal[105].

Entre las atribuciones de la Contraloría General de la República, conforme al artículo 289 de la Constitución, además de la ya señalada, están las de controlar la deuda pública, inspeccionar y fiscalizar los órganos, entidades y personas jurídicas del sector público sometidos a su control; practicar fiscalizaciones, disponer el inicio de investigaciones sobre irregularidades contra el patrimonio público, así como dictar las medidas, imponer los reparos y aplicar las sanciones administrativas a que haya lugar de conformidad con la ley; instar al Fiscal General de la República a que ejerzan las acciones

---

104 *V.* José Ignacio, Hernández G., "La Contraloría General de la República," *Revista de Derecho Público,* N° 83 (julio–septiembre), Editorial Jurídica Venezolana, Caracas 2000, pp. 21–38.

105 *Gaceta Oficial* N° 37.347 del 17 de diciembre de 2001.

judiciales a que hubiere lugar con motivo de las infracciones y delitos cometidos contra el patrimonio público y de los cuales tenga conocimiento en el ejercicio de sus atribuciones; y ejercer el control de gestión y evaluar el cumplimiento y resultado de las decisiones y políticas públicas de los órganos, entidades y personas jurídicas del sector público sujetos a su control, relacionadas con sus ingresos, gastos y bienes.

A los efectos de desarrollar estos principios constitucionales relativos al sistema nacional de control fiscal (art. 290), se ha sancionado la Ley Orgánica de la Contraloría General de la República y del Sistema Nacional de Control Fiscal[106], la cual en su artículo 9, sujeta a sus disposiciones y al control, vigilancia y fiscalización de la Contraloría General de la República, a todos los órganos y entidades del Estado, en los tres niveles territoriales.

X. LA RESPONSABILIDAD ADMINISTRATIVA

Uno de los principios de rango constitucional más importantes en relación con el derecho administrativo en Venezuela, es el de la responsabilidad administrativa, tanto de los funcionarios como de la Administración Pública, es decir, de las personas jurídicas estatales de cuyos órganos administrativos aquéllos son titulares.

1. *La responsabilidad de los funcionarios públicos*

En efecto, un principio fundamental que rige para todos los órganos del Estado, es decir, que ejercen el Poder Público, y por supuesto, para la Administración Pública, es el regulado en el artículo 139 de la Constitución, que recoge otra norma tradicional de nuestro constitucionalismo, y es el principio de la responsabilidad individual de los funcionarios públicos en el ejercicio del Poder Público[107]. Dispone dicha norma que "El ejercicio del Poder Público acarrea responsabilidad individual por abuso o desviación de poder o por violación de esta Constitución o de la Ley." Esta norma recoge el principio del artículo 121 de la Constitución de 1961, pero agregando a la ahora la "desviación de poder" dentro de los supuestos que generan responsabili-

---

106 *Gaceta Oficial* N° 37.347 del 17 de diciembre de 2001.

107 *V.* en general, Jesús Caballero Ortiz, "Consideraciones fundamentales sobre la responsabilidad administrativa en Francia y en España y su recepción en la Constitución venezolana de 1999," en *Estudios de Derecho Público: Libro Homenaje a Humberto J. La Roche Rincón,* Volumen II. Tribunal Supremo de Justicia, Caracas, 2001, pp. 255–271; Luis A. Ortiz–Álvarez, "La responsabilidad patrimonial del Estado y de los funcionarios públicos en la Constitución de 1999," en *Estudios de Derecho Administrativo: Libro Homenaje a la Universidad Central de Venezuela,* Volumen II. Imprenta Nacional, Caracas, 2001, pp. 149–208.

dad del funcionario; vicio de los actos administrativos que reafirma su rango constitucional.

En consecuencia, la responsabilidad de los funcionarios que causen daños al ejercer el Poder Público, se puede originar cuando ello ocurra por abuso de poder, es decir, por el llamado vicio en la causa de los actos estatales (falso supuesto, por ejemplo); por desviación de poder, que es el vicio en la finalidad del acto estatal, al usarse el poder conferido para perseguir fines distintos a los establecidos en la norma atributiva de competencia; y en general, por violación de la Constitución o de la Ley, es decir, en general, por contrariedad al derecho.

La Constitución, por otra parte, y también siguiendo una larga tradición de nuestro constitucionalismo, reitera el principio de la responsabilidad de los funcionarios públicos pero en particular, respecto de los actos que dicten, ordenen o ejecuten, que violen o menoscaben los derechos garantizados constitucionalmente; responsabilidad que puede ser civil, penal y administrativa, sin que pueda servirles de excusa órdenes superiores que reciba el funcionario. (art. 25). Este mismo principio lo repite el artículo 8 de la Ley Orgánica de la Administración Pública, en relación con los funcionarios de la misma.

En estos casos, y sin perjuicio del derecho de acceso a la justicia establecido en la Constitución (art. 26) y la ley, los particulares cuyos derechos humanos hayan sido violados o menoscabados por un acto u orden de un funcionario público pueden, directamente o a través de su representante, acudir ante el Ministerio Público para que éste ejerza las acciones a que hubiere lugar para hacer efectiva "la responsabilidad civil, laboral, militar, penal, administrativa o disciplinaria" en que hubiere incurrido dicho funcionario. Igualmente, pueden acudir ante la Defensoría del Pueblo para que ésta inste al Ministerio Público a ejercer dichas acciones y, además, para que la Defensoría del Pueblo solicite ante el Consejo Moral Republicano que adopte las medidas a que hubiere lugar con respecto a tales funcionarios, de conformidad con la ley.

A los efectos, incluso, de la posibilidad de exigencia de responsabilidad, la Ley Orgánica establece el principio de rendición de cuentas, al disponer su artículo 14 que las autoridades y funcionarios de la Administración Pública deben "rendir cuentas de los cargos que desempeñen en los términos y condiciones que determine la ley."

2. *La responsabilidad patrimonial de la Administración*

Por otra parte, una de las innovaciones importantes de la Constitución de 1999 en materia de régimen general del ejercicio del Poder Público, es la previsión expresa del principio de la responsabilidad patrimonial del Estado;

es decir, de las personas jurídicas estatales, básicamente la que resultan de la distribución vertical del Poder Público (Repúblicas, Estados y de Municipios), por los daños y perjuicios que causen los funcionarios en ejercicio de sus funciones.

En la Constitución de 1961 el principio de la responsabilidad del Estado, por supuesto, que se deducía de la previsión del artículo 47 de que establecía que las personas no podían pretender que los entes estatales los indemnizaren sino por daños causados por "autoridades legítimas en ejercicio de su función pública;" y del artículo 206, que regulaba la jurisdicción contencioso administrativa (equivalente al artículo 259 de la Constitución de 1999), al atribuirle a los tribunales de dicha jurisdicción, competencia para dictar sentencias de condena "al pago de sumas de dinero y a la reparación de daños y perjuicios originados en responsabilidad de la Administración."

A propuesta nuestra[108] se incluyó en la nueva Constitución una norma expresa en la materia, con el siguiente texto:

> "*Artículo 140*: El Estado responderá patrimonialmente por los daños que sufran los particulares en cualquiera de sus bienes y derechos, siempre que la lesión sea imputable al funcionamiento de la Administración Pública."

La expresión "funcionamiento de la Administración Pública," de carácter muy genérico, permite que la responsabilidad del Estado se origine cuando la lesión se derive del funcionamiento normal o anormal de los servicios públicos a cargo del Estado o en general, de la actividad administrativa realizada por la Administración Pública, como estructura orgánica.[109]

---

108 *V.* Allan R. Brewer–Carías, *Debate Constituyente (Aportes a la Asamblea nacional Constituyente)*, Tomo II, Fundación de Derecho Público, Editorial Jurídica Venezolana, Caracas 1999, pp. 184 y ss.

109 *V.* en general, Luis Ortiz Álvarez, *La Responsabilidad Patrimonial de la Administración Pública*, Caracas, 1995; Margarita Escudero León, "Reflexiones sobre la ejecución de sentencias que condenan al Estado al pago de sumas de dinero," en *El Derecho Público a comienzos del siglo XXI. Estudios homenaje al Profesor Allan R. Brewer–Carías*, Tomo II, Instituto de Derecho Público, UCV, Civitas Ediciones, Madrid, 2003, pp. 2310–2329; María E. Soto, "Régimen constitucional de la responsabilidad extracontractual de la Administración Pública," en *Revista LEX NOVA del Colegio de Abogados del Estado Zulia*, Nº 239, Maracaibo, 2001, pp. 49–72; Luis A. Ortiz–Álvarez, "La responsabilidad patrimonial del Estado y de los funcionarios públicos en la Constitución de 1999," en *Estudios de Derecho Administrativo: Libro Homenaje a la Universidad Central de Venezuela*, Volumen II, Imprenta Nacional, Caracas, 2001, pp. 149–208; Ana C. Núñez Machado, "La nueva Constitución y la responsabilidad patrimonial del Estado," en *Comentarios a la Constitución de la República Bolivariana de Venezuela,*" Vadell

Se observa, ante todo, que conforme a este artículo, la responsabilidad es del "Estado," es decir, de las personas jurídicas estatales en particular, de la República, de los Estados y de los Municipios en sus respectivos niveles territoriales, por el funcionamiento de sus Administraciones Públicas.

Ahora bien, en cuanto a la expresión "Administración Pública" utilizada en este artículo, en todo caso, debe interpretarse conforme se utiliza la expresión en el Título IV de la Constitución, donde está ubicada, abarcando no sólo la Administración Pública conformada por los órganos que ejercen el Poder Ejecutivo, en los y tres niveles político territoriales, sino la conformada por los órganos que ejercen el Poder Ciudadano y el Poder Electoral, así como la Administración Pública que constituye la Dirección Ejecutiva de la Magistratura del Tribunal Supremo de Justicia y las unidades administrativas de la Asamblea Nacional.

La redacción de la norma, sin embargo, podría plantear dudas sobre su aplicación a los casos de responsabilidad del Estado legislador, causada, por ejemplo, al sancionar una ley, la cual, sin embargo, deriva de los principios generales del derecho público[110]. En cuanto a la responsabilidad del Estado por actos judiciales o de los jueces, ésta, sin embargo, sí está regulada expresamente en los artículos 49,8 y 255 de la Constitución.

El principio de la responsabilidad patrimonial del Estado, por la actividad de la Administración Pública, por otra parte, lo reitera el artículo 13 de la Ley Orgánica de la Administración Pública, el cual aún cuando en forma impropia se dispone que la responsabilidad patrimonial sería de la "Administración Pública," cuando está en realidad no es sujeto de derecho ni persona jurídica. La norma, en efecto, señala:

Hermanos Editores, Caracas, 2000, pp. 35–64; Abdón Sánchez Noguera, "La responsabilidad del Estado por el ejercicio de la función jurisdiccional en la Constitución venezolana de 1999," en *Revista Tachirense de Derecho,* N° 12 (enero–diciembre). Universidad Católica del Táchira, San Cristóbal, 2000, pp. 55–74; Luis Ortiz–Álvarez, "La responsabilidad patrimonial del Estado y de los funcionarios públicos en la Constitución de 1999," en *Revista de Derecho Constitucional*, N° 1 (septiembre–diciembre), Editorial Sherwood, Caracas, 1999, pp. 267–312; Ana C. Núñez Machado, "Reflexiones sobre la interpretación constitucional y el artículo 140 de la Constitución sobre responsabilidad patrimonial del Estado," en *Revista de Derecho Administrativo,* N° 15 (mayo–diciembre), Editorial Sherwood, Caracas, 2002, pp. 207–222; Alfonso Rivas Quintero, *Derecho Constitucional,* Paredes Editores, Valencia–Venezuela, 2002, pp. 276 y ss.

110 *V.* Carlos A. Urdaneta Sandoval, "El Estado venezolano y el fundamento de su responsabilidad patrimonial extracontractual por el ejercicio de la función legislativa a la luz de la Constitución de 1999," en *Revista de Derecho Constitucional,* N° 5 (julio–diciembre), Editorial Sherwood, Caracas, 2001, pp. 247–301.

"Artículo 3. La Administración Pública será responsable ante las personas por la gestión de sus respectivos órganos, de conformidad con la Constitución de la República Bolivariana de Venezuela y la ley, sin perjuicio de la responsabilidad de cualquier índole que corresponda a los funcionarios por su actuación.

La Administración Pública responderá patrimonialmente por los daños que sufran las personas, siempre que la lesión sea imputable a su funcionamiento."

La "Administración Pública," en efecto, no puede ser responsable pues no es un sujeto de derecho; la responsabilidad es de las personas jurídicas estatales político–territoriales (República, Estado, Municipios, Distritos Metropolitana), o descentralizadas (*p.e.*, institutos autónomos) que la Constitución comprende en la expresión "Estado."

La Sala Constitucional ha sentado criterio de que la Constitución de 1999 establece un régimen amplio, integral y objetivo de la responsabilidad patrimonial del Estado que se erige en garantía de los particulares frente a las actuaciones dañosas de la Administración, mucho más amplio del establecido en la Constitución de 1961, del cual "no cabe duda que dicha responsabilidad debe ser apreciada de manera objetiva descartándose la culpa del funcionario como fundamento único del sistema indemnizatorio." En consecuencia, la Sala apartándose del criterio restringido que había sido establecido por la Sala Político Administrativa[111], resolvió que "la responsabilidad patrimonial del Estado no debe ser considerada como una garantía en favor de los entes públicos; por el contrario, su consagración constitucional exige que la misma sea interpretada por los jueces en sentido amplio y progresista como una garantía patrimonial del administrado frente a las actuaciones de la Administración generadoras de daño."[112]

XI. EL SERVICIO PÚBLICO Y EL RÉGIMEN DE COMPETENCIA

1. *Principios constitucionales del sistema económico*

Siguiendo, en cierta forma, las orientaciones de la Constitución de 1961, en materia de Constitución Económica[113] la Constitución de 1999 estableció

---

111   *V.* la sentencia Nº 943 de 15–05–2001.

112   *V.* la sentencia Nº 2818 de 19–11–2002 (Caso: *Ramón Oscar Carmona Vásquez,* en *Revista de Derecho Público,* Nº 89–92, Editorial Jurídica Venezolana, Caracas, 2002, pp. 113 y ss.

113   *V.* Allan R. Brewer–Carías, "Reflexiones sobre la Constitución Económica" en *Estudios sobre la Constitución Española. Homenaje al Profesor Eduardo García de Enterría,* Madrid 1991, pp. 3839 a 3853; Ignacio de León, "A cinco años de la Constitución Eco-

un sistema económico de economía mixta y social de mercado[114] que se fundamenta en la libertad económica, pero que debe desenvolverse conforme a principios de justicia social, que requieren de la intervención del Estado.[115]

En esa orientación, precisamente se inscribe el contenido del artículo 299, al prescribir que el régimen socioeconómico de la República se fundamenta en los siguientes principios: justicia social, democratización, eficiencia, libre competencia, protección del ambiente, productividad y solidaridad, a los fines de asegurar el desarrollo humano integral y una existencia digna y provechosa para la colectividad.

El sistema económico, por tanto, se fundamenta en la libertad económica, la iniciativa privada y la libre competencia, pero con la participación del Estado como promotor del desarrollo económico, regulador de la actividad económica, y planificador con la participación de la sociedad civil. Este sistema de economía mixta como lo ha sido precisado por la Sala Constitucional del Tribunal Supremo, en sentencia N° 117 de 6 de febrero de 2001, está basado en la idea de que la Constitución:

"propugna una serie de valores normativos superiores del régimen económico, consagrando como tales la libertad de empresa en el marco de una economía de mercado y fundamentalmente el del Estado Social de Derecho (Welfare State, Estado de Bienestar o Estado Socialdemócrata), esto es un Estado social opuesto al autoritarismo. Los valores

---

nómica de 1999. Un balance de la gestión," Jesús María Casal, Alfredo Arismendi y Carlos Luis Carrillo Artiles (Coord.), *Tendencias Actuales del Derecho Constitucional. Homenaje a Jesús María Casal Montbrun*, Tomo II, Universidad Central de Venezuela/Universidad Católica Andrés Bello, Caracas, 2008, pp. 379–406.

114 *V.* lo que expusimos ante la Asamblea, en Allan R. Brewer–Carías, *Debate Constituyente*, Tomo III, *op. cit.*, pp. 15 a 52.

115 *V.* en general, Henrique Meier, "La Constitución económica," en *Revista de Derecho Corporativo*, Vol. 1, N° 1. Caracas, 2001, pp. 9–74; Dagmar Albornoz, "Constitución económica, régimen tributario y tutela judicial efectiva," en *Revista de Derecho Constitucional*, N° 5 (julio–diciembre), Editorial Sherwood, Caracas, 2001, pp. 7–20; Ana C. Núñez Machado, "Los principios económicos de la Constitución de 1999," en *Revista de Derecho Constitucional*, N° 6 (enero–diciembre), Editorial Sherwood, Caracas, 2002, pp. 129–140; Claudia Briceño Aranguren y Ana C. Núñez Machado, "Aspectos económicos de la nueva Constitución," en *Comentarios a la Constitución de la República Bolivariana de Venezuela*, Vadell Hermanos, Editores, Caracas, 2000, pp. 177 ss., Jesús Ollarves Irazábal, "La vigencia constitucional de los Derechos Económicos y Sociales en Venezuela," *Libro Homenaje a Enrique Tejera París, Temas sobre la Constitución de 1999*, Centro de Investigaciones Jurídicas (CEIN), Caracas, 2001, pp. 159 a 192; Rafael Ortiz Ortiz, "Derechos fundamentales y las actividades económicas de interés general," en *Revista de Derecho*, N° 22, Tribunal Supremo de Justicia, Caracas, 2006, pp. 123–202.

aludidos se desarrollan mediante el concepto de libertad de empresa, que encierra, tanto la noción de un derecho subjetivo "a dedicarse libremente a la actividad económica de su preferencia," como un principio de ordenación económica dentro del cual se manifiesta la voluntad de la empresa de decidir sobre sus objetivos. En este contexto, los Poderes Públicos, cumplen un rol de intervención, la cual puede ser directa (a través de empresas) o indirecta (como ente regulador del mercado)."[116]

Ello, según el criterio de la misma Sala Constitucional, "permiten determinar el grado de flexibilidad de nuestra Constitución Económica dentro de la economía de mercado, el cual puede tener como contenido la economía social de mercado o la economía dirigida o controlada de mercado, adaptándose de esta forma, a las necesidades de su tiempo... ;" de lo que concluyó la Sala señalando que se patentiza "el carácter mixto de la economía venezolana," esto es, "un sistema socioeconómico intermedio entre la economía de libre mercado (en el que el Estado funge como simple programador de la economía, dependiendo ésta de la oferta y la demanda de bienes y servicios) y la economía interventora (en la que el Estado interviene activamente como el "empresario mayor")."

Ello se desprende, por otra parte, del propio texto de la Constitución, que promueve expresamente, "la actividad económica conjunta del Estado y de la iniciativa privada en la persecución y concreción de los valores supremos consagrados en la Constitución,"[117] garantizando tanto la libertad económica o el derecho de las personas al libre ejercicio de las actividades económicas de su preferencia (art. 112), como la propiedad privada (art. 115), y en particular, prohibiendo la confiscación (art. 116) y regulando la expropiación (art. 115), garantizando el pago de una justa y oportuna compensación.

2. *La actividad administrativa y su incidencia en la esfera de los administrados*

La actividad administrativa, por esencia, incide en la esfera jurídica de los administrados, y en materia económica, en la libertad económica. En este campo, como en todo el del derecho administrativo, éste, además de regular a la Administración Pública como complejo orgánico, el ejercicio de la función administrativa y la propia actividad administrativa del Estado, regula

---

116 *V.* en *Revista de Derecho Público,* N° 85–88, Editorial Jurídica Venezolana, Caracas, 2001, pp. 212–218.

117 *Idem. V.* sobre dicha sentencia, José Ignacio Hernández, "Constitución económica y privatización (Comentarios a la sentencia de la Sala Constitucional del 6 de febrero de 2001)," en *Revista de Derecho Constitucional,* N° 5, julio–diciembre–2001, Editorial Sherwood, Caracas, 2002, pp. 327–342.

también las relaciones entre las personas jurídicas estatales como sujetos de derecho actuando a través de los órganos de la Administración Pública, y los administrados, como consecuencia de la gestión del interés público que, en concreto, aquéllas tienen que asumir.

En estas relaciones está otro de los elementos claves del derecho administrativo contemporáneo: el necesario equilibrio, en un régimen democrático, que tiene que establecerse entre los poderes y prerrogativas de los órganos de la Administración Pública y los derechos de los particulares o administrados, lo cual plantea unas especiales exigencias en un régimen de derechos y garantías ciudadanas.

En esta forma, ante el elenco de derechos y garantías que declara la Constitución, corresponde a la legislación propia del derecho administrativo su regulación, actualización, limitación y protección concretas, y con ello la de las diversas formas de la actividad administrativa, que corresponden a las clásicas formas o cometidos de: policía, fomento, servicio público, control y gestión de los asuntos públicos.

La primera, la actividad de policía, quizás la más clásica de las actividades administrativas, siempre resulta en definitiva en una limitación a los derechos constitucionales; la segunda, la actividad de fomento, se manifiesta en la política el estímulo al desarrollo pleno de los mismos derechos ciudadanos, con particulares connotaciones en el ámbito económico; la tercera, la actividad de servicio público, en esencia es la obligación prestacional impuesta al Estado consecuencia directa de derechos ciudadanos previstos constitucional o legalmente; la cuarta, la actividad de control, corresponde a todas las acciones del Estado de control de la actuación tanto de los órganos de la Administración Pública como de los propios administrados en relación con sus actividades reguladas; y la quinta forma de la actividad administrativa, la de gestión del interés general, que puede manifestarse, entre otros, en el campo de la economía cuando el Estado gestiona incluso directamente actividades dentro del sistema de economía mixta establecido en la Constitución.

En esta forma, la actividad administrativa, materialmente hablando, no puede concebirse sin su incidencia directa en la esfera jurídica de los particulares, pues en definitiva, aquella se concreta en una regulación, limitación, estímulo, satisfacción, control o protección de los derechos y garantías constitucionales.

La materia administrativa, por tanto, está conformada por todas aquellas regulaciones que permiten al Estado actuar en concreto, realizando cometidos y prestaciones, y que a la vez se configuran como limitaciones a los derechos y garantías constitucionalmente permitidas, por lo que bien podría decirse que el derecho administrativo, materialmente hablando, es el derecho de las limitaciones y regulaciones al ejercicio de esos derechos.

3. *El régimen de los servicios públicos*

Ahora bien, en particular en relación con los servicios públicos, a pesar de las sucesivas crisis que ha tenido en la historia del derecho administrativo, esa noción continúa siendo clave para nuestra disciplina. Incluso, su carácter escurridizo y multivalente no puede impedir que se pueda definir el concepto como referido a las actividades prestacionales que debe asumir el Estado, tendientes a satisfacer necesidades generales o colectivas, en cumplimiento de una obligación constitucional o legal y en relación con las cuales, los particulares no tienen derecho a desarrollarlas "libremente."[118]

De esta definición resulta lo siguiente:

En *primer lugar,* que se trata siempre de una actividad, es decir, de un conjunto de operaciones y tareas a cargo de un sujeto de derecho, consistente en dar o hacer algo a favor de otros, en suma, de prestar. Se trata, por tanto, de una actividad prestacional; pero no de cualquier tipo de prestación sino de una que es de interés de todos, de interés público o colectivo por lo que los sujetos a los cuales se destina son todos, es decir, al público en general.

En *segundo lugar,* esa actividad prestacional corresponde cumplirla obligatoriamente al Estado, es decir, a los entes públicos, por estar así establecido en la Constitución o en una Ley. Por tanto, no toda actividad prestacional de interés público que realicen los entes públicos puede considerarse como un servicio público, sino sólo aquellas que éstos asumen en cumplimiento de una obligación constitucional o legal, lo que implica la regularidad y continuidad.

En *tercer lugar,* tratándose de una actividad prestacional que corresponde como obligación al Estado, de acuerdo al principio de alteridad, los particulares, es decir, el público en general, tienen un correlativo derecho consti-

---

118 *V.* Allan R. Brewer–Carías, "Comentarios sobre la noción del servicio público como actividad prestacional del Estado y sus consecuencias" en *Revista de Derecho Público*, N° 6, Editorial Jurídica Venezolana, Caracas, abril–junio 1981, pp. 65–71 "El régimen constitucional de los servicios públicos» en *El nuevo servicio público. Actividades reservadas y regulación de actividades de interés general (electricidad, gas, telecomunicaciones y radiodifusión) VI Jornadas Internacionales de Derecho Administrativo Allan Randolph Brewer–Carías, Caracas 2002*, Fundación de Estudios de Derecho Administrativo, Caracas 2003, pp. 19–49; José Ignacio Hernández G., "Un ensayo sobre el concepto de servicio público en el derecho venezolano," *Revista de Derecho Público*, N° 89–92, Editorial Jurídica Venezolana, Caracas 2002, pp. 47–75.

tucional o legal a recibir la prestación, el cual, como todo derecho, debe ser esencialmente justiciable y protegible.

En *cuarto lugar,* desde el momento en el cual una actividad se configura como servicio público a cargo de los entes públicos, la misma queda sustraída de las que pueden ser desarrolladas libremente por los particulares. No es que necesariamente la actividad queda excluida del ámbito de la libertad económica de los particulares, sino que en relación con ella, ésta no puede desarrollarse libremente.

Es decir, la libertad económica, como derecho de toda persona de "dedicarse libremente a la actividad económica de su preferencia" (art. 112 de la Constitución), está limitada, constitucional o legalmente, en una proporción inversa al grado de asunción de la actividad por parte del Estado.

En todo caso, la idea clave a los efectos de la conceptualización jurídica del servicio público, es la existencia de una obligación constitucional o legal a cargo del Estado para la realización de la actividad prestacional. Ello contribuye a deslindar a los servicios públicos de las actividades prestacionales que el Estado realiza por ejemplo, como mero empresario, que no se ejecutan en virtud del cumplimiento de obligación constitucional o legal algunas, y respecto de las cuales existe el derecho de los particulares a desarrollarlas libremente.

En consecuencia, la declaración de una actividad como servicio público que, por tanto, se cumple por el Estado en ejecución de una obligación constitucional o legal, da origen a dos consecuencias fundamentales en relación con los particulares y el mercado:

Por una parte, que con motivo de la obligación jurídica del Estado surge una relación jurídica, en cuyo otro extremo está como correlativo a la obligación, un derecho de los administrados a percibir la prestación de tales servicios públicos; y por otra parte, que la presencia del Estado como prestador de servicios públicos restringe, a la vez, la libertad económica de los administrados.

El servicio público así entendido, se presenta entonces siempre, como una restricción a la libertad económica de los particulares. Por ello es que la creación de un servicio público, es decir, el establecimiento de la obligación prestacional a cargo del Estado, sólo puede tener su origen directamente en la Constitución o en la ley, pues sólo en esos textos, conforme al principio de la reserva legal previsto en la propia Constitución (art. 112), es que puede limitarse o restringirse la libertad económica.

Esta consecuencia de la noción de servicio público es la más importante desde el punto de vista jurídico; que cuando una actividad prestacional se erige en servicio público, es decir, se impone obligatoriamente al Estado, sea a la República, a los Estados o a los Municipios, se restringe automáticamente la libertad económica de los particulares en el sentido de que no pueden, libremente, ejercer dicha actividad.

Es evidente, por supuesto, que el ámbito de esta restricción no es uniforme, pues depende de la regulación concreta que se establezca en la Constitución o en la ley. Las normas pueden establecer una variada gama de restricciones a la libertad económica que pueden ir desde la exclusión total de la actividad económica de los particulares en el ámbito de la actividad prestacional, por ejemplo, cuando el Estado se la reserva con carácter de exclusividad; hasta la previsión de una concurrencia casi sin restricciones, entre la actividad pública y la actividad privada, pasando por los supuestos en los cuales, a pesar de que el Estado se reserve el servicio, los particulares pueden prestarlo mediante concesión.

Por tanto, según la intensidad de la restricción a la libertad económica que acarrea la consideración de una actividad como servicio público, se pueden distinguir tres grandes categorías de servicios públicos: los servicios públicos exclusivos y excluyentes; los servicios públicos exclusivos, pero concedibles; los servicios públicos concurrentes.

La primera categoría de servicios públicos abarca aquellos reservados al Estado en forma absoluta, de manera que los particulares no pueden, en forma alguna, prestarlos. La Constitución, en general, salvo en relación con los servicios públicos vinculados a la seguridad de la Nación y a los fines del Estado, no establece directamente ningún servicio público de esta naturaleza, pero permite que la ley los pueda establecer en determinados supuestos. En efecto, el artículo 302 de la Constitución establece expresamente la posibilidad que tiene el Estado de reservarse, mediante Ley Orgánica, y por razones de conveniencia nacional, "industrias, explotaciones, *servicios y bienes de interés público.*"

De acuerdo a este artículo, por tanto, mediante ley orgánica podría establecerse un servicio público para ser prestado en forma exclusiva por el Estado, excluyendo a los particulares del ámbito del mismo. Una reserva de este tipo tendría por efecto fundamental establecer una exclusión a la libertad económica de los administrados, la cual no podría desarrollarse, en forma alguna, respecto del servicio reservado. En estos casos, la reserva de servicios provocaría el establecimiento de un *monopolio de derecho* a favor del Estado, configurándose el supuesto del artículo 302 de la Constitución como una excepción a la prohibición de los monopolios que regula el artículo 113 de la propia Constitución. En el ordenamiento jurídico actual no existe ningún servicio público de esta naturaleza.

Una segunda categoría de servicios públicos estaría configurada por aquellos que, aún siendo atribuidos en forma obligatoria y exclusiva al Estado, es decir, a la República, a los Estados o a los Municipios, y estando reservados a los entes públicos, ello no se ha hecho en forma excluyente, por lo que mediante concesión podría permitirse a los particulares la prestación de los mismos en determinadas condiciones. La Constitución ha regulado, en muchas normas esta categoría de servicios públicos, como servicios públicos exclusivos y no excluyentes, por tanto, concedibles, a cuyo efecto ha regulado en general, en el artículo 113 que cuando se trate de "prestación de servicios de naturaleza pública con exclusividad o sin ella, el Estado podrá otorgar concesiones por tiempo determinado, asegurando siempre la existencia de contraprestaciones o contrapartidas adecuadas al interés público."

Esta norma establece, por tanto, que cuando se trate de una actividad declarada como servicio público exclusivo del Estado, pero no excluyente, sea que se vaya a prestar en forma exclusiva o no, el Estado puede otorgar concesiones por tiempo determinado. Por supuesto, corresponde a la Ley la determinación del carácter exclusivo del servicio que permita, sin embargo, que su prestación se pueda conceder a los particulares.

La consecuencia de ello es que en virtud de la reserva, los particulares no tendrían libertad económica respecto de las actividades que configuran estos servicios, es decir, en esos supuestos, los particulares *no tienen derecho* a realizar las actividades económicas que los configuran. Pueden, sí, obtener ese derecho mediante un acto administrativo bilateral, que es la concesión de servicio público, a través de la cual se transfiere a los particulares un derecho que antes no tenían y que se constituye por dicho acto.

En relación con estos servicios, y con excepción de los de carácter municipal (abastecimiento de aguas,[119] recolección de desechos sólidos, transporte público de pasajeros) o de prestación local,[120] puede decirse que en Venezuela se ha venido produciendo un proceso de liberalización, de manera que el régimen de concesión no encuentra ahora regulación sino excepcionalmente, por ejemplo, en materia de transporte, como el ferroviario[121] o de

---

119　Ley Orgánica para la Prestación de los Servicios de Agua Potable y de Saneamiento (Ley N° 75), *Gaceta Oficial* N° 5.568 Extraordinario de 31–12–2001.

120　Por ejemplo, la Ley de Armonización y Coordinación de Competencias de los Poderes Públicos Nacional y Municipal para la Prestación de los Servicios de Distribución de Gas con fines domésticos y de Electricidad (Decreto–Ley N° 1.507) *Gaceta Oficial* N° 37.319 de 07–11–2001

121　Ley Orgánica del Transporte Ferroviario Nacional (*Gaceta Oficial* N° 5.889 Extra. de 31–7–2008.

instalaciones portuarias.[122] En materia de telecomunicaciones, en cambio, puede decirse que la actividad económica se liberalizó, correspondiendo al Estado la regulación del servicio a través del ente regulador como es la Comisión Nacional de Telecomunicaciones creada en la Ley Orgánica de Telecomunicaciones.[123] En sentido similar, el servicio eléctrico también se ha liberalizado conforme a la Ley Orgánica del Servicio Eléctrico,[124] correspondiendo a la Comisión Nacional de Energía, como ente regulador, el control de las actividades particulares en ese campo. En ambos casos, sujetas a la obtención de autorizaciones, permisos y licencias.

Un tercer tipo de servicio público está configurado por aquellas actividades prestacionales también impuestas obligatoriamente al Estado, pero respecto de las cuales el ordenamiento constitucional también consagra un derecho de los particulares a prestarlos, como sucede, por ejemplo, en materia de servicios educativos y de atención a la salud. En estos casos, el establecimiento de una actividad como servicio público lo que produce, como consecuencia, es una limitación a la libertad económica de los particulares, que requieren para ello, por ejemplo, de un registro ante la autoridad pública. No se trata, por tanto, de que la actividad económica se excluya del ámbito de los particulares, como sucede en los casos anteriores, sino de una limitación a su ejercicio. Por ello, en estos casos, el derecho de los particulares a prestar los servicios está establecido directamente en el ordenamiento jurídico, y lo único que en éste se establece son los mecanismos de control, para asegurar que los servicios se presten en forma adecuada al interés general envuelto.

4. *La nacionalización de actividades económicas*

Conforme al sistema económico establecido en la Constitución, de economía mixta, el ámbito de lo público y de lo privado es correlativo, pudiendo variar conforme las políticas gubernamentales, siempre resguardando el núcleo esencial de los derechos. Pero en Venezuela, en forma diametralmente distinta a la tendencia contemporánea de reducción de las actividades públicas directas, al contrario, en la primera década del siglo XXI en Venezuela lo que se ha visto ha sido una tendencia diametralmente opuesta, signada por la expansión del sector público y la asunción forzosa y en algunos casos, mediante la nacionalización, de actividades económicas.

---

122 *V.* Ley General de Puertos (*Gaceta Oficial* N° 39.140 de 17–03–2009)

123 *V.* Ley Orgánica de Telecomunicaciones (*Gaceta Oficial* N° 39.610 de 7–2–2011

124 *V.* Ley Orgánica de Reorganización del Sector Eléctrico (*Gaceta Oficial* N° 39.494 de 24–8–2010.

La Constitución de 1999, en efecto, había establecido en el régimen de intervención del Estado en la economía, el régimen de la creación de empresas estatales (Art. 300); el régimen de la nacionalización petrolera y el régimen de la reserva de actividades económicas al Estado.[125]

Sobre estos últimos aspectos, el artículo 302 de la Constitución, luego de intensos debates[126] estableció que "el Estado se reserva, mediante la ley orgánica respectiva y por razones de conveniencia nacional, la actividad petrolera." En esta forma, la reserva de la industria petrolera que se había efectuado mediante la Ley Orgánica que reserva al Estado la Industria y el Comercio de los Hidrocarburos de 1975,[127] adquirió rango constitucional en el texto de 1999, pero conforme lo establezca la ley orgánica respectiva, la cual puede ser modificada. La reserva, por tanto, puede considerarse que no es ni rígida ni absoluta, sino flexible, conforme lo establezca la ley orgánica respectiva.[128]

En particular, en todo caso, en la Constitución (Art. 303) se estableció expresamente que por razones de soberanía económica, política y de estrategia nacional "el Estado conservará la totalidad de las acciones de Petróleos de Venezuela, S.A.," o del ente creado para el manejo de la industria petrolera, exceptuando la de las filiales, asociaciones estratégicas, empresas y cualquier otra que se haya constituido o se constituya como consecuencia del desarrollo de negocios de Petróleos de Venezuela, S.A. En esta forma, lo que de acuerdo con la Constitución debe permanecer como propiedad de la República (no del Estado) son las acciones de PDVSA, es decir, del holding de la industria petrolera, pero no de las filiales, las cuales son, en realidad, las que realizan las actividades económicas en la industria. En todo caso, mediante la Ley Orgánica de Hidrocarburos de 2001, reformada en 2006,[129] se ratificó la nacionalización de la industria petrolera previéndose sin embargo

---

125 *V.* en general, Víctor Rafael Hernández–Mendible, José Ignacio Hernández G, Allan R. Brewer–Carías y José Araujo–Juárez, *Nacionalización, Libertad de Empresa y Asociaciones Mixtas*, Editorial Jurídica Venezolana, Caracas, 2008

126 *V. Gaceta Constituyente (Diario de Debates), Noviembre 1999–Enero 2000,* Sesión de 14–11–99, N° 44, pp. 3 ss. *V.* nuestro voto salvado en primera discusión en Allan R. Brewer–Carías, *Debate Constituyente,* Tomo III, *op. cit.,* pp. 209 y 210.

127 *V.* nuestros comentarios sobre ese proceso en Allan R. Brewer–Carías, "Aspectos organizativos de la industria petrolera nacionalizada," en *Archivo de Derecho Público y Ciencias de la Administración,* Instituto de Derecho Público UCV, Vol. III, Tomo I, Caracas 1981, pp. 407 a 492.

128 Así se reguló, en la Ley Orgánica de Hidrocarburos de 2001, reformada en 2006, *Gaceta Oficial* N° 38.493 de 4–8–2006, mediante la cual se derogó la Ley de Nacionalización Petrolera de 1975.

129 *V.* Ley Orgánica de Hidrocarburos (*Gaceta Oficial* N° 38.493 de 4–8–2006);

el régimen necesario para el establecimiento de empresas mixtas, con capital mayoritario del Estado, para la explotación petrolera. En 2007, dicho régimen fue forzosamente impuesto a los Convenios de Asociación que venían ejecutándose desde los años noventa para la explotación petrolera, con participación de empresas extranjeras, a los cuales se obligó a transformarse en empresas mixtas.[130]

El mismo artículo 302 de la Constitución, también establece que el Estado se puede reservar, mediante ley orgánica, y por razones de conveniencia nacional, industrias, explotaciones, servicios y bienes de interés público y de carácter estratégico. En este caso, distinto al de la industria petrolera ya reservada desde 1975, se trata de una previsión que sigue la orientación del artículo 97 de la Constitución de 1961, y que se refiere tanto a otras actividades ya reservadas en el pasado (por ejemplo la industria del mineral de hierro), como a la posibilidad, en el futuro, que se pueda dictar una reserva de actividades económicas de interés público o de carácter estratégico.[131] Ha sido precisamente el caso de la reserva al Estado de la industria del cemento, la industria siderúrgica y las actividades y servicios conexos con los hidrocarburos.[132]

---

130 *V.* en general, Ley de Regularización de la Participación Privada en las Actividades Primarias Previstas en el Decreto N° 1.510 con Fuerza de Ley Orgánica de Hidrocarburos (*Gaceta Oficial* N° 38.419 de 18–4–2006); Ley de Migración a Empresas Mixtas de los Convenios de Asociación de la Faja Petrolífera del Orinoco; así como de los Convenios de Exploración a Riesgo y Ganancias Compartidas (Decreto Ley N° 5.200) (*Gaceta Oficial* N° 38.632 de 26–02–2007); Ley sobre los Efectos del Proceso de Migración a Empresas Mixtas de los Convenios de Asociación de la Faja Petrolífera del Orinoco; así como de los Convenios de Exploración a Riesgo y Ganancias Compartidas *(Gaceta Oficial* N° 38.785 del 08–10–2007). *V.* sobre este proceso en Allan R. Brewer–Carías, "La estatización de los convenios de asociación que permitían la participación del capital privado en las actividades primarias de hidrocarburos suscritos antes de 2002, mediante su terminación anticipada y unilateral y la confiscación de los bienes afectos a los mismos," en Víctor Hernández Mendible (Coordinador), *Nacionalización, Libertad de Empresa y Asociaciones Mixtas*, Editorial Jurídica Venezolana, Caracas 2008, pp. 123–188

131 *V.* nuestro voto salvado en primera discusión en Allan R. Brewer–Carías, *Debate Constituyente,* Tomo III, *op. cit.* pp. 210 y 211.

132 *V.* Ley Orgánica de Ordenación de las Empresas Productoras de Cemento, Decreto Ley N° 6.091, *Gaceta Oficial* N° 5.886 Extra. de de 18–6–2008); Ley Orgánica de Ordenación de las Empresas que Desarrollan Actividades en el Sector Siderúrgico en la Región de Guayana, Decreto Ley N° 6.058 *Gaceta Oficial* N° 38.928 de 12–5–2008; Ley Orgánica que reserva al Estado bienes y servicios conexos a las actividades primarias de Hidrocarburos, *Gaceta Oficial* N° 39.173 de 7–5–2009.

5. *La estatización de actividades económicas y el "sistema económico comunal"*

Por otra parte, en cuanto al régimen de las regulaciones legales a las actividades económicas, la expansión del sector público ha llevado al ahogamiento progresivo del sector privado, por las regulaciones draconianas que progresivamente se han venido estableciendo, con regímenes sancionatorios que ha autorizado a la Administración a ocupar y apropiarse de industrias y servicios, incluso sin compensación, configurándose como confiscaciones administrativas.

En 2007, muchas de estas acciones se pretendió que fueran constitucionalizadas, mediante una propuesta de reforma constitucional que sin embargo, fue rechazada en referendo realizado en diciembre de 2007.[133] Sin embargo, en evidente fraude a la voluntad popular y a la propia Constitución, ese rechazo popular no sólo no ha impedido que las reformas se haya implementado inconstitucionalmente en diversos aspectos mediante leyes, como ocurrió en materia económica, inicialmente mediante el Decreto Ley N° 6.130 de 2008, contentivo de la Ley para el Fomento y Desarrollo de la Economía Popular,[134] la cual se ha derogado en 2010 mediante la Ley Orgánica del Sistema Económico Comunal (LOSEC),[135] en la cual se ha establecido materialmente una nueva "Constitución Económica" para el país, en paralelo a la prevista en la Constitución, pero que cambia de raíz el sistema constitucional al pretender establecer un sistema económico comunista, denominado Sistema Económico Comunal.

En efecto, el 21 de diciembre de 2010, la Asamblea Nacional junto con otras leyes relativas al Poder Popular y al Estado Comunal, como antes se ha dicho, sancionó la Ley Orgánica del Sistema Económico Comunal,[136] bus-

---

133 *V.* Allan R. Brewer–Carías, "La reforma constitucional en Venezuela de 2007 y su rechazo por el poder constituyente originario," en José Ma. Serna de la Garza (Coord.), *Procesos Constituyentes contemporáneos en América latina. Tendencias y perspectivas*, Universidad Nacional Autónoma de México, México 2009, pp. 407–449; "La proyectada reforma constitucional de 2007, rechazada por el poder constituyente originario," en *Anuario de Derecho Público 2007,* Año 1, Instituto de Estudios de Derecho Público de la Universidad Monteávila, Caracas 2008, pp. 17–65; "La reforma constitucional en Venezuela de 2007 y su rechazo por el poder constituyente originario," en *Revista Peruana de Derecho Público,* Año 8, N° 15, Lima, Julio–Diciembre 2007, pp. 13–53.

134 *V.* en *Gaceta Oficial* N° 5.890 Extra. de 31–07–2008.

135 *V.* en *Gaceta Oficial* N° 6.011 Extra. de 21–12–2010.

136 *V.* Ley Orgánica del Sistema Económico Comunal (*Gaceta Oficial* N° 6.011 Extra. de 21–12–2010). *V.,* Allan R. Brewer–Carías, *"Introducción General al Régimen del Poder Popular y del Estado Comunal (O de cómo en el siglo XXI, en Venezuela se decreta, al margen de la Constitución, un Estado de Comunas y de Consejos Comunales, y se esta-*

cando sustituir el sistema económico de economía mixta consagrado en la Constitución de 1999, por un sistema económico socialista o comunista, por el cual nadie ha votado y, al contrario, ha sido rechazado popularmente,[137] concebido, tal como se lo define en el artículo 2, como:

> "el conjunto de relaciones sociales de producción, distribución, intercambio y consumo de bienes y servicios, así como de saberes y conocimientos, desarrolladas por las instancias del Poder Popular, el Poder Público o por acuerdo entre ambos, a través de organizaciones socio productivas bajo formas de propiedad social comunal."

Se trata, por tanto, de un sistema económico que se debe desarrollar exclusivamente "a través de organizaciones socio–productivas bajo formas de propiedad social comunal" que conforme a la Ley son solamente las empresas del Estado Comunal creadas por las instancias del Poder Público; las empresas públicas creadas por los órganos que ejercen del Poder Público; las unidades productivas familiares; o los grupos de trueque, donde está excluida toda iniciativa privada y la propiedad privada de los medios de producción y comercialización de bienes y servicios.

Es en consecuencia, un sistema económico socialista que se ha implantado mediante ley, violentando completamente el sistema de economía mixta que garantiza la Constitución donde se establece, al contrario, como se dijo, como uno de los principios fundamentales del sistema constitucional, tanto la libertad económica como el derecho de propiedad privada.

En la Ley Orgánica del Sistema Económico Comunal se regula, por tanto, un sistema económico que cambia la estructura el Estado y cuya aprobación solo hubiera podido ser posible a través de la convocatoria de una Asamblea Constituyente (ni siquiera mediante reforma o enmienda constitucional), de un sistema de economía mixta a un sistema económico estatista o controlado por el Estado, mezclado con previsiones propias de sociedades primitivas y lugareñas que en el mundo globalizado de hoy ya simplemente

---

blece una sociedad socialista y un sistema económico comunista, por los cuales nadie ha votado)," en Allan R. Brewer–Carías, Claudia Nikken, Luis A. Herrera Orellana, Jesús María Alvarado Andrade, José Ignacio Hernández y Adriana Vigilanza, *Leyes Orgánicas sobre el Poder Popular y el Estado Comunal (Los consejos comunales, las comunas, la sociedad socialista y el sistema económico comunal)*, Editorial Jurídica Venezolana, Caracas 2011, pp. 9–182.

137 El rechazo popular se efectuó mediante el referendo de diciembre de 2007 en el cual se rechazó la reforma constitucional en la cual se proponía su creación; y en las elecciones parlamentarias de septiembre de 2010, en la cual el Pueblo mayoritariamente voló contra el presidente y sus políticas socialistas.

no existen, que presuponen la miseria como forma de vida, para regular y justificar el "trueque" como sistema, pensando quizás en sociedades agrícolas o recolectoras; y para crear una moneda al margen de la de curso legal que es el Bolívar, llamando así como "moneda comunal," como medio de intercambio de bienes y servicios, a los viejos "vales" de las haciendas de hace más de un siglo, donde el campesino estaba confinado al ámbito geográfico de la economía que controlaba estrictamente el hacendado.

Por ello es que este sistema económico comunal se lo concibe como la "herramienta fundamental para construcción de la nueva sociedad," que supuestamente debe regirse sólo "por los principios y valores socialistas" que en esta Ley Orgánica, sin fundamento histórico alguno, se declara que supuestamente se inspira en la "doctrina de Simón Bolívar" (Art. 5).

A tal efecto, reducida la propiedad privada a la mínima expresión, en la Ley se define la "propiedad social" como:

"El derecho que tiene la sociedad de poseer medios y factores de producción o entidades con posibilidades de convertirse en tales, esenciales para el desarrollo de una vida plena o la producción de obras, bienes o servicios, que por condición y naturaleza propia son del dominio del Estado; bien sea por su condición estratégica para la soberanía y el desarrollo humano integral nacional, o porque su aprovechamiento garantiza el bienestar general, la satisfacción de las necesidades humanas, el desarrollo humano integral y el logro de la suprema felicidad social" (Art. 6.15).

Con ello se reafirma que el sistema económico comunal que se regula, está basado exclusivamente en la propiedad pública, del Estado (dominio del Estado), sobre los medios de producción, de manera que en la práctica, no se trata de ningún derecho que sea "de la sociedad," sino del aparato Estatal, cuyo desarrollo, regido por un sistema de planificación centralizada, elimina toda posibilidad de libertad económica e iniciativa privada, y convierte a las "organizaciones socio productivas" en meros apéndices del aparato estatal.

El sistema omnicomprensivo que se regula, al contrario está basado en la "propiedad social comunal" y que debe ser desarrollada tanto por el Estado Constitucional (los órganos del Poder Público) como por el Estado Comunal (instancias del Poder Popular), como se dijo, exclusivamente a través de "organizaciones socio–productivas bajo formas de propiedad comunal."

Este sistema económico comunal como se dijo, se había comenzado a regular ilegalmente, al margen de la Constitución, violentándola, tiene por finalidad, entre otras, impulsar dicho sistema "a través de un modelo de gestión sustentable y sostenible para el fortalecimiento del desarrollo endógeno

(Art. 3.2); "fomentar el sistema económico comunal en el marco del modelo productivo socialista, a través de diversas formas de organización socio productiva, comunitaria y comunal en todo el territorio nacional (Art. 3.3); e "incentivar en las comunidades y las comunas los valores y principios socialistas para la educación, el trabajo, la investigación, el intercambio de saberes y conocimientos, así como la solidaridad, como medios para alcanzar el bien común.(Art. 3.8).

En este contexto socialista, la Ley Orgánica definió el "modelo productivo socialista" como el:

> "modelo de producción basado en la propiedad social, orientado hacia la eliminación de la división social del trabajo propio del modelo capitalista. El modelo de producción socialista está dirigido a la satisfacción de necesidades crecientes de la población, a través de nuevas formas de generación y apropiación así como de la reinversión social del excedente." (Art. 6.12).

Se trata en consecuencia, de una Ley mediante la cual se pretende, además, cambiar el sistema capitalista y sustituirlo a la fuerza por un sistema socialista, imponiendo un sistema comunista.[138]

Para ello, y como mecanismo para eliminar toda forma de generar riqueza y con ello, de trabajo libre y empleo, la Ley Orgánica de 2010 declaró como pieza esencial del nuevo sistema económico comunal, la necesaria "reinversión social del excedente," como principio esencial que rige las organizaciones socio productivas, definida como "el uso de los recursos remanentes provenientes de la actividad económica de las organizaciones socio productivas, en pro de satisfacer las necesidades colectivas de la comunidad o la comuna, y contribuir al desarrollo social integral del país" (Art. 6.19). Con este principio, los redactores de la Ley incorporaron a su articulado, otros de los pilares del sistema comunista, tal como fue concebido por Marx

---

138 Para lo cual sus redactores, basándose quizás en algún "Manual" vetusto de revoluciones comunistas fracasadas, parafrasearon en la Ley, lo que Carlos Marx y Federico Engels escribieron hace más de 150 años, en 1845 y 1846, sobre la sociedad comunista, en el conocido libro *La Ideología Alemana*, al referirse a la sociedad primitiva de la época, en muchas partes aún esclavista y en todas, preindustrial, afirmando que la propiedad es "el derecho de suponer de la fuerza de trabajo de otros" y declarando que la "división del trabajo y la propiedad privada" eran "términos idénticos: uno de ellos, referido a la esclavitud, lo mismo que el otro, referido al producto de ésta."*V.* Karl Marx and Frederich Engels, "The German Ideology," en *Collective Works*, Vol. 5, International Publishers, New York 1976, p. 47. Véanse además los textos pertinentes en http://www.educa.madrid.org/cms_to-ols/files/0a24636f–764c–4e03–9c1d–6722e2ee60d7/Texto%20Marx%20y%20Engels.pdf"

y Engels, como contrapuesto al sistema capitalista, y es la necesaria "reinversión social de excedente" producto de la actividad económica. Basada, por tanto, en los principios utópicos comunistas de la "propiedad social de los medios de producción," la "eliminación de la división social del trabajo" y la "reinversión social del excedente," la Ley Orgánica del Sistema Económico Comunal está sin duda concebida para implantar en Venezuela el sistema comunista como contrario al sistema capitalista.

Para ello, Ley Orgánica establece un ámbito omnicomprensivo de aplicación, al establecer, formalmente, que se aplica, por una parte "a las comunidades organizadas, consejos comunales, comunas y todas las instancias y expresiones del Poder Popular, en especial a las organizaciones socio productivas que se constituyan dentro del sistema económico comunal," es decir, a todo el ámbito del Estado Comunal; y por la otra, "de igual manera, a los órganos y entes del Poder Público y las organizaciones del sector privado, en sus relaciones con las instancias del Poder Popular" (Art. 3), es decir, a todos los órganos y entes del Estado Constitucional y a todas las instituciones, empresas y personas del sector privado. Es decir, es una Ley tendiente a implementar el comunismo en todos los órdenes.

Como antes se ha dicho, de acuerdo con esta Ley Orgánica, las organizaciones socio productivas son los "actores" fundamentales que se han diseñado para dar soporte al sistema económico comunal, pues es a través de ellas que se desarrolla el "modelo productivo socialista" que propugna, las cuales se definen como las:

> "unidades de producción constituidas por las instancias del Poder Popular, el Poder Público o por acuerdo entre ambos, con objetivos e intereses comunes, orientadas a la satisfacción de necesidades colectivas, mediante una economía basada en la producción, transformación, distribución, intercambio y consumo de bienes y servicios, así como de saberes y conocimientos, en las cuales el trabajo tiene significado propio, auténtico; sin ningún tipo de discriminación" (Art. 9).

Esta afirmación legal, que también proviene de los viejos Manuales comunistas basados en las apreciaciones de Marx y Engels en las sociedades anteriores a las europeas de mitades del siglo XIX sobre el trabajo asalariado, su explotación y carácter esclavista y discriminatorio, particularmente en relación con las mujeres,[139] lo cual no tiene ninguna relación con la actualidad en ningún país occidental. Ahora bien, ese trabajo con sentido "propio y

---

139 Al referirse al trabajo en la misma obra la *Ideología Alemana*, Marx y Engels hablaron de la "explotación del hombre por el hombre": y se refirieron a la "distribución desigual, tanto cuantitativa como cualitativamente, del trabajo y de sus productos." *Idem.*

auténtico," y "sin discriminación," al que se refiere la Ley Orgánica, supuestamente se va a garantizar a través de las organizaciones socio–productivas que se regulan en la ley, mediante las cuales, en forma exclusiva, se desarrollará la economía del país, y que conforme al artículo 10 de la Ley Orgánica, son sólo cuatro: primero, las empresas del Estado Comunal; segundo, las empresas públicas del Estado Constitucional; tercero, las unidades productivas familiares; y cuarto, los grupos de trueque. O sea, que del trabajo en empresas privadas en las cuales los trabajadoras tienen herramientas para lograr mejores condiciones que ha sido una de las bases del sistema económico del país, se quiere pasar al trabajo exclusivamente en empresas de carácter público, creadas por las instancias del Estado Comunal y por los órganos y entes del Estado Constitucional, sometidas todas a una planificación centralizada, en las cuales no puede haber movimientos sindicales u organizaciones de trabajadores libres que puedan presionar para el logro de mejores condiciones laborales, y donde el "empresario" en definitiva resultará ser un burócrata de un régimen autoritario que usa el "excedente" para su propio confort, explotando a los asalariados alienados.

En todo caso, este sistema de economía comunal, en la Ley para el Fomento y Desarrollo de la Economía Popular de 2008, se había establecido como un sistema altamente centralizado bajo el control del Ejecutivo Nacional, como "órgano rector," que se ejercía por órgano del Ministerio del Poder Popular para las Comunas y Protección Social (Art. 6). La Ley Orgánica del Sistema Económico Comunal establece ahora que el Ministerio de las Comunas, "es el órgano coordinador de las políticas públicas relacionadas con la promoción, formación, acompañamiento integral y financiamiento de los proyectos socio productivos, originados del seno de las comunidades, las comunas o constituidos por entes del Poder Público conforme a lo establecido en el Plan de Desarrollo Económico y Social de la Nación, las disposiciones de la Ley, su Reglamento y demás normativas aplicables" (art 7). Sin embargo, de las competencias que se atribuyen, resulta todo un sistema centralizado que conduce el Ejecutivo Nacional.

Precisamente por ello, el sistema de producción socialista que se regula en la Ley Orgánica, es también un sistema económico sometido a una planificación centralizada, conforme a la cual está proscrita toda iniciativa privada, controlado además por el Ejecutivo nacional directamente. En esta materia, con base en las atribuciones que los artículos 112 y 299 de la Constitución atribuyen al Estado en materia de planificación, aún cuando con la especificación de que debe ser democrática, participativa y de consulta abierta, en 2001 se dictó el Decreto Ley Nº 1.528 de Ley Orgánica de Planificación, el cual fue posteriormente modificado por la Ley de la Comisión Central de

Planificación, y posteriormente por la Ley Orgánica de Planificación Popular de 2010, con acentuado carácter centralista y nada democrático.[140]

XII. LA FUNCIÓN PÚBLICA

En la Constitución de 1999 se han establecido los principios fundamentales relativos al régimen de los funcionarios públicos, a los efectos de guiar el establecimiento más de un Estatuto de la función pública que para la carrera administrativa como lo establecía la Constitución de 1961 (art. 122); a cuyo efecto, la Asamblea Nacional sancionó en 2002 la Ley del Estatuto de la Función Pública.[141]

Conforme a la Constitución, en dicho Estatuto se establecieron las normas sobre el ingreso, ascenso, traslado, suspensión y retiro de los funcionarios de la Administración Pública. La Constitución, además, exigió que en el Estatuto se previera la incorporación de los funcionarios a la seguridad social[142]. La Constitución, además remitió a la ley para determinar las funciones y requisitos que deben cumplir los funcionarios públicos para ejercer sus cargos (art. 144)[143].

En cuanto a los principios constitucionales, debe destacarse que el artículo 145 de la Constitución, dispone en general, que los funcionarios públicos deben estar al servicio del Estado y no de parcialidad alguna, precisando, incluso, que su nombramiento y remoción no puede estar determinado por la afiliación u orientación política.

---

140 *V.* la Ley Orgánica de Planificación y Popular (*Gaceta Oficial* N° 6.011 Extra. de de 21–12–2010); y Ley Orgánica de Creación de la Comisión Central de Planificación (*Gaceta Oficial* N° 5.990 Extra. de 29–7–2010) *V.* los comentarios a esta última en Allan R. Brewer–Carías, "Comentarios sobre la inconstitucional creación de la Comisión Central de Planificación, centralizada y obligatoria," en *Revista de Derecho Público*," N° 110, (abril–junio 2007), Editorial Jurídica Venezolana, Caracas 2007, pp. 79–89.

141 *V. Gaceta Oficial* N° 37.522 del 6 de septiembre de 2002. *V.* en general, Jesús Caballero Ortíz, "Bases constitucionales del derecho de la función pública," *Revista de Derecho Constitucional,* N° 5, julio–diciembre–2001, Editorial Sherwood, Caracas, 2002, pp. 21 a 46.

142 *V.* nuestra propuesta en Allan R. Brewer–Carías, *Debate Constituyente (Aportes a la Asamblea Nacional Constituyente),* Tomo II, *op. cit.* p. 182. *V.* en general Allan R. Brewer–Carías, *El Estatuto del funcionario público en la Ley de Carrera Administrativa,* Caracas, 1971.

143 En general, sobre el régimen constitucional de los funcionarios públicos, *V.* Antonio de Pedro Fernández, "Algunas consideraciones sobre la función pública en la Constitución de la República Bolivariana de Venezuela," en *Estudios de Derecho Administrativo: Libro Homenaje a la Universidad Central de Venezuela,* Volumen I, Imprenta Nacional, Caracas, 2001, pp. 307–342.

Ahora bien, en cuanto a los cargos en la Administración Pública, la Constitución estableció, con carácter general, que los cargos "son de carrera" (artículo 146), exceptuando los de elección popular, los de libre nombramiento y remoción, los contratados, los obreros al servicio de la Administración Pública y los demás que determine la Ley.

La consecuencia del principio de la carrera es que el ingreso de los funcionarios públicos y a los cargos de carrera, en principio deben realizarse mediante concurso público, fundamentado en principios de honestidad, idoneidad y eficiencia; los cuales lamentablemente no se han implementado, proliferando los cargos de libre nombramiento y remoción. En cuanto al ascenso, la Constitución también dispone que debe estar sometido a métodos científicos basados en el sistema de méritos, y el traslado, suspensión y retiro debe ser de acuerdo con el desempeño de los funcionarios. La reducción fáctica de los cargos de carrera, en todo caso, hacen inaplicables estas normas.

En cuanto a las remuneraciones, el artículo 147 establece un principio general de disciplina del gasto público, en el sentido de que para la ocupación de cargos públicos de carácter remunerado es necesario que sus respectivos emolumentos estén previstos en el presupuesto correspondiente. Las escalas de salarios en la Administración Pública, dado su carácter estatutario, se deben establecer reglamentariamente conforme a la ley.

La Constitución, por otra parte, recogió el principio que estaba en el artículo 229 de la Constitución de 1961, conforme al cual, el Poder Nacional, por ley orgánica, puede establecer límites razonables a los emolumentos que devenguen los funcionarios públicos tanto municipales y estadales, como nacionales. La materia quedó así consolidada como una competencia del Poder Nacional que corresponde a la Asamblea Nacional (y escapa de la competencia de los Consejos Legislativos)[144], y en ejecución de dicha norma en 2002, con reforma en 2011, se dictó la Ley Orgánica de Emolumentos, Pensiones y Jubilaciones de los Altos Funcionarios y Altas Funcionarias del Poder Público.[145] Además, la Constitución previó que la ley nacional también debe establecer el régimen de las jubilaciones y pensiones de los funcionarios públicos nacionales, estadales y municipales, siguiendo la orientación que se había establecido en la Enmienda Nº 2 de la Constitución de

---

144 *V.* sentencia de la Sala Constitucional Nº 2399 de 29–08–03 (Caso: *Interpretación de las normas contenidas en los artículos 4 del Régimen Transitorio de Remuneraciones de los más Altos Funcionarios de los Estados y Municipios, Comisión Legislativa Nacional de 2000).*

145 *V.* Ley Orgánica de Emolumentos, Pensiones y Jubilaciones de los Altos Funcionarios y Altas Funcionarias del Poder Público (*Gaceta Oficial* Nº 39.592 de 12–1–2011).

1961, sancionada en 1983. En esta forma, en cuanto al régimen de remuneraciones y pensiones, el Poder Nacional tiene competencias expresas para su regulación respecto de los tres niveles territoriales.

La Constitución estableció, además, algunos principios relativos a incompatibilidades respecto de los funcionarios públicos. Así, conforme al artículo 148, y siguiendo la orientación del artículo 123 de la Constitución de 1961, nadie puede desempeñar a la vez más de un destino público remunerado, a menos que se trata de los cargos académicos, accidentales, asistenciales o docentes que determine la ley. Se eliminó de las excepciones la referencia a los cargos edilicios y electorales que establecía el texto de 1961 (art. 123).

En todo caso, la aceptación de un segundo destino que no sea de los exceptuados, siempre implica la renuncia del primero, salvo cuando se trate de suplentes, mientras no reemplacen definitivamente al principal.

En cuanto a las jubilaciones o pensiones se estableció en la Constitución que nadie puede disfrutar más de una, salvo los casos expresamente determinados en la ley.

El artículo 145 de la Constitución, por otra parte, estableció el principio de que quien esté al servicio de los Municipios, de los Estados, de la República "y demás personas jurídicas de derecho público o de derecho privado estatales," no puede celebrar contrato alguno con ellas, ni por sí ni por interpuesta persona, ni en representación de otro, salvo las excepciones que establezca la ley. Se destaca, de esta norma, la referencia a la clasificación de las personas jurídicas en el derecho público, en sus dos vertientes, que hemos propuesto desde hace años: por una parte, las personas jurídicas de derecho público y las personas jurídicas de derecho privado, según la forma de creación; y por la otra, las personas jurídicas estatales y las personas jurídicas no estatales, según su integración o no a la organización general del Estado.[146]

146　*V.* Allan R. Brewer–Carías, "La distinción entre las personas públicas y las personas privadas y el sentido general de la problemática actual de la clasificación de los sujetos de derecho" en *Revista de la Facultad de Derecho,* N° 57, UCV, Caracas, 1976, pp. 115 a 135. La distinción se puede apreciar, también, por ejemplo, en el texto del artículo 322.

XIII. EL URBANISMO, EL MEDIO AMBIENTE Y LA ORDENACIÓN DEL TERRITORIO

1. *Los derechos ambientales y la protección del medio ambiente*

En la Constitución de 1999, también constituyó una novedad en cuanto a la regulación de los derechos constitucionales, el conjunto de normas contenidas en el Capítulo relativo a los derechos ambientales[147].

En el mismo, en el artículo 127, se establece que es un derecho y un deber de cada generación proteger y mantener el ambiente en beneficio de sí misma y del mundo futuro. Además, toda persona tiene derecho individual y colectivamente a disfrutar de una vida y de un ambiente seguro, sano y ecológicamente equilibrado. La consecuencia de estos derechos es que el Estado debe proteger el ambiente, la diversidad biológica, genética, los procesos ecológicos, los parques nacionales y monumentos naturales y demás áreas de especial importancia ecológica. Se agrega, además, que es una obligación fundamental del Estado, con la activa participación de la sociedad, garantizar que la población se desenvuelva en un ambiente libre de contaminación, en donde el aire, el agua, los suelos, las costas, el clima, la capa de ozono, las especies vivas, sean especialmente protegidos, de conformidad con la ley. Por último, la Constitución prohíbe además, la patentabilidad del genoma de los seres vivos, remitiéndose a la ley que se refiere a los principios bioéticos la regulación de la materia.

El artículo 156 de la Constitución atribuye como competencia exclusiva del Poder Nacional "las políticas *nacionales* y la legislación en materia...

---

147 *V.* en general, Fortunato González Cruz, "El ambiente en la nueva Constitución venezolana," en *El Derecho Público a comienzos del siglo XXI. Estudios homenaje al Profesor Allan R. Brewer–Carías,* Tomo III, Instituto de Derecho Público, UCV, Civitas Ediciones, Madrid, 2003, pp. 2917–2923; Germán Acedo Payáres, "La Constitución de la República Bolivariana de Venezuela de 1999 y los denominados 'Derechos Ambientales," en *El Derecho Público a comienzos del siglo XXI. Estudios homenaje al Profesor Allan R. Brewer–Carías,* Tomo III, Instituto de Derecho Público, UCV, Civitas Ediciones, Madrid, 2003, pp. 2925–2978; Alberto Blanco–Uribe Quintero, "La tutela ambiental como derecho–deber del Constituyente. Base constitucional y principios rectores del derecho ambiental," en *Revista de Derecho Constitucional,* Nº 6 (enero–diciembre). Editorial Sherwood, Caracas, 2002, pp. 31–64; Alberto Blanco–Uribe Quintero, "El ciudadano frente a la defensa jurídica del ambiente en Venezuela," en *El Derecho Público a comienzos del siglo XXI. Estudios homenaje al Profesor Allan R. Brewer–Carías,* Tomo III, Instituto de Derecho Público, UCV, Civitas Ediciones, Madrid, 2003, pp. 2995–3008; y *V.* Luciano Parejo Alfonso, "El derecho al medio ambiente y la actuación de la Administración Pública," en *El Derecho Público a comienzos del siglo XXI. Estudios homenaje al Profesor Allan R. Brewer–Carías,* Tomo III, Instituto de Derecho Público, UCV, Civitas Ediciones, Madrid, 2003, pp. 2979–2994.

(de) ambiente, aguas... y ordenación del territorio" (ord. 23); y "la legislación sobre ordenación urbanística" (ord. 19). Además, la Constitución atribuye a los Municipios competencia exclusiva, en cuanto concierne a la vida local, en materia de "protección del ambiente y cooperación con el saneamiento ambiental" (art. 178,4).

En todo caso, la ley fundamental en esta materia la constituye la Ley Orgánica del Ambiente de 1976,[148] donde se regulan las actividades susceptibles de contaminar el ambiente y el régimen de autorizaciones administrativas correspondiente.

Además, el artículo 178,4 de la Constitución le atribuye en forma exclusiva a los Municipios, en cuanto concierne a la vida local, competencias en materia de "protección del ambiente y cooperación con el saneamiento ambiental." El artículo 184 de la Constitución, además, confirma la competencia de Estados y Municipios en materia de "servicios ambientales."

Debe indicarse, además, que el artículo 129 de la Constitución ha elevado a rango constitucional el requisito que hasta ese momento tenía rango reglamentario, de exigir que todas las actividades susceptibles de generar daños a los ecosistemas, deben ser previamente acompañadas de estudios de impacto ambiental y socio cultural. El mismo artículo 129 de la Constitución dispone además que el Estado debe impedir la entrada al país de desechos tóxicos y peligrosos, así como la fabricación y uso de armas nucleares, químicas y biológicas, remitiendo a una ley especial la regulación del uso, manejo, transporte y almacenamiento de las sustancias tóxicas y peligrosas.

Por otra parte, como ya se ha señalado, el mismo artículo 129 de la Constitución establece que en los contratos que la República celebre con personas naturales o jurídicas, nacionales o extranjeras, o en los permisos que se otorguen, que involucren los recursos naturales, se debe considerar incluida aun cuando no estuviera expresa, la obligación de conservar el equilibrio ecológico, de permitir el acceso a la tecnología y la transferencia de la misma en condiciones mutuamente convenidas y de restablecer el ambiente a su estado natural si éste resultara alterado, en los términos que fije la ley.

2. *La política de ordenación del territorio y el régimen de la ordenación urbanística*

En cuanto a la política de ordenación del territorio, el artículo 128 de la Constitución impone al Estado la obligación de desarrollar una política de ordenación del territorio atendiendo a las realidades ecológicas, geográficas,

---

148 *V.* la Ley Orgánica del Ambiente en *Gaceta Oficial* N° 31.004 de 16–06–1976.

poblacionales, sociales, culturales, económicas, políticas, de acuerdo con las premisas del desarrollo sustentable, que incluya la información, consulta y participación ciudadana. Una ley orgánica debe desarrollar los principios y criterios para este ordenamiento, con lo que se remite a la Ley Orgánica para la Ordenación del Territorio de 1983[149]. Adicionalmente, el artículo 178 le atribuye expresamente a los Municipios competencia exclusiva, en cuanto concierne a la vida local, en materia de "ordenación territorial," y el artículo 184 confirma la competencia de Estados y Municipios en la materia, por ejemplo, al referirse al "mantenimiento de áreas industriales."

En materia de urbanismo, se trata de una materia de la competencia concurrente de las entidades político-territoriales, de manera que el artículo 184 de la Constitución, atribuye competencia tanto a los Estados como a los Municipios en materia de "mantenimiento y conservación de áreas urbanas." Además, el Poder Nacional tiene competencia exclusiva para el establecimiento, coordinación y unificación de normas y procedimientos técnicos para obras de ingeniería, de arquitectura y de urbanismo y la legislación sobre ordenación urbanística, (art. 156,19). Adicionalmente el Poder Municipal tiene competencia exclusiva, en cuanto concierne a la vida local, en materia de ordenación urbanística, parques, jardines, plazas, balnearios, otros sitios de recreación, arquitectura civil, nomenclatura y ornato público (art. 178,1). Se trata, por tanto, de una materia de la competencia concurrente entre el Poder Nacional, el Poder Estadal y el Poder Municipal, que ha sido regulada detalladamente en la Ley Orgánica de Ordenación Urbanística de 1987[150], en la cual además del sistema de planes, se establece el marco regulatorio del control urbanístico que ejercen las autoridades locales mediante el otorgamiento de las constancias de variables urbanas fundamentales, tanto para las urbanizaciones como para las edificaciones.

XIV. LOS BIENES PÚBLICOS

La Constitución de 1999, por primera vez en el constitucionalismo venezolano, declaró como del dominio público una serie de bienes, régimen que, con anterioridad, sólo estaba regulado en el Código Civil y, más, recientemente en algunas leyes especiales.

En esta forma, la Constitución declara como bienes del dominio público a los yacimientos mineros y de hidrocarburos (Art. 12), pero con anteriori-

---

149 *Gaceta Oficial* Nº Extra. 3.238 de 11–08–1983. *V.* además, Allan R. Brewer–Carías, *Ley Orgánica para la Ordenación del Territorio*, Caracas, 1983.

150 *Gaceta Oficial* Nº 33.868 de 16–12–1987. *V.* además, Allan R. Brewer–Carías *et al.*, *Ley Orgánica de Ordenación Urbanística*, Editorial Jurídica Venezolana, Caracas, 1988.

dad a esta constitucionalización, ya la Ley de Minas de 1999 lo había establecido (art. 2), así como la Ley Orgánica de Hidrocarburos Gaseosos de 1999 (art. 1).[151] La Constitución, por otra parte, también declara que "las costas marinas son bienes del dominio público" (art. 12); lo cual se había complementado en la Ley de Conservación y Saneamiento de Playas de 2000 (art. 2) y se reguló en la Ley de Zonas Costeras.[152] Por otra parte, en cuanto a las aguas, el artículo 304 de la Constitución establece que "Todas las aguas son del dominio público de la Nación, insustituibles para la vida y el desarrollo…," lo que también se reguló en la Ley de Aguas.[153]

Además, otras normas constitucionales también regulan bienes del dominio público, aun cuando sin utilizar este calificativo jurídico: se trata, por ejemplo de las "armas de guerra" respecto de las cuales el artículo 324 declara que sólo el Estado puede poseerlas y usarlas, de manera que "todas las que existan, se fabriquen o se introduzcan en el país *pasarán a ser propiedad* de la República sin indemnización ni proceso" (art. 324). Por otra parte, el artículo 303 de la Constitución dispone que "por razones de soberanía económica, política y de estrategia nacional, el Estado *conservará* la totalidad de las acciones de Petróleos de Venezuela, S.A., o del ente creado para el manejo de la industria petrolera," lo que implica una declaratoria indirecta de dominio público de dichas acciones societarias, que son inalienables.

Ahora bien, la declaratoria de todos estos bienes como del dominio público en la propia la Constitución, implica limitaciones a la potestad contractual de los entes públicos, particularmente por la inalienabilidad de los mismos, lo que implica la prohibición de cualquier contrato de interés público que pueda significar la enajenación de estos bienes.

Sin embargo, la propia Constitución prevé el régimen de concesiones para la explotación de los bienes que sean "recursos naturales propiedad de la Nación," las cuales pueden ser otorgadas con exclusividad o sin ella, por tiempo determinado, y asegurando, siempre, la existencia de contraprestaciones o contrapartidas adecuadas al interés público" (art. 113). En cuanto a las concesiones mineras, en particular, se dispone en el artículo 156,16 de la

---

151 *V. Ley Orgánica de Hidrocarburos Gaseosos,* Decreto–Ley N° 310 (*Gaceta Oficial* N° 36.793 de 23–09–1999).

152 *V.* Ley de Zonas Costeras, Decreto–Ley N° 1.468 (*Gaceta Oficial* N° 37.349 de 19–12–2001

153 *V.* Ley de Aguas (*Gaceta Oficial* N° 38.595 de 02–01–2007);

Constitución que "el Ejecutivo Nacional no podrá otorgar concesiones mineras por tiempo indefinido."[154]

Aparte de estas disposiciones constitucionales, por supuesto, los bienes del dominio público se han definido tradicionalmente en el Código Civil conforme al criterio de la afectación al uso público, como las vías públicas, los ríos, los lagos, el mar y las plazas y fuertes de guerra (Art. 534).

Por otra parte, de acuerdo con el artículo 542 del Código Civil se consideran como tierras baldías los bienes inmuebles que no tengan dueño, los cuales se configuran como parte del dominio privado de los Estados de la Federación. Por ello, el artículo 164,5 de la Constitución ahora le atribuye a los Estados la administración de las tierras baldías, aún cuando "el régimen" de las mismas debe ser establecido por ley nacional (art. 156,16).

Como bienes del dominio privado de los Estados, las tierras baldías pueden ser objeto de contratación, en el sentido de que por ejemplo, pueden ser enajenadas o arrendadas, con una sola excepción que establece la Constitución y es en relación con las tierras baldías existentes en las dependencias federales y en las islas fluviales o lacustres las cuales "no podrán enajenarse y su aprovechamiento sólo podrá concederse en forma que no implique, directa ni indirectamente, la transferencia de la propiedad de la tierra" (art. 13). Las "dependencias federales" a que alude esta norma son las islas marítimas no integradas en el territorio de un Estado de la federación, así como las islas que se formen o aparezcan en el mar territorial o en el que cubra la plataforma continental (art. 7 y 11).

Entre los bienes inmuebles de los Municipios, la Constitución define a los ejidos, presumiendo, además, que son tales, "los terrenos situados dentro del área urbana de las poblaciones del Municipio, carentes de dueño, sin menoscabo de legítimos derechos de terceros, válidamente constituidos" (art. 181). Los ejidos, a pesar de que conforme al artículo 181 de la Constitución "son inalienables e imprescriptibles;" la misma norma agrega que "sólo podrán enajenarse previo el cumplimiento de las formalidades previstas en las ordenanzas municipales y en los supuestos que las mismas señalen."

En relación con los baldíos y ejidos, por supuesto, también se aplica el régimen de concesiones antes indicado, conforme al mencionado artículo 113 de la Constitución.

---

154 *V.* Allan R. Brewer–Carías, "Prologo" sobre "El régimen constitucional aplicable a las concesiones de obras y servicios públicos," en Alfredo Romero Mendoza (Coordinador) *et al., Régimen Legal de las Concesiones Públicas,* Caracas 2000, pp. 9 a 16.

SECCIÓN QUINTA

EL "REDESCUBRIMIENTO" DEL DERECHO ADMINIS-
TRATIVO LUEGO DE LA PANDEMIA DEL COVID-19 [*]

I. ALGO SOBRE EL DERECHO ADMINISTRATIVO

El derecho administrativo, como bien sabemos, como derecho estatal, es la rama del derecho destinada a regular, primero, a la Administración Pública como complejo orgánico, su organización, su funcionamiento y sus recursos materiales y humanos; segundo, el ejercicio de las funciones normativa, política, jurisdiccional, administrativa y de control por parte de la Administración Pública y la actividad que resulta de ello, con sujeción siempre a la legalidad; tercero, a regular las relaciones jurídicas que con motivo de esa actividad se establecen entre las personas jurídicas estatales y los administrados, buscando siempre la debida garantía a sus derechos de los mismos; y cuarto, regular el régimen de control sobre dichas actividades, tanto en vía judicial como administrativa, y de exigencia de responsabilidad por parte de dichas personas estatales.

De todo ese universo regulatorio, en particular, por lo que se refiere a la actividad administrativa que resulta del ejercicio de las funciones estatales por parte de la Administración Pública, -que es lo que le da el contorno fundamental a nuestra disciplina-, el derecho administrativo se materializa en el régimen jurídico relativo a las diversas formas en que la Administración Pública se manifiesta en relación con los administrados; abarcando en general:.. *primero*, el régimen de las regulaciones que inciden en la actividad de los administrados, es decir, tanto de la ordenación de las actividades particulares consideradas como de interés o utilidad general, como de la policía administrativa; *segundo*, el régimen de las regulaciones que inciden en las

---

(*) Texto del preparado para mi exposición en las *Primeras Jornadas de Derecho Administrativo organizadas por la Asociación Venezolana de Derecho Administrativo* (AVE-DA), 8 de octubre de 2020.

prestaciones debidas por la Administración Pública a los administrados, es decir, de los servicios públicos; *tercero*, el régimen de las regulaciones relativas a las acciones de promoción y protección por parte de la Administración respecto de las actividades de los administrados, es decir, de la actividad de fomento; y *cuarto*, el régimen de las regulaciones relativas a las acciones de la Administración en el campo de la gestión económica, es decir, de las actividades empresariales del Estado.

En todo caso, siendo el derecho administrativo, con ese objeto, un derecho que regula al Estado, el mismo se presenta necesariamente como un derecho dinámico, estando en constante evolución como consecuencia directa de los cambios que se operan en el ámbito social y político de cada sociedad, por lo que además de ser un derecho del Estado, regulador tanto de sus fines y cometidos, como de los poderes y prerrogativas que tiene que tener para poder hacer prevalecer los intereses generales y colectivos frente a los intereses individuales, es también un derecho regulador del ejercicio de los derechos y garantías de los administrados.

II. SOBRE EL DERECHO ADMINISTRATIVO COMO REGULADOR DEL EJERCICIO DE LOS DERECHOS FUNDAMENTALES

El derecho administrativo, en efecto, en su faceta regulatoria, que es la más clásica y tradicional, se caracteriza por tener por objeto regular, por una parte, a la acción de la Administración como gestora del interés público, para asegurar que el Estado esté al servicio de los ciudadanos; y por la otra, a las actividades de los administrados para asegurar que la misma no perturbe la convivencia social, lo que en muchos casos implica la limitación del ejercicio de derechos y libertades por los ciudadanos para asegurar que el mismo no signifique, conforme lo dispone el artículo 20 de la Constitución, la violación de los derechos de los demás, o el orden público y social.

En tal perspectiva, el derecho administrativo siempre ha tenido por esencia, al regular todos los campos de la actuación de la Administración, el ser el marco del establecimiento de un régimen legal limitativo de los derechos de las personas, con exclusión por supuesto, de aquellos derechos considerados como de carácter absoluto, que no son limitables en forma alguna, como pueden ser por ejemplo, el derecho a la vida, el derecho al debido proceso, el derecho a la tutela judicial efectiva, la integridad personal y los demás derechos intangibles.

Todos los demás derechos y libertades, en cambio, siempre encuentran un régimen legal administrativo que se dicta tanto para asegurar y facilitar su ejercicio, como para restringirlo y limitarlo a los efectos de asegurar que su ejercicio no afecte el derecho de los demás o el orden público y social.

Y eso es lo que explica el grueso del régimen legislativo de orden administrativo que incide siempre en el ejercicio de los derechos individuales como es el que, por ejemplo, siempre se encuentra en las leyes de tránsito y circulación, terrestre, aéreo o marítimo, que regulan el ejercicio de la libertad de tránsito; en las leyes reguladoras de las sociedades civiles, mercantiles y políticas, que limitan el derecho de asociación; en las leyes reguladoras de la prensa, radio y televisión, que restringen el ejercicio de la libertad de expresión; de las leyes reguladoras del ejercicio de los cultos, que inciden sobre la libertad religiosa. Igualmente, un régimen jurídico administrativo de orden legislativo se ha desarrollado, siempre, por ejemplo, respecto del ejercicio de los derechos sociales, como el derecho de los menores, el derecho a la vivienda, el derecho a la salud, el derecho al trabajo y el derecho a la educación, donde se encuentran limitaciones y restricciones. De igual manera, está el régimen jurídico administrativo de orden legislativo relativo al derecho a ejercer actividades económicas, al derecho de propiedad, y al derecho al ambiente, que limita y restringe su ejercicio para hacerlos compatibles con el desarrollo económico social.

En todos esos casos, el régimen jurídico administrativo es básicamente un régimen regulador y limitativo del ejercicio de todos esos derechos y libertades de manera de asegurar, como se dijo, que el ejercicio de los mismos no signifique violación de los derechos de los demás o del orden público y social; incluso en situaciones o circunstancias excepcionales o de riesgo derivadas de desastres o emergencias, como las que tradicionalmente se han producido, por ejemplo, en materia sanitaria, para la protección de la salud, y más recientemente, por ejemplo, en las regulaciones relativas a la organización de la Administración para la atención de riesgos generales.

Ese derecho administrativo, como derecho regulador, por otra parte, siempre debe ser configurado de manera de asegurar establecer el necesario equilibrio que debe existir entre los intereses públicos, colectivos o generales que debe proteger y garantizar, y los intereses individuales y privados que también debe proteger y garantizar, lo cual sólo se puede lograr cabalmente en un Estado de derecho en el cual funcione un régimen democrático. Es decir, en un sistema político y de gobierno en el cual la supremacía constitucional esté asegurada, la separación y distribución del Poder sea el principio medular de la organización del Estado, el ejercicio del Poder Público esté efectivamente controlado, y los derechos de los ciudadanos estén garantizados por un Poder Judicial independiente y autónomo. Sin democracia y sin dicho control, el derecho administrativo no pasaría de ser un derecho del Poder Ejecutivo o de la Administración Pública, el cual incluso podría estar montado sobre un desequilibrio o desbalance, donde las prerrogativas y poderes de la Administración podrían incluso predominar en el contenido de su regulación.

III. SOBRE EL DERECHO ADMINISTRATIVO REGULADOR

1. *El principio de legalidad como fundamento del derecho administrativo regulador*

En el marco de la actividad administrativa que debe realizarse conforme al principio de legalidad, el régimen de derecho administrativo impone que su ejercicio, por los órganos competentes, se haga ciñéndose a lo establecido en la Constitución y en las leyes y, en particular, conforme al procedimiento legalmente establecido. Por ello, las actuaciones realizadas por órganos incompetentes, sin observancia del procedimiento legalmente prescrito o que usurpen la reserva legal, constituyen vías de hecho y vician los actos administrativos así dictados de nulidad. En particular, respecto de los reglamentos, los mismos no pueden regular materias reservadas a la ley, como es el caso de la tipificación de delitos, faltas o infracciones administrativas, el establecimiento de penas o sanciones, así como tributos y contribuciones.

En esta forma, uno de los principales signos formales del afianzamiento del principio de la legalidad en el derecho administrativo contemporáneo, ha sido el sometimiento de la actuación de la Administración Pública a normas procedimentales que aseguren a los administrados un trato justo, basado en la buena fe y en la confianza legítima, mediante la previsión de un procedimiento formalmente regulado, en el cual se garantice el derecho a la defensa y, en general, el debido procedimiento administrativo. La consecuencia de ello es que una de las características del derecho administrativo contemporáneo sea la conocida tendencia a codificar el procedimiento administrativo mediante la sanción de leyes específicas que los regulen, incluyendo la simplificación de trámites administrativos, para racionalizar las tramitaciones que los particulares llevan a cabo ante la Administración Pública y a garantizar la participación ciudadana en la formación de los actos administrativos.

Ese derecho administrativo que nosotros conocemos y que hemos trabajado, ha sido el resultado de su consolidación en el mundo moderno, siguiendo tres tendencias paralelas: la primera, la relativa a la relación entre la Administración Pública y los particulares basada en el carácter servicial de la misma, es decir, como lo indica la Constitución, "la Administración está al servicio de los ciudadanos, y por ello, se rige por los principios fundamentales de "honestidad, participación, celeridad, eficacia, eficiencia, trasparencia, rendición de cuentas y responsabilidad" (art 141); la segunda, la relativa al sometimiento de la actividad administrativa al principio de legalidad, lo que implica que todas las actuaciones de la Administración Pública deben realizarse, como dice la Constitución, "con sometimiento pleno a la ley y al derecho (art. 114); y la tercera, la relativa al carácter absoluto de dicho principio de legalidad, en el sentido de que no hay áreas inmunes al mismo, particularmente en lo que se refiere a la universalidad de control judicial de los actos de la Administración, lo que implica que ya no hay actos excluidos del mismo, como ocurría con los viejos "actos de gobierno;" con el ejercicio de poderes discrecionales que la ley pueda otorgar a la Administración para gestionar el interés general, siempre estará sometido a límites; y con las situaciones excepcionales que se puedan presentar en una sociedad y que la Administración está llamada a enfrentar, siempre, en el marco de la legalidad.

2. *La reducción de las inmunidades del poder y las situaciones excepcionales*

Lo último señalado se corresponde con lo que Eduardo García de Enterría calificó, al puntualizar el alcance del principio de legalidad en el derecho administrativo en los países democráticos, como el resultado de la lucha contra las inmunidades de poder, que identificó en esos tres elementos.

En *primer lugar*, en el proceso de reducción progresiva de actos estatales que pudieran estar excluidos del control judicial, lo que condujo a la reducción o más bien al abandono de la teoría de los actos de gobierno al aclararse que los mismos, en realidad, no son actos administrativos que estén excluidos de control, es decir, no son actos de las autoridades administrativas de rango sublegal, sino que son actos estatales dictados por órganos ejecutivos en ejecución directa e inmediata de la Constitución, razón por la cual a ella es que deben estar sometidos, lo que implica su sometimiento a control de constitucionalidad por la Jurisdicción constitucional, y obviamente no de legalidad por parte de la Jurisdicción contencioso administrativa.

La consecuencia de ello es que conforme a los postulados del Estado de Derecho y con base en el principio de la legalidad, todos los actos estatales están sometidos al derecho y todos son controlables judicialmente por razones de constitucionalidad o de legalidad; y ningún acto estatal debe escapar al control del Poder Judicial.

Siendo los actos administrativos siempre de carácter sublegal, los mismos están sometidos al control judicial por parte de los tribunales con competencia contencioso administrativa, que en la mayoría de los países del mundo contemporáneo se conforma por tribunales especializados, aun cuando no necesariamente separados del Poder Judicial como sucede con el originario modelo francés. A los mismos, por otra parte, no sólo tienen acceso los administrados cuyos intereses personales, directos y legítimos hayan sido lesionados por la actividad administrativa, como es la situación general de la legitimación en estos procesos, sino que también progresivamente la legitimación se ha extendido a la protección de intereses difusos, es decir, los concernientes a la calidad de vida de la población como los originados por daños al ambiente o a los consumidores; y de los intereses colectivos, referidos, por ejemplo, a un sector poblacional determinado e identificable.

Estos tribunales contencioso administrativos, por otra parte, en el mundo contemporáneo, no sólo ejercen una competencia de control objetivo de la actuación de la Administración tendiente a la anulación de los actos administrativos ilegales, sino una competencia de orden subjetiva, para también poder condenar a la Administración al pago de sumas de dinero, y a la reparación de daños y perjuicios originados en responsabilidad administrativa, y para disponer lo necesario para el restablecimiento de las situaciones jurídicas subjetivas que pudiesen haber sido lesionadas por la actividad administrativa. Ello implica que los jueces contencioso administrativos son los llamados no sólo a anular actos administrativos, sino a conocer y decidir con plenitud y dentro de los límites de su competencia, todas las demandas que se puedan intentar contra los entes públicos basadas en pretensiones subjetivas. Además, el ámbito del control que ejercen los jueces contencioso administrativos se ha extendido también a las abstenciones o negativas de los funcionarios a dictar específicos y concretos actos administrativos a que estén obligados por las leyes. Se trata de lo que en muchos países se conoce como el control contencioso administrativo contra la carencia o las omisiones administrativas.

En *segundo lugar*, también está el proceso de sometimiento del poder discrecional al control judicial, mediante la depuración progresiva del mismo, *primero*, al excluirse del concepto elementos que lo distorsionaban pues al quedar asegurado el sometimiento a control jurisdiccional de las actuaciones de la Administración en ejecución de poderes expresados en forma de conceptos jurídicos indeterminados, lo que dio origen a la llamada discrecionalidad técnica sometida en pleno a la legalidad; *segundo*, al desarrollarse las posibilidades de control sobre la calificación y apreciación de los hechos en la actuación de la Administración, lo que nada tiene de discrecional; y *tercero*, al admitirse, finalmente, en relación con lo que sí es estrictamente actuación discrecional, el control sobre la razonabilidad, racionalidad, lógica y proporcionalidad de la actuación.

Sobre el poder discrecional, recordemos que si bien, siempre, en la actuación administrativa la competencia de las autoridades administrativas siempre tiene que estar prevista en texto legal expreso, en el cual se autorice la actuación del funcionario, la misma, en algunos casos está prevista con precisos límites en la ley, mientras que en otros, la ley le otorga al funcionario cierta libertad para elegir entre uno y otro curso de acción, apreciando la oportunidad o conveniencia de la medida a tomarse. En este último caso es donde se está en presencia del ejercicio de poderes discrecionales, que existen, precisamente cuando la ley permite a la Administración apreciar la oportunidad o conveniencia para la emisión del acto administrativo de acuerdo a los intereses públicos envueltos, teniendo el poder de elegir entre diversas alternativas igualmente justas. Ha sido precisamente en este campo de la discrecionalidad donde se ha planteado el mencionado proceso de su limitación para evitar la arbitrariedad administrativa, y someter a control judicial la totalidad de las actividades administrativas, precisando las áreas de actuación que no constituyen discrecionalidad como el caso de la aplicación de los antes mencionados conceptos jurídicos indeterminados. En consecuencia, mientras las competencias discrecionales dejan al funcionario la posibilidad de escoger según su criterio una entre varias soluciones justas, cuando se trata de la aplicación de un concepto jurídico indeterminado no sucede lo mismo, pues en su aplicación sólo se admite una sola solución justa y correcta, que no es otra que aquélla que se conforme con el espíritu, propósito y razón de la norma que autoriza la actuación.

Pero como se dijo, incluso depurada en esta forma la actividad discrecional, la libertad dada al funcionario para desarrollarla también está sometida a límites y controles en aplicación de principios generales del derecho como los de razonabilidad y racionalidad; de lógica, justicia y equidad; y de proporcionalidad, todo lo cual se ha venido incorporando progresivamente como texto expreso en leyes de procedimiento administrativo.

Y en *tercer lugar*, está la reducción progresiva de la vieja teoría de las circunstancias excepcionales que en antaño daban origen a áreas de actuación de la Administración que escapaban a la legalidad por falta de regulación de la misma, y que a los efectos de hacer prevalecer el principio de la legalidad en el mundo democrático, provocaron el desarrollo del derecho administrativo regulador, incluso mediante la sanción de legislaciones reguladoras de la emergencia, para asegurar que a pesar de los requerimientos de las mismas, quedase claro que la actuación de las autoridades debe someterse siempre al derecho; de manera que solo para el caso de que los instrumentos existentes no sean suficientes para poder atender las exigencias de gestión pública que plantean determinadas situaciones de emergencia, se pueda apelar a la ayuda del derecho constitucional.

Es precisamente por ello, por ejemplo, que la Constitución prevé en su artículo 344, con el cual se inicia el Capítulo II del Título de "la protección de la Constitución," lo que se califica expresamente como "estados de excepción," que son los que pueden decretarse en caso de circunstancias excepcionales, que son aquellas;

"de orden social, económico, político, natural o ecológico, que afecten gravemente la seguridad de la Nación, de las instituciones y de los ciudadanos y ciudadanas, *a cuyo respecto resultan insuficientes las facultades de las cuales se disponen para hacer frente a tales hechos.*"

Es decir, lo que origina que ante circunstancias excepcionales el Jefe del Ejecutivo Nacional pueda apelar al auxilio del derecho constitucional y declarar un "estado de excepción", es precisamente que el derecho administrativo regulador no sea suficiente de manera de permitirle a la Administración hacerle frente a tales hechos.

Esas diferentes formas de estados de excepción se regularon en la Ley Orgánica sobre Estados de Excepción de 2001,[1] según las circunstancias excepcionales que se presenten, estableciéndose además, previsiones sobre "el ejercicio de los derechos que sean restringidos con la finalidad de restablecer la normalidad en el menor tiempo posible" (art. 1, LO).

3. *De las circunstancias excepcionales e insuficiencia de los medios del derecho administrativo regulador*

Para precisar sobre las circunstancias excepcionales que puedan justificar la declaratoria de tales estados de excepción, la Ley especial ratificó el criterio fijado en la Constitución, de que debe tratarse de "situaciones objetivas de suma gravedad *que hagan insuficientes los medios ordinarios que dispone el Estado para afrontarlos*" (art. 2, LO), por lo que deben dictarse solo en caso de "estricta necesidad para solventar la situación de anormalidad" (art. 6, LO); debiendo preverse la posibilidad de adoptar "medidas de excepción" que en todo caso siempre "deben ser proporcionales a la situación que se quiere afrontar en lo que respecta a gravedad, naturaleza y ámbito de aplicación" (art. 4, LO); y que también, en todo caso, deben "tener una duración limitada a las exigencias de la situación que se quiere afrontar, sin que tal medida pierda su carácter excepcional o de no permanencia" (art. 5, LO).

Esas medidas que se adoptan para enfrentar los efectos de circunstancias excepcionales, por otra parte, en ningún caso interrumpen el funcionamiento de los órganos del Poder Público (art. 339 C.) ni las competencias constitucionales como lo confirma la Ley Orgánica (art. 3, LO); lo cual implica que en ningún caso un estado de excepción puede modificar el principio de la responsabilidad del Presidente de la República, ni la del Vicepresidente Ejecutivo, ni la de los Ministros, de conformidad con la Constitución y la ley (art. 232 C.). Además, los decretos relativos a los estados de excepción siempre están sujetos al control judicial de constitucionalidad por parte de la

---

1   Véase en *Gaceta Oficial* N° 37.261 de 15-08-2001.

Sala Constitucional del Tribunal Supremo de Justicia (art. 336.6), y al control político por parte de la Asamblea Nacional, la cual puede aprobar o improbar el decreto y su prórroga, de haberla (art. 338). Los decretos, además, pueden ser revocados no sólo por el Ejecutivo Nacional sino por la Asamblea Nacional o por su Comisión Delegada, al cesar las causas que lo motivaron.

De acuerdo con la Constitución, además, las circunstancias excepcionales que pueden decretarse cuando *los medios ordinarios de los cuales dispone el Estado para afrontarlos sean insuficientes,* conforme con el artículo 388 de la Constitución son: el estado de alarma, el estado de emergencia económica, el estado de conmoción interior y el estado de conmoción exterior; reguladas en los arts. 8 a 14 de la Ley Orgánica.

Dejando aparte los dos últimos, referidos a circunstancias excepcionales producidas por conmoción interior o exterior, que apuntan a situaciones de guerra, los dos primeros tocan más directamente el derecho administrativo regulador. El *estado de alarma,* en efecto, regulado en el artículo 338 de la Constitución y el artículo 8 de la Ley Orgánica, se prevé que puede decretarse cuando en circunstancias excepcionales producidas por "catástrofes, calamidades públicas u otros acontecimientos similares que pongan seriamente en peligro la seguridad de la Nación o de sus ciudadanos" los *medios ordinarios de los cuales dispone el Estado para afrontarlos sean insuficientes.* Y en cuanto al *estado de emergencia económica* regulado en la misma norma del artículo 338 de la Constitución y el artículo 10 de la ley Orgánica, puede decretarse cuando en "circunstancias económicas extraordinarias que afecten gravemente la vida económica de la Nación" también resulten *insuficientes* los *medios ordinarios de los cuales dispone el Estado para afrontarlos.*

Todo lo anterior implica, en todo caso, que siendo las circunstancias excepcionales manifestaciones propias de la vida en sociedad, el derecho administrativo, precisamente para asegurar el sometimiento de la Administración al derecho y a la ley, no dejó de tener presencia en la atención de las mismas, habiéndose desarrollado progresivamente regulaciones para que la Administración pudiera contar con los instrumentos necesarios para atenderlas, adoptando las medidas apropiadas a cada una de ellas.

Es decir, puede decirse que las circunstancias excepcionales y las situaciones de riesgo, desastre, de calamidad púbica o de emergencia, no son extraños al derecho administrativo, y en sus regulaciones la Administración debería encontrar los instrumentos necesarios para, preservando la legalidad, atender adecuadamente las consecuencias de su acaecimiento, tanto en el caso de que sean causadas por hechos naturales, como terremotos, erupciones volcánicas, sequías, inundaciones, deslizamientos; por actividades hu-

manas como incendios o accidentes de transporte; o por la propia condición
del género humano como son el desarrollo de enfermedades graves extendi-
das como epidemias o pandemias; y en todas esas situaciones, con las conse-
cuentes pérdidas de vidas humanas y daños materiales, destrucción de recursos naturales, e interrupción de los procesos los socioeconómicos.

Puede incluso decirse que, en los tiempos contemporáneos, los desastres, calamidades públicas y pandemias, es decir, las situaciones de emergencia y la necesidad de la atención de riesgos para la sociedad por parte por
las administraciones públicas, han dado origen incluso a un régimen jurídico
administrativo específico, con el objeto –precisamente- de atender la administración de la atención de desastres y demás situaciones de emergencia.

Ese, en todo caso, ha sido un campo propio del derecho administrativo
regulador, que es el que precisamente *necesita ser redescubierto con ocasión
de la Pandemia del Covid-19*, sobre todo para poder constatar si los medios
reguladores ordinarios existentes y de los cuales disponía el Estado, eran o
no efectivamente suficientes para enfrentar sus efectos, y con ello determinar
si realmente el Ejecutivo Nacional requería acudir al auxilio del derecho
constitucional y decretar el estado de alarma, tal como procedió a hacerlo
mediante el Decreto No. 4.160 de 13 de marzo de 2020 que fue objeto de
prórroga en múltiples ocasiones.[2]

En particular, me referiré a las regulaciones específicas del derecho administrativo sobre la atención de enfermedades graves y la atención de los
riesgos derivadas de las mismas establecidas tanto antes del decreto de estado de alarma como en su texto, lo permitirá a los estudiosos del derecho
administrativo, poder continuar la tarea de redescubrimiento de nuestra disciplina reguladora, y determinar las medidas que podían haberse adoptado
con base en las regulaciones existentes, confrontándolas con las previstas en
el referido decreto de estado de alarma.

Esa confrontación y deducción no la podemos hacer en esta introducción al tema, siendo tarea futura de los administrativistas del país, y con ello
determinar las necesidades de reforma legislativa, reglamentaria y organizativa, que los nuevos tiempos imponen.

---

2   *Gaceta Oficial* No. 6519 Extra de 13 de marzo de 2020.

IV. SOBRE EL RÉGIMEN JURÍDICO ADMINISTRATIVO DE LA ATENCIÓN DE LA SALUD Y LA ATENCIÓN DE RIESGOS SANITARIOS: UN EJEMPLO CLÁSICO DEL DERECHO ADMINISTRATIVO REGULADOR RELATIVO A LA ATENCIÓN DE LAS ENFERMEDADES DE DENUNCIA OBLIGATORIA

En todos los países contemporáneos, particularmente después de las grandes epidemias y pandemias que se sucedieron hasta las primeras décadas del siglo pasado, la legislación administrativa en materia de protección de la salud reguló ampliamente poderes de las administraciones públicas para atender situaciones de riesgo en ese campo y así asegurar la salubridad pública, proteger la salud de los ciudadanos y [procurar por la recuperación de la salud de los afectados.

En Venezuela son de destacar en esa materia las regulaciones que se establecieron en los años treinta y cuarenta del siglo pasado conforme a la regulación expresa que se estableció en la Ley de Sanidad Nacional de 15 de julio de 1938, en la cual se facultó expresamente al Ejecutivo nacional:

> "cuando hubiere amenaza de invasión de una enfermedad contagiosa o que por su naturaleza sea peligrosa para la comunidad, o reinare en el país alguna de estas enfermedades […] para *ejecutar y hacer ejecutar las medidas que juzgare necesarias para prevenirla o combatirla en resguardo de la salud pública* (art. 13).

En el campo del derecho administrativo la respuesta a esta amplia delegación normativa que el legislador, como regulador de la política de protección a la salud, hizo al Ejecutivo Nacional, fue la emisión del *Reglamento de Enfermedades de Denuncia Obligatoria* adoptado el 11 de agosto de 1939, con el objeto de evitar la propagación de las mismas. En dicho Reglamento se enumeraron las enfermedades que en la época eran de importancia, muchas de las cuales actualmente ya han desaparecido o han sido controladas, mientras que otras tantas continúan vigentes.

¿Y qué regulaba dicho Reglamento?

Tal como lo explicaba a mis alumnos del *Curso de Derecho Administrativo II* (precisamente referido al derecho administrativo regulador) en la Universidad Central de Venezuela, hace ya casi 60 años,[3] dicho Reglamento estableció el siguiente régimen:

---

3 Véase en Allan R. Brewer-Carías, *Derecho Administrativo. Escritos de Juventud (1959-1964)*, Fundación de Derecho Público, Editorial Jurídica Venezolana, Caracas 2014.

1. *Ámbito de regulación: identificación de enfermedades graves con riesgo de contagio*

Para restablecer la salud en caso de pérdida de la misma, en el Reglamento se estableció la necesidad del Estado de localizar las personas afectadas de ciertas enfermedades graves, que fueron calificadas como de notificación o denuncia obligatoria; enumerándose las siguientes:

Grupo A: Cólera asiático; Coqueluche (Tos ferina); Difteria y anginas de cualquier clase; Diarreas y disenterías especificando la causa, si fuere posible; Encefalitis de cualquier clase; Escarlatina; Fiebre amarilla; Fiebres tifoidea y paratifoidea; Fiebre de cualquier clase, cuya duración exceda de cuatro días; Intoxicaciones alimenticias; Lepra; Meningitis en general; Oftalmía neonatorum; Peste; Pneumonías, bronco-neumonías y congestiones; Poliomielitis; Rabia; Rubeola; Sarampión; Septicemia puerperal, Tétanos, infantil, u otro; Tracoma; Tifus exantemático; Varicela; Viruela en cualquiera de sus formas (alastrim).

Grupo B: Actinomicosis; Anquilostómiasis; Ascaridiosis; Beriberi; Brucelosis; Buba; Carbunco; Dengue; Erisipela; Espiroquetosis ictero-hemorrágica; Esquitosomiasis; Favo; Fiebre recurrente; Filariosis; Influenza; Leishmaniosis; Mordeduras de serpientes, especificando, si fuere posible, el género ofídico; Muermo y farcino; Parotiditis; Paludismo, especificando la forma, si fuere posible; Pelagra; Psitacosis; Sarna; Sodoku; Triquinosis; Tuberculosis en cualquiera de sus formas, especificando el órgano o la parte afectada; Tularemia (art. 1).

De acuerdo con el Reglamento, el Ministerio con competencia en materia de salud (entonces, el Ministerio de Sanidad y Asistencia Social) está habilitado para aumentar o reclasificar la lista (art. 2)

2. *La obligación de informar: comunicación y denuncia*

Interesa a las autoridades sanitarias conocer la incidencia de dichas enfermedades en la población del país, razón por la cual el Reglamento establece que los médicos, en principio, y, a falta de ellos, el padre de familia, el pariente más cercano o cualquier persona que tenga conocimiento de que alguna persona padece una enfermedad del Grupo A, está obligado a comunicarlo dentro de las 24 horas y por la vía más rápida a la autoridad sanitaria más cercana. En el caso de enfermedades del Grupo B, las personas están obligadas a formular la denuncia de la enfermedad en un término de 5 días (art. 3).

Por otra parte, el Reglamento impone igualmente a las farmacias o cualquier establecimiento de expendio de medicinas la obligación de denunciar a la autoridad sanitaria sobre la venta de productos destinados a prevenir o tratar enfermedades de denuncia obligatoria. Para estos fines, el Reglamento autoriza a la autoridad sanitaria a realizar las inspecciones necesarias y llevar un registro sobre las informaciones relativas a la materia (art. 4).

De este modo, cuando las denuncias repetidas hagan del conocimiento de la autoridad sanitaria la amenaza de que una enfermedad grave pueda propagarse en forma de epidemia a una porción o a la totalidad de la población nacional, ésta puede adoptar, de manera oportuna, las medidas que fueren necesarias, que se analizan a continuación.

3. *Sobre las medidas restrictivas de la libertad personal*

En primer lugar, el régimen jurídico-administrativo del restablecimiento de la salud perdida regulado en el Reglamento, en efecto, establece la posibilidad para la autoridad sanitaria de la adopción de una serie de *medidas restrictivas de la libertad personal,* que tenían entonces su fundamento en el artículo 76 de la Constitución (1961) que establecía que todos están obligados a someterse a las medidas sanitarias que establezca la Ley, dentro de los límites impuestos por el respeto a la persona humana.

Entre estas medidas restrictivas de la libertad personal se encuentran la siguientes:

A. *La reclusión obligatoria de enfermos*

Puede suceder que una enfermedad quede, en cuanto se refiere a su tratamiento, al libre juicio de quien la padece. Pero hay otras como son algunas de las calificadas como de denuncia obligatoria, respecto de las cuales, por razón de su gravedad, quien las padece se convierte en elemento considerado de peligro para la colectividad, autorizando el Reglamento a la autoridad sanitaria para poder ordenar y proceder a su reclusión obligatoria en establecimientos de salud. A tal efecto, el Reglamento identifica en su Artículo 7, entre las enfermedades enunciadas, son declaradas como de *reclusión obligatoria,* por el tiempo y en las condiciones que determinen las autoridades sanitarias respectivas, las siguientes: cólera asiático, fiebre amarilla, lepra, Meningitis-cerebro-espinal epidémica, peste, poliomielitis, tifus, viruela, y tifus exantemático.

También es obligatoria la reclusión para los que padecen de enfermedades venéreas, cuando las personas afectadas se nieguen a tratarse (art. 9).

B. *El aislamiento obligatorio*

El Reglamento, respecto de las otras enfermedades que no conllevan la medida de reclusión obligatoria, reguló el aislamiento como medida restrictiva de la libertad personal; medida que, a diferencia de la reclusión, se debe ejecutar en el domicilio del enfermo, por el tiempo y condiciones que determine la autoridad sanitaria, siempre que éste reúna condiciones higiénicas, y no sea un sitio de vivienda colectiva, como hotel, colegio, o establecimientos similares. El aislamiento se permite respecto de las otras enfermedades que no revisten la gravedad de las especificadas en el Artículo 7 ya referido.

C. *Los exámenes obligatorios*

El Reglamento prevé igualmente la potestad de la autoridad sanitaria de examinar y someter a períodos de observación o cuarentena, así como a otras restricciones y medidas que señale la autoridad sanitaria, a las personas que hayan estado en contacto directo o indirecto con casos de enfermedades de denuncia obligatoria, o cuando se sospeche o sepa que son portadores de gérmenes o parásitos causantes o trasmisores de enfermedades (art. 9).

D. *La cuarentena*

Específicamente respecto de la cuarentena, tal como se regula en el Reglamento, a diferencia de la reclusión o aislamiento, consiste en la prohibición de salida de un determinado lugar, impuesta a las personas que hayan estado en contacto con otras afectadas de enfermedades de denuncia obligatoria, o que se sospeche pueden ser portadoras de los agentes causantes de la enfermedad. A tal efecto, por ejemplo, el Reglamento de Sanidad Marítima estableció esta medida respecto de las personas que se encuentran a bordo de un buque donde haya una persona que padezca de alguna de las enfermedades de denuncia obligatoria.

E. *La identificación de viviendas de riesgo*

El Reglamento autoriza a las autoridades sanitarias a hacer marcar con carteles o banderas visibles desde lejos, las casas donde existan o hayan existido casos de enfermedades de denuncia obligatoria y colocar guardias con el fin de hacer cumplir las medidas que se hayan adoptado (art. 10).

F. *La inmunización obligatoria*

El Reglamento previó además expresamente que en los sitios donde se produzca una epidemia o se manifieste una enfermedad de notificación obligatoria, el Ministro de Sanidad y Asistencia Social pueda declarar obligatoria la inmunización activa o pasiva contra la enfermedad en cuestión (art. 18). Ello, en el marco de la Ley de Vacuna.

G. *La garantía de la privacidad*

En salvaguarda de la garantía del derecho a la privacidad, el artículo 20 del Reglamento estableció que los datos que obtengan los funcionarios de

Sanidad sobre enfermedades de denuncia obligatoria, son por su naturaleza privados, quedando sujetos los funcionarios que los revelen a sanciones pecuniarias previstas en el reglamento o a la "destitución del cargo".

4. *Medidas restrictivas de la libertad de transitar y cordones sanitarios*

El artículo 11 del Reglamento, prohíbe a las personas que padezcan enfermedades de denuncia obligatoria, transitar a pie o en vehículo por la vía pública o cambiar de residencia sin permiso escrito de la autoridad sanitaria, la cual ha de fijar las condiciones de traslado.

Igualmente la norma autoriza al Ministro con competencia en materia de salud (entonces Ministro de Sanidad y Asistencia Social) para establecer cordones sanitarios en poblaciones o regiones determinadas, con el fin de impedir la propagación de enfermedades trasmisibles.

5. *Medidas restrictivas de la libertad de reunión, del derecho a la educación y del derecho al trabajo para evitar la contaminación. Clausura de establecimientos.*

El artículo 12 del Reglamento prohíbe a los que sufren o hayan sufrido enfermedades de notificación obligatoria, o que provengan de lugares donde existan o hayan existido enfermos de esta clase, asistir a escuelas, colegios u otros institutos de enseñanza, fábricas, talleres, teatros u otros lugares donde vivan, pernocten o se reúnan varias personas, cuando por su presencia en estos sitios se tema el peligro de propagar la enfermedad.

Los maestros, jefes, directores, gerentes o encargados de los establecimientos en cuestión deben dar parte inmediatamente a la autoridad sanitaria, al observar cualquier escolar, empleado, obrero u otra persona, en tales condiciones.

6. *La vigilancia y la clausura de locales infectados*

De acuerdo con lo previsto en el artículo 14 del Reglamento, las autoridades sanitarias podrán ordenar la desinfección o limpieza de los lugares públicos o privados donde exista o hubiere existido un caso de enfermedad trasmisible; y además, quedan autorizadas para ordenar la clausura total o parcial de cualquier casa o establecimiento público o privado; para evitar la propagación de dichas enfermedades.

7. *Visitas sanitarias restrictivas a la inviolabilidad del domicilio.*

El Artículo 16 del Reglamento, en el marco de la previsión del artículo 62 de la Constitución (1961), estableció la posibilidad para las autoridades sanitarias de poder realizar visitas sanitarias a cualquier hora del día o de la noche los enfermos o sospechosos de sufrir enfermedades de denuncia obligatoria.

8.   *Medidas restrictivas a la propiedad privada.*

Por otra parte, con el fin de evitar la propagación de las enfermedades, el Artículo 16 del Reglamento establece restricciones respecto de los objetos propiedad de las personas que sufran o hayan sufrido de enfermedades de denuncia obligatoria, disponiendo una prohibición de que se pueda hacer con los mismos ningún negocio, o transacción sin el correspondiente permiso de la autoridad sanitaria.

Además, el artículo 15 del Reglamento dispone entre las medidas de restrictivas de la propiedad privada, la desinfección obligatoria, durante el curso de la enfermedad trasmisible, de las ropas, utensilios y demás objetos expuestos a contaminación, y que puedan ser medios de propagación de la enfermedad.

En forma más general la Ley de Sanidad Nacional, además, estableció otras medidas restrictivas de la propiedad inmueble para los casos en los cuales "los propietarios no observaren en su propiedad las disposiciones de la higiene pública a que están obligados, en conformidad con el ordinal 2° del artículo 32 de la Constitución Nacional (1936), y como consecuencia ello fuere preciso extinguir una enfermedad peligrosa, combatir una epidemia o evitar una amenaza inminente para la salud pública," en cuyo caso "el Ejecutivo Federal podrá ordenar la ocupación temporal de la propiedad y aun su destrucción, indemnizándose al propietario en la forma que lo determine la Ley" (art. 17).

Paralelamente, en todos aquellos casos en los cuales se realice una visita sanitaria, la ocupación temporal, la reparación o la destrucción de la propiedad por causa de salubridad pública, la ley exige, sin embargo, que la medida sea ejecutada "de conformidad con las Leyes y Reglamentos, levantándose un Acta por duplicado de todas las actuaciones, en la cual podrá el propietario reservarse los derechos que a su juicio le correspondan" (art. 18).

9.   *Medidas restrictivas de servicios funerarios*

Conforme al artículo 17 del Reglamento, las autoridades sanitarias pueden prohibir los velorios de las personas que hayan muerto de enfermedades trasmisibles y ordenar el entierro en las condiciones que juzguen convenientes. Además, pueden también ordenar la autopsia del cadáver, con el fin de confirmar el diagnóstico.

10. *Medidas sancionatorias*

Para los infractores del Reglamento, el mismo estableció sanciones pecuniarias "o arresto proporcional" conforme a la Ley de Sanidad Nacional "sin perjuicio de otras penas que imponga el Código Penal (art. 19).

V. ¿ERA INSUFICUENTE EL RÉGIMEN DE DERECHO ADMINISTRATIVO EXISTENTE PARA ATENDER LAS EXIGENCIAS DE LA PANDEMIA DEL CORONAVIRUS?

Ante regulaciones como las antes analizadas, vetustas sin duda, pero dictadas con buen criterio para la protección de la salud, con las debidas garantías de los derechos de los administrados, la pregunta que debemos hacernos los administrativistas es si las mismas eran o no suficientes para atender la pandemia del Covid-19; o si en cambio era indispensable que se decretase el estado de alarma conforme al artículo 338 de la Constitución para atender la emergencia sanitaria, previéndose regulaciones que suplieran la ineficiencia de dichas regulaciones.

Para ello deben analizarse las regulaciones establecidas en el decreto de estado de alarma por el Covid-19, para determinar si el régimen antes mencionado era o no insuficiente; lo que solo puede derivarse si se aprecia que las regulaciones que se hubieran adoptado con el decreto fueran diferentes de las que estaban previstas en el régimen existente. Pero si las medidas que se adoptaron podían, en definitiva, adoptarse con base en las regulaciones existentes y vigentes, entonces se puede decir, que no estaba dado el supuesto constitucional básico exigidos para un estado de excepción.

Recordemos que conforme a la propia Constitución, en el decreto por el cual se declare el estado de alarma se pueden establecer restricciones de garantías constitucionales en el marco de lo dispuesto en el artículo 6 de la Ley Orgánica, que establece que:

> "*Artículo 6*: El decreto que declare los estados de excepción será dictado *en caso de estricta necesidad para solventar la situación de anormalidad*, ampliando las facultades del Ejecutivo Nacional, con la *restricción temporal de las garantías constitucionales permitidas* y la ejecución, seguimiento, supervisión e inspección de las medidas que se adopten conforme a derecho. El Presidente de la República, en Consejo de Ministros, podrá ratificar las medidas que no impliquen la restricción de una garantía o de un derecho constitucional. Dicho decreto será sometido a los controles que establece esta Ley."

En ese caso, como lo dispone el artículo 339 de la Constitución, el decreto que declare el estado de alarma deberá regular el ejercicio del derecho cuya garantía se restringe; es decir, no es posible que el decreto ejecutivo "restrinja" una garantía constitucional pura y simplemente, estando obligado el Ejecutivo a decirlo expresamente, sino que es indispensable que en el texto del mismo decreto se regule, en concreto, mediante normas, el ejercicio del derecho cuya garantía se restringe.[4] Solo así es que tiene sentido la previsión del artículo 21 de la Ley Orgánica que dispone que:

> *"Artículo 21*: El decreto que declare el estado de excepción suspende temporalmente, en las leyes vigentes, los artículos incompatibles con las medidas dictadas en dicho decreto."

Ahora bien, en el marco constitucional, legal y reglamentario antes comentado, es de interés precisar cuáles fueron las regulaciones restrictivas de derechos constitucionales dictadas a través del decreto No. 4.160 de 13 de marzo de 2020,[5] mediante el cual se declaró el "estado de alarma para atender la emergencia sanitaria del Coronavirus (Covid-19)"[6] , y así poder determinar si las regulaciones existentes de derecho administrativo eran o no insuficientes.

1. *Restricción de la garantía a la libertad de circulación y tránsito*

Mediante el artículo 7 del decreto 4.160 de 13 de marzo de 2020, sin mencionar ni restringir en forma expresa la garantía del derecho a la circulación y al libre tránsito prevista en el artículo 50 de la Constitución, quien ejerce de hecho la Presidencia de la República se autorizó a sí mismo para poder ordenar, en el futuro, *"restricciones a la circulación* en determinadas áreas o zonas geográficas, así como la entrada o salida de éstas, cuando ello resulte necesario como medida de protección o contención del coronavirus COVID-19," con la única "restricción" de que dichos decretos futuros tendrían que contemplar:

---

4   Véase Allan R. Brewer-Carías, "Prólogo," al libro de Daniel Zovatto, *Los estados de excepción y los derechos humanos en América Latina*, Instituto Interamericano de Derechos Humanos, Editorial Jurídica Venezolana, Caracas-San José, 1990, pp. 24 ss.

5   Nos referiremos al Decreto inicial N° 4.160 de 13 de marzo de 2020, por ser su contenido fundamentalmente el mismo de los Decretos ulteriores a través de los cuales se pretendió sucesivamente, una vez transcurrido el plazo constitucional de su vigencia y su prórroga, dictar decretos ulteriores mediante los cuales se decretaba una vez más el estado de alarma, burlando la limitación temporal constitucional y legalmente establecida

6   Véase los estudios incorporados en el libro: Allan R. Brewer-Carías y Humberto Romero Muci (Coordinadores), *Estudios jurídicos sobre la pandemia del Covid-19 y el decreto de estado de alarma en Venezuela*, Academia de Ciencias Políticas y Sociales, Colección Estudios No. 123, Caracas 2020.; especialmente los trabajos de Gabriel Sira Santana, Carlos García Soto, Allan R. Brewer-Carías, Caterina Balasso Tejera y José Ignacio Hernández G.

"medidas alternativas que permitan la circulación vehicular o peatonal para la adquisición de bienes esenciales: alimentos, medicinas, productos médicos; el traslado a centros asistenciales; el traslado de médicos, enfermeras y otros trabajadores de los servicios de salud; los traslados y desplazamientos de vehículos y personas con ocasión de las actividades que no pueden ser objeto de suspensión de conformidad con la normativa vigente, así como el establecimiento de corredores sanitarios, cuando ello fuere necesario."

El Decreto 4.160, además, reguló aspectos de la garantía que podían llegar a restringirse, precisando que:

"Cuando sea necesaria la circulación vehicular o peatonal conforme al párrafo precedente, deberá realizarse preferentemente por una sola persona del grupo familiar, grupo de trabajadores y/o trabajadoras o de personas vinculadas entre sí en función de la actividad que realizan, el establecimiento donde laboran o el lugar donde habitan. En todo caso, deberán abordarse mecanismos de organización en los niveles en que ello sea viable a fin de procurar que, en un determinado colectivo de personas, la circulación se restrinja a la menor cantidad posible de ocasiones y número de personas, y se tomen todas las previsiones necesarias para evitar la exposición al coronavirus COVID-19."

El decreto por último en el artículo 15, sobre el libre tránsito al territorio nacional dispuso que:

"Artículo 15. El Ejecutivo Nacional podrá suspender los vuelos hacia territorio venezolano o desde dicho territorio por el tiempo que estime conveniente, cuando exista riesgo de ingreso de pasajeros o mercancías portadoras del coronavirus COVID-19, o dicho tránsito represente riesgos para la contención del virus."

2. *Restricción de la garantía a la libertad económica y al derecho al trabajo*

A través del Decreto 4.160 de 13 de marzo de 2020, sin mencionar ni restringir en forma expresa la garantía de la libertad económica y el derecho al trabajo establecidas en los artículos 112 y 89 de la Constitución, quien ejerce de hecho la Presidencia de la República también se autorizó a sí mismo en su artículo 8, para en el futuro poder *"ordenar la suspensión de actividades* en determinadas zonas o áreas geográficas," agregando que dicha suspensión, implicará "la suspensión de las actividades laborales cuyo desempeño no sea posible bajo alguna modalidad a distancia que permita al trabajador desempeñar su labor desde su lugar de habitación."

Conforme a esa autorización que se dio a sí mismo quien ejerce la Presidencia para adoptar medidas futuras, el propio Decreto estableció en su artículo 9, una excepción respecto de actividades que sin embargo "no serán objeto de suspensión," enumerándose las siguientes:

"1. Los establecimientos o empresas de producción y distribución de energía eléctrica, de telefonía y telecomunicaciones, de manejo y disposición de desechos y, en general, las de prestación de servicios públicos domiciliarios.

2. Los expendios de combustibles y lubricantes.

3. Actividades del sector público y privado prestador de servicios de salud en todo el sistema de salud nacional: hospitales, ambulatorios, centros de atención integral y demás establecimientos que prestan tales servicios.

4. Las farmacias de turno y, en su caso, expendios de medicina debidamente autorizados.

5. El traslado y custodia de valores.

6. Las empresas que expenden medicinas de corta duración e insumos médicos, dióxido de carbono (hielo seco), oxígeno (gases o líquidos necesarios para el funcionamiento de centros médicos asistenciales).

7. Actividades que conforman la cadena de distribución y disponibilidad de alimentos perecederos y no perecederos a nivel nacional.

8. Actividades vinculadas al Sistema Portuario Nacional.

9. Las actividades vinculadas con el transporte de agua potable y los químicos necesarios para su potabilización (sulfato de aluminio líquido o sólido), policloruro de aluminio, hipoclorito de calcio o sodio gas (hasta cilindros de 2.000 lb o bombonas de 150 lb).

10. Las empresas de expendio y transporte de gas de uso doméstico y combustibles destinados al aprovisionamiento de estaciones de servicio de transporte terrestre, puertos y aeropuertos.

11. Las actividades de producción, procesamiento, transformación, distribución y comercialización de alimentos perecederos y no perecederos, emisión de guías únicas de movilización, seguimiento y control de productos agroalimentarios, acondicionados, transformados y terminados, el transporte y suministro de insumos para uso agrícola y de cosechas de rubros agrícolas, y todas aquellas que aseguren el funcionamiento del Sistema Nacional Integral Agroalimentario."

Adicionalmente, el Decreto delegó en la Vicepresidenta Ejecutiva, "en consulta con los Ministros del Poder Popular que conforman el Gabinete Ejecutivo con competencia en materia de salud, defensa, relaciones interiores, transporte, comercio, alimentación y servicios públicos domiciliarios," para que pueda "ordenar mediante Resolución la suspensión de otras actividades, distintas a las indicadas en este artículo cuando ello resulte necesario para fortalecer las acciones de mitigación de los riesgos de epidemia relacionados con el coronavirus (COVID-19);" Delegación que viola lo establecido en la Ley Orgánica, que solo permite delegar "la ejecución" de lo que se disponga en el decreto (art. 16).

3. *Restricción de la garantía del derecho a la educación y del derecho a educar.*

En el artículo 11 del Decreto No. 4.160 de 13 de marzo de 2020, de nuevo, sin mencionar ni restringir en forma expresa la garantía del derecho a la educación y del derecho a educar establecidas en los artículos 102 y 106 de la Constitución, quien ejerce de hecho la Presidencia de la República decretó directamente la suspensión de:

"las actividades escolares y académicas en todo el territorio nacional a partir del día lunes 16 de marzo de 2020, a los fines de resguardar la salud de niñas, niños y adolescentes, así como de todo el personal docente, académico y administrativo de los establecimientos de educación pública y privada."

A los efectos de implementar esta medida, el mismo artículo dispuso que los Ministros y Ministras del Poder Popular con competencia en materia de educación, en cualquiera de sus modalidades y niveles, debían:

"coordinar con las instituciones educativas oficiales y privadas la reprogramación de actividades académicas, así como la implementación de modalidades de educación a distancia o no presencial, a los fines de dar cumplimiento a los programas educativos en todos los niveles. A tal efecto, quedan facultades para regular, mediante Resolución, lo establecido en este aparte."

4. *Restricción de la garantía del derecho a la libertad económica, del derecho al trabajo, del derecho de reunión y del derecho de propiedad*

En contraste con los anuncios antes referidos de posibilidad de restricción *futura* de las garantías constitucionales a los derechos al libre ejercicio de la libertad económica y del trabajo, el Decreto No 4.160 del 13 de marzo de 2020, sin decirlo ni expresarlo formalmente, estableció también directamente restricciones a las garantías constitucionales a dichos derechos, además de a la garantía constitucional al derecho de reunión (art. 53 Constitución), al establecer la suspensión de diversas actividades y en determinadas modalidades en el país.

Primero, conforme al artículo 12 del Decreto, el Presidente de la República dispuso que:

"se suspende en todo el territorio nacional la realización de todo tipo de *espectáculos públicos, exhibiciones*, conciertos, *conferencias, exposiciones, espectáculos deportivos y, en general, cualquier tipo de evento de aforo público o que suponga la aglomeración de personas.*"

Sin embargo, de acuerdo con la propia norma se estableció una excepción general y es que no fueron objeto de dicha suspensión:

"las actividades culturales, deportivas y de entretenimiento destinadas a la distracción y el esparcimiento de la población, siempre que su realización *no suponga aforo público*. Los establecimientos donde se realicen este tipo de actividades podrán permanecer parcialmente abiertos, pero bajo ningún concepto podrán disponer sus espacios para presentaciones al público."

En esta materia específica, el Decreto dispuso que el Ministerio del Poder Popular para Relaciones Interiores, Justicia y Paz deberá realizar "las coordinaciones necesarias con las autoridades el ámbito municipal para el cumplimiento estricto de esta disposición.

Segundo, en el mismo artículo 12 del Decreto, se dispuso otra restricción a las garantías constitucionales de los derechos al libre ejercicio de las actividades lucrativas, al trabajo y de reunión, al disponerse que *"permanecerán cerrados"* "entre otros," los siguientes establecimientos:

"los cafés, restaurantes, tascas, bares, tabernas, heladerías, teatros, cines, auditorios, salones para conferencias, salas de conciertos, salas de exhibición, salones de fiesta, salones de banquetes, casinos, parques infantiles, parques de atracciones, parques acuáticos, ferias, zoológicos, canchas, estadios y demás instalaciones para espectáculos deportivos con aforo público de cualquier tipo."

Sin embargo, en cuanto a los establecimientos dedicados al expendio de comidas y bebidas, en el artículo 13 del Decreto se estableció como excepción, que los mismos:

"podrán permanecer abiertos prestando servicios exclusivamente bajo la modalidad de reparto, servicio a domicilio o pedidos para llevar, pero no podrán prestar servicio de consumo servido al público en el establecimiento, ni celebrar espectáculos de ningún tipo. Las áreas de dichos establecimientos destinadas a la atención de clientes o comensales para consumo in situ, o para la presentación de espectáculos, permanecerán cerradas."

En esta materia, además, también en violación de lo dispuesto en el artículo 16 de la Ley Orgánica, en el Decreto se procedió a delegar en el Ministerio del Poder Popular con competencia en materia de salud, en coordinación con los Ministerios con competencia en materia de alimentación y comercio, la regulación de las previsiones establecidas en el decreto; precisando incluso que:

"De ser necesario, establecerán también la regulación especial para establecimientos públicos, o privados de beneficencia pública, comedores para trabajadores y otros en los cuales se disponga de espacios de aforo público para comensales."

Tercero, el artículo 14 del Decreto No. 4.160 estableció que "los parques de cualquier tipo, playas y balnearios, públicos o privados, se mantendrán cerrados al público."

Y *cuarto*, por último, el Decreto No 4.160 del 13 de marzo de 2020, también estableció directamente, pero sin decirlo ni expresarlo formalmente, restricciones a las garantías constitucionales al derecho a la libertad económica y al derecho al trabajo, y además a la garantía del derecho de propiedad (que conforme al artículo 115 solo puede estar "sometida a las contribuciones, restricciones y obligaciones *que establezca la ley* con fines de utilidad pública o de interés general"), al establecer directamente en el artículo 17 que el Ministerio del Poder Popular para la Salud, "en su carácter de autoridad pública de salud de la más alta dirección" puede "designar o requerir" que los establecimientos de atención médica, hospitales, clínicas y ambulatorios privados, funcionen:

"como hospitales de campaña o centinela en materia de coronavirus COVID-19, no estando sujetos a horario, turno o limitación de naturaleza similar."

Además, se dispuso en la misma norma que, en todo caso:

"el Ministro del Poder Popular para la Salud, cuando lo estime conveniente para la mejor ejecución de este Decreto, girará las instrucciones necesarias o efectuará los requerimientos indispensables a los centros de salud, clínicas, laboratorios y demás establecimientos privados de prestación de servicios de salud, los cuales están en la obligación de atender dichas instrucciones y requerimientos prioritariamente."

5. *Restricción de la garantía del derecho a la libertad personal*

En contraste con los anuncios antes referidos de posibilidad de restricción futura de garantías constitucionales de varios derechos de consagración constitucional, el Decreto No 4.160 del 13 de marzo de 2020, también estableció directamente, pero sin decirlo ni expresarlo formalmente, restricciones a la garantía de la libertad personal, al establecer las siguientes medidas:

Primero, en el artículo 10, se ordenó *"el uso obligatorio de mascarillas* que cubran la boca y nariz" en los siguientes casos:

"1. En todo tipo de transporte público terrestre, aéreo o marítimo, incluidos los sistemas metro, Metrobús, metrocable, cabletren y los sistemas ferroviarios.

2. En terminales aéreos, terrestres y marítimos.

3. En espacios públicos que, por la naturaleza de las actividades que en ellos se realizan, deban concurrir un número considerable de personas, mientras no sea suspendida dicha actividad.

4. En las clínicas, hospitales, dispensarios, ambulatorios, consultorios médicos, laboratorios y demás establecimientos que presten servicios públicos o privados de salud, así como en los espacios adyacentes a éstos.

5. En supermercados y demás sitios públicos no descritos."

A los efectos de la ejecución de esta restricción, el decreto se limitó a instruir "a las autoridades competentes en materia de seguridad ciudadana, *salud* y defensa integral de la nación a tomar las previsiones necesarias para hacer cumplir esta regulación."

Segundo, en el artículo 23 del decreto se establecieron *restricciones a las garantías de la libertad personal y de circulación consistentes en la imposición de aislamiento o cuarentena* obligatorios para "todos los pacientes sospechosos de haber contraído el coronavirus que causa la COVID-19, así como aquellos en los cuales se hubiere confirmado tal diagnóstico por resultar positivo conforme a alguno de los tests debidamente certificados para la detección de la COVID-19 o de alguna de sus cepas," a quienes se impuso la obligación de permanecer

"en cuarentena y en aislamiento hasta que se compruebe mediante dicho test que ya no representa un riesgo para la propagación del virus, aun cuando presenten síntomas leves."

Igualmente, en el artículo 24 del decreto, se estableció también la obligación de permanecer en cuarentena o aislamiento por un plazo de dos (2) semanas, a las personas que hubieran estado expuestas a pacientes sospechosos o confirmados de haber contraído el coronavirus que causa la COVID-19, en casos tales como:

1. Haber tenido contacto directo con el paciente infectado o sospechoso de haber contraído el virus en razón de actividades profesionales, técnicas o laborales asociadas a la atención médica o sanitaria.

2. La visita a pacientes enfermos o bajo sospecha de estarlo.

3. Haber permanecido en un mismo entorno con pacientes enfermos, o bajo sospecha de estarlo, ya sea con ocasión de actividades laborales, académicas, profesionales o relaciones sociales de cualquier tipo.

4. Haber viajado en cualquier tipo de nave, aeronave o vehículo con un paciente afectado o sospechoso de serlo.

5. Haber convivido en el mismo inmueble con un paciente con COVID-19 en los 14 días posteriores a la aparición de sus primeros síntomas.

6. Haber tenido contacto directo con las personas indicadas en algunos de los numerales precedentes.

7. Quienes sean notificados por el Ministerio del Poder Popular de la Salud como un posible portador de la COVID-19, a cuyo efecto el Ministerio puede "servirse de las modalidades de las tecnologías de la información que considere convenientes."

En todo caso, el Decreto dispuso que las condiciones tanto de la cuarentena como del aislamiento debían ser desarrolladas por el Ministerio del Poder Popular para la Salud, y divulgadas ampliamente a nivel nacional (art. 25); agregando respecto de la cuarentena que "las autoridades competentes en materia de seguridad ciudadana, salud y defensa integral de la nación dispondrán los espacios que servirán de aislamiento para los casos de cuarentena que se requieran" (art. 29).

En todo caso, y a pesar de la indicación enumerativa de los supuestos en los cuales debía ocurrir la cuarentena o aislamiento, de hecho lo que ocurrió fue que toda la población, y no solamente los enfermos o quienes fueran sospechosos de estar enfermos o hubieran tenido contacto con alguno de los anteriores, fue compelida a estar en aislamiento.

Tratándose de medidas restrictivas de la libertad personal, el artículo 26 del Decreto dispuso que el cumplimiento de la cuarentena o el aislamiento antes indicados "es de carácter obligatorio y se requerirá al sujeto su cumplimiento voluntario." Sobre ello, además, el Decreto dispuso que:

"ante la negativa de cumplimiento voluntario por parte de la persona obligada a permanecer en cuarentena o aislamiento, las autoridades competentes en materia de seguridad ciudadana, salud y defensa integral de la nación deberán tomar todas las previsiones necesarias para mantenerlo en las instalaciones médicas o las que se dispongan para tal fin, en sus residencias o bajo medidas alternativas especiales, si fuere autorizado, o trasladarlo a alguno de dichos lugares si no se encontrare en alguno de ellos."

El Decreto dispuso que todas las personas que se encuentren en los supuestos previstos en los artículos 23 y 24 del Decreto antes indicadas:

"están obligadas a proveer oportunamente a las autoridades competentes en materias de salud, seguridad ciudadana, o de defensa integral de la nación, toda información que sirva a los fines de determinar la forma de contagio a la que estuvo expuesta y el alcance que pudiera haber tenido como agente de propagación.

A los efectos de la estandarización de la información a recolectar, el Ministerio del Poder Popular para la Salud elaborará los respectivos cuestionarios para su distribución a las autoridades competentes e inmediata disponibilidad mediante acceso electrónico.

La información aportada conforme a lo establecido en este artículo solo podrá ser utilizada con el objeto de realizar el seguimiento de la localización del avance del coronavirus COVID-19, tomar las medidas especiales de protección a favor del aportante, o de las personas o comunidades que pudieren haber resultado afectadas, y cualquier otra medida relativa a la ejecución de este Decreto.

De ninguna manera podrá ser utilizada la información con fines distintos a los previstos en este artículo, ni divulgada la información personal de manera alguna, o utilizada en procedimientos o procesos administrativos o judiciales de ningún tipo distintos a los procedimientos de control del coronavirus COVID-19."

Y tercero, en el artículo 5 del decreto se estableció una muy importante *restricción a la garantía de la libertad personal* al establecerse la obligación de las personas naturales, así como las personas jurídicas privadas, de "prestar su concurso cuando, por razones de urgencia, sea requerido por las autoridades competentes," pero sin indicarse cómo y en qué forma pueden ser requeridas y qué tipo de "concurso" han de prestar. Lo cierto es que la Constitución en su artículo 134 establece que en Venezuela las personas, "tiene(n) el deber de prestar los servicios civiles necesarios para hacer frente a situaciones de calamidad pública" lo que solo puede exigirse "de conformidad con la ley," no pudiendo nadie ser "sometido a reclutamiento forzoso." Si con el Decreto 4.160 se pretendió restringir esta garantía, la única forma en que ello podía haberse materializado era estableciendo la regulación necesaria en el propio Decreto, estableciéndose directamente el régimen legal aplicable en el caso de la situación de alarma, lo que no se hizo.

6.   *Restricción de la garantía de la inviolabilidad del hogar doméstico*

El artículo 28 del Decreto 4.160, sin hacer referencia alguna a lo establecido en el artículo 47 de la Constitución que garantiza la inviolabilidad del hogar doméstico, dispuso la posibilidad de que se verifiquen visitas sanitarias, autorizando a "los órganos de seguridad pública" "a realizar en establecimientos, personas o vehículos las inspecciones que estimen necesarias cuando exista fundada sospecha de la violación de las disposiciones de este Decreto."

Como consecuencia de estas inspecciones o visitas, dichas autoridades, conforme se indica en el Decreto 4.160, deben:

> "tomar las medidas inmediatas que garanticen la mitigación o desaparición de cualquier riesgo de propagación o contagio del coronavirus COVID-19 como consecuencia de la vulneración de alguna de las medidas contenidas en este instrumento o las que fueren dictadas por las autoridades competentes para desarrollarlo.

> El Ministro del Poder Popular para Relaciones Interiores, Justicia y Paz deberá establecer los parámetros de actuación adecuada aplicables a la situación particular que plantea la atención de la epidemia del coronavirus COVID-19."

7.   *Apreciación general sobre la insuficiencia de las facultades existentes que ameritaba el régimen del estado de alarma*

Cuando se analiza el Decreto de Estado de alarma de 2020 para atender la pandemia del COVID-19, lo que es necesario determinar, ante todo, es si efectivamente conforme al artículo 337 de la Constitución *las facultades de las cuales se disponía con anterioridad, eran o no suficientes para hacer frente a la pandemia*, encajando precisamente en la materia de salud y atención de enfermedades como la que provoca el Coronavirus, dentro de las denominadas como de "enfermedades de notificación obligatoria," un campo en el cual la legislación vigente desde hace casi cien años regula suficientes poderes que permitían dictar casi todas las medidas que se adoptaron a través del referido Decreto, ignorándose totalmente lo que establecía el derecho administrativo regulador en la materia.

En esta materia, en efecto, como se ha dicho, el Reglamento de Enfermedades de Denuncia Obligatoria (Enfermedades de Notificación Obligatoria, en la terminología contemporánea), no solo se enumera a las "influenzas" como una de ellas, de notificación "inmediata," sino que se precisa que al listado incluido en el Reglamento, el Ministerio de Sanidad puede agregar otras enfermedades, como sin duda podía haberse hecho con la afección respiratoria intensa producida por el Virus COVID-19.

Conforme a la normativa de dicho Reglamento, la tarea que los administrativistas tenemos por delante, es redescubrir el propio derecho administrativo, para determinar si en realidad era o no necesario decretar un "estado de alarma" para atender la situación acaecida con ocasión de la pandemia de una Enfermedad de Notificación Obligatoria como la del Coronavirus, y como consecuencia de la emisión del estado de alarma, proceder a estudiar las regulaciones que deben establecerse en el campo de la protección y atención de la salud para actualizar aquellas vetustas previsiones..

En otras palabras, revisar las viejas normas de 1939 y contrastarlas con las dictadas en el Decreto por el cual se declaró el estado de alarma de 2020, es un ejercicio necesario de redescubrimiento del derecho administrativo para constatar no solo que en su momento, el derecho administrativo regulador respondió a las necesidades sociales en materia sanitaria, sino para identificar –de ser el caso- sus carencias y concluir en una regulación legal contemporánea para enfrentar crisis y riesgos como el presente.

Ello implica volver a prestar más atención al derecho administrativo regulador, partiendo por supuesto de los grandes avances que tuvimos en el estudio de la teoría del derecho administrativo.

VI. UNA REFLEXIÓN ADICIONAL PARA EL DERECHO ADMINISTRATIVO REGULADOR: LA NECESARIA INSTITUCIONALIZACÓN DE LA ORGANIZACIÓN DE LA ADMINISTRACION PARA LA PREVENCIÓN Y ATENCIÓN DE DESASTRES

La atención de circunstancias excepcionales no solo requiere de la legislación necesaria a cargo del derecho administrativo regulador, que permita al Estado atender la satisfacción del interés general garantizando los derechos de las personas, sino que también impone la necesidad de que el derecho administrativo regule orgánicamente a la Administración para poder hacer frente efectiva y eficientemente a esas situaciones extraordinarias.

Por ello, es un signo común del derecho administrativo regulador en el mundo contemporáneo el que se haya progresivamente normado la estructuración de organizaciones administrativas permanentes para atender precisamente la administración de la atención de emergencias y desastres, y, además, para gerenciar la política destinada a prevenir su ocurrencia.

Puede decirse que en casi todos los países se han dictado leyes estableciendo estas Organizaciones específicas para la prevención como la atención de desastres. Se observa por lo general que estas regulaciones adoptan una concepción integral que involucra desde la máxima autoridad del país respectivo, generalmente el Presidente de la República y su Consejo de ministros, de donde se deriva la coordinación interinstitucional, por una parte y una cobertura de niveles territoriales, generalmente comprendido en tres y hasta cuatro niveles de participación: nacional, estadal-regional-departamental-provincial, municipal y local, involucrando tanto el sector público, como el privado, las universidades, la comunidad y los individuos en forma tanto individual como colectiva.

En el caso de Venezuela las experiencias desarrolladas en la organización de instancias de protección civil se iniciaron en 1958 con la creación de la "División de Socorro y Defensa Civil" en el Ministerio de Sanidad y Asistencia Social, y continuaron en 1967 luego del terremoto ocurrido en Caracas el 29 de julio de 1967, con la creación del "Comando Unificado Médico Asistencial" (CUMA), presidido por el Ministerio de Sanidad e integrado por Representantes de todos los Organismos del Estado, y condujeron en 1969 a la creación del "Fondo de Solidaridad Social" (FUNDASOCIAL), con el objeto de prevenir y reparar en lo posible, los daños ocasionados por calamidades y catástrofes que pudieran afectar a grupos apreciables de la colectividad. A partir de 1971, se creó, por Decreto Presidencial N° 702, la "Comisión de Defensa Civil", con la función de planificar y coordinar las acciones tendentes a prevenir, reducir, atender y reparar los daños a personas y bienes causados por calamidades públicas por cualquier origen, socorriendo simultáneamente a la población afectada.

No fue sino en 1976, al dictarse la Ley Orgánica de Seguridad y Defensa, cuando se reguló la Defensa Civil, mientras que en 1979, y mediante Decreto N° 231, se dispuso que la Comisión Nacional de Defensa Civil pasara a formar parte integrante del "Consejo Nacional de Seguridad y Defensa," que a partir de 1996 fue aprobado fue regulado en el Reglamento Parcial No. 3 de la Ley Orgánica de Seguridad y Defensa relacionado con la Defensa Civil Venezolana. Estas regulaciones provocaron la inclusión en el artículo 332.4 de la Constitución de las previsiones sobre la estructuración de una "Organización de Protección Civil y Administración de Desastres," lo que originó a la postre la sanción de la Ley de la Organización Nacional de Protección Civil y Administración de Desastres.[7]

Con ocasión precisamente de la pandemia del COVID-19, este es otro campo de revisión y de redescubrimiento del derecho administrativo regulador, que también deberá llamar la atención de los administrativistas, para asegurar que la Administración pueda hacer frente a la atención efectiva de situaciones desastrosas, calamidades y pandemias, sin necesidad de tener que acudir al auxilio del derecho constitucional para obtener la respuesta a las necesidades de la Administración del Estado.

Nueva York, 23 de septiembre de 2020.

---

7   Véase en *Gaceta Oficial* Nº 5.557 de 13-11-2001